南京市百家湖幼儿园
Nanjing Baijiahu kindergarten

大家一起玩

幼儿园伙伴课程的架构与实施

张德萍　王　辉◎编著

河海大学出版社
·南京·

图书在版编目(CIP)数据

大家一起玩：幼儿园伙伴课程的架构与实施 / 张德萍，王辉编著. —南京：河海大学出版社，2023.3
ISBN 978-7-5630-7920-9

Ⅰ.①大… Ⅱ.①张… ②王… Ⅲ.①学前教育-教学参考资料 Ⅳ.①G613

中国版本图书馆 CIP 数据核字(2022)第 246996 号

书　　名	大家一起玩：幼儿园伙伴课程的架构与实施
书　　号	ISBN 978-7-5630-7920-9
责任编辑	龚　俊
特约编辑	梁顺弟　卞月眉
文字编辑	朱梦媛
特约校对	丁寿萍　许金凤
封面设计	徐娟娟
出版发行	河海大学出版社
地　　址	南京市西康路 1 号(邮编：210098)
电　　话	(025)83737852(总编室)　(025)83722833(营销部)
经　　销	江苏省新华发行集团有限公司
排　　版	南京布克文化发展有限公司
印　　刷	广东虎彩云印刷有限公司
开　　本	710 毫米×1000 毫米　1/16
印　　张	18.75
字　　数	366 千字
版　　次	2023 年 3 月第 1 版
印　　次	2023 年 3 月第 1 次印刷
定　　价	98.00 元

编委会

编　著　　张德萍　王　辉

编写人员　张德萍　王　辉　宋江羽　葛　庆
　　　　　　宋　歌　解　敏　许　璐　孔繁蕴
　　　　　　汪　瑞

案例提供　薛　玉　谭　翠　曹林洁　蒋　丹
　　　　　　张　艳　解　敏　李露然　葛奕庆
　　　　　　苏容　王莹　孔繁蕴　葛　庆
　　　　　　王　辉　王　敏　匡　瑛

序

百家人和　伙伴共生

南京市百家湖幼儿园由于位居江宁地标性中心区域百家湖（相传已有600多年历史，因有百多人家围湖而栖，故名曰百家湖）而得名，起步于江宁经济开发时期合并的两所村办点幼儿园。水是生命之源，乡村是烟火之地，乡土与水共同滋养了百幼人的文化觉知与精神境界：上善若水，百家人和；遵从自然，伙伴共生。百幼人以尊重和守护儿童天性的"完整儿童，个性发展"为办园目标，提倡"互动互助，共享共生"的文化主张，创设了"让每一个伙伴牵手而行"的教育环境。

"一起，玩！"是伙伴课程的核心理念。"玩"对于儿童是游戏、是运动、是探索、是合作，是本真的天性禀赋与生活方式；"一起"对于师幼是共玩的、共同的、合作的、互生的、共享的。"一起玩"体现了课程实施中儿童与环境互动的良好教育生态。伙伴课程理念指导着每位百幼人的实践，丰富着每位百幼人的思想，促进幼儿与教师共同生活的和谐发展。课程建设过程是全体百幼人追寻儿童足迹，不断探索实践的过程，是对教育理念的长期实践与园本表达。积蓄三十年的办园基础，集中十年时间努力探索"伙伴课程"不断发展的内涵与实践样式。从家园合作到全人教育，再到"一起玩"，百幼人逐步树立起"完整儿童"的概念，以创新视角确立"儿童在课程中央，其他因素皆伙伴"。"儿童是社会的一分子，是社会与文化的参与者，也是自己文化的创造者，他们有权利发表自己的看法。"陈鹤琴先生的话成为老师们教育理念之基石。其课程理念定位于建立师幼"一起玩"的"人和"文化，这是一种人事和谐、人心和乐的氛围，意味着幼儿园里人与人、人与自然、人与环境关系的重构，建立以儿童为中心的人际关联与情感纽带，探寻既有教育生态又有家乡情怀的课程实施路径。具有"参与者"与"创造者"身份的儿童，不仅是未来的百家湖成员，更是当下现实中百家湖社区与文化的"一分子"。百幼人一直在努力建构"百家湖幼儿园师幼共同生活的课程体系，朝着师幼高质量生活的美好图景迈进"。

于是，在伙伴课程视阈下，我们看见了生动鲜明的百家湖儿童形象，这是一种由内在气质和外表形貌综合构成的总体形象。儿童形象指代人们对儿童在思想、行为、外貌等方面的普遍印象和想象，是人们对儿童现实形象与主观期待的综合判断。大量鲜活的案例与故事反映了百幼对儿童的社会期望和角色定位、课程理念与社会文化，即把儿童视作社会文化性存在、关系性存在、课程价值主体和积极主动学习主体。意大利瑞吉欧教育的代表人物马拉古奇先生认为：一切的教育均始于教师心目中的儿童的形象。教师关于儿童形象的建构，就是他们课程教学的起点。任何教育知识的创新以及教育改革的深化都可以通过对"人的形象"的反思与重塑开始。百幼人对儿童形象的建构是深深扎根在百家湖社区的历史、文化、地域、经济和政治的背景之中的，深深印刻着百幼人对儿童形象的认知和期望。

伙伴课程故事蕴含着百幼教师的朴素思考与实践，即以儿童为主体，有目的、有准备地记录发生在儿童身上的故事，充分体现课程故事的双向教育隐喻，既描绘了儿童发展的蓝图，也反映了教师的教育观与儿童观，而最终的价值指向是看见并支持儿童的发展。"儿童形象"是讲好"伙伴课程故事"的前提条件，"课程故事"是描述与反思"百幼儿童形象"的重要基础。百幼教师积极探寻"儿童在中央"课程故事的实践逻辑与经历，构建故事背后儿童群体的特性要素。真实而鲜活和发人深省的课程事件，教师实践过程中的亲身经历、内心体验和对课程的理解感悟，反映了他们与百家湖社区的紧密联系及特殊经历。

在这里，课程故事不是单纯的工具或手段，百幼教师令课程故事的主旨回归百家湖的儿童，在分析其"身体的需要、社会心理的需要、学习和游戏的需要以及幸福生活的需要"的基础上书写课程故事。当教师充分地敬畏童年、相信儿童并且成为情感共鸣的伙伴，非同凡响的动人小故事便源源不断地来到教师身边，支持教师更好地理解儿童。这充分体现出百幼的教师对教育契机的捕捉力、对教育目标的内化力、对儿童更完整全面也更深刻的理解力与观察力。"春到百家湖"活动关注儿童对万物生灵的存在表现出的惊奇和喜悦，以及使用独特的倾听、观察、调查、测量、摄影、写生、行走、绘制地图等方式理解春天里的百家湖，源自儿童对自然澄净丰富的觉知以及教师敬畏儿童情感和精神的坚定信念，不附加任何外部条件。

"游戏是儿童的生命。"（陈鹤琴）"游戏指明了小孩完整统一的精神状态。它是孩子全部的力量、思想和身体运动的自由发挥和相互作用，以心满意足的形式体现他自己的形象的兴趣。"（杜威）百幼的儿童创造出了属于自己的学习与游戏世界，并安然自足、身心投入、纯粹无畏，由此获得内心秩序和安宁。百幼儿童形象被描述为一种有力量的生长性存在：以大自然为"活"空间，与万物共存，在百家湖这一带有乡村烙印的生态社区的滋养馈赠下与其紧密联结，始终呈现出蓬勃的亲自然性共同生长样态，能完全独立地为自己勾勒个人发展地图。教师表现出对其外在表现、气质形貌、行动模式、语言表达、思维特点等百家湖儿童共性的欣赏与对其个体魅力的珍视。

百家湖社区成为幼儿园无穷延伸的没有围墙的学习空间,这宽阔的天地之间就是儿童天然的学习场所,他们擅长运用各自个性特质,发挥身体机能,与同伴一同奔跑、追逐、嬉戏;在观察、探究、循证之中不断提出问题与合作行动,在欢声笑语中充分体验与探秘家乡的百家湖。他们春天和伙伴一起在樱花树下休憩;夏天和水嬉戏,探究水的神奇;秋天在小菜地挖山芋、采毛豆,体验农耕之乐;冬天和冰雪游戏,打雪仗、敲冰、做冰花,感受冬的乐趣。

在混龄晨间锻炼中,儿童用肢体动作演绎出内在的生命力,身体中迸发出十足的力量;在共享游戏中,儿童用自主自由的思想与材料及环境建立多种关系,小组合作建构出自己的游戏天地;在1+N的项目与主题活动中,儿童通过观察、测量、调查、触摸、访谈等方式进行长期持续的探究性学习。这些不同的课程实施途径与样式使得同伴、师幼、家园、社区之间形成生命通感,互促共生。"你好,朋友"中儿童和朋友们一起游戏、过生日、阅读图书、去朋友家做客、帮助朋友解决困难,和朋友做一切想做的事,在活动中与朋友越走越近,感受到了朋友的关心、友好和来自朋友的帮助与热忱,表现了儿童对伙伴的理解和对伙伴的期待。幼儿园内外的人、物、事在儿童的眼中都是伙伴。儿童沉迷于幼儿园的柚子树、蓝莓树,和伙伴一起探秘桃胶、采摘樱桃、观察山楂,着迷于小池塘里的乌龟、金鱼,探索神秘的树洞……

十年之间,百家湖地区集宁静与繁华于一体,创造了南京中心城区发展与飞跃的传奇,而探索十年的伙伴课程则刚刚进入发展阶段。平湖明镜云行水,落日归霞炽火烧(《金陵百家湖》潇湘醴),百家湖幼儿园的发展必将顺势而为,课程建设也将乘风破浪,风雨兼程,去向为了儿童幸福生活的远方,也必将使美好历史连接无限未来,融入百家烟火,人和而共生!

尹坚勤

江苏第二师范学院 教授

2023年2月

自序一

各方助力"伙伴课程"的实施

　　百家湖幼儿园自成立后,在成爱玉、刘莉、戴湘萍等历任园长的共同努力下,逐步凸显"家园互动"特色。良好的家园合作关系为"伙伴课程"的提出奠定深厚的理论与实践基础。2013年在国家督学成尚荣先生的指导下,我们首次提出"伙伴课程"的概念;2016年"全人教育理念下的伙伴课程开发研究"被南京市确立为"十二五"教育规划立项课题,同年,被评为南京市基础教育前瞻性改革试验项目。我们逐步树立完整儿童的概念,形成家园合作课程基本雏形。2017年,南京师范大学虞永平教授莅临我园指导,对"伙伴课程"理念进行了进一步的梳理,并提出"伙伴课程应该有更多的伙伴资源外延",认为儿童是课程的中心,儿童在课程的中央,其他因素皆"伙伴"。

　　2018年,在虞教授的指导下,我园拟定课题"大家一起玩:幼儿园伙伴课程的深化研究",申报江苏省"十三五"规划课题,不断优化课程实施样态,将伙伴课程重点定位于师幼伙伴关系与互动。

　　关于"伙伴课程"的内涵与架构,在研究的过程中我们也遇到了困难瓶颈,于是,我们先后邀请了北京师范大学冯晓霞教授、江苏第二师范学院尹坚勤教授、南京市教研室俞洋老师,他们给予我们强大的理论指导,我们课程研究小组对伙伴课程的概念进行了新的梳理,并提出"重构师幼生活:幼儿园伙伴课程的续进研究"这一命题,以师幼共同生活与思考为目标,追求和价值引领,重视多维度伙伴关系的建立、多时空课程资源的开发、多路径学习方式的支持,多主体发展评价的拓展,使伙伴课程真正服务于儿童生活,从而构建儿童在园高质量的生活。今年,我们申报江苏省"十四五"规划课题并获得省级立项。

　　10年的研究与实践,多次的论证,历经了四任园长的共同努力,在江苏省课程改革的大浪潮中,我们不断传承、修正、继往、完善,努力建构属于百家湖幼儿园师幼共同生活的伙伴课程体系,朝着理想的师幼高质量生活的美好图景迈进。

编著者
2022年8月

自序二

"伙伴课程":回归儿童的本真

南京市百家湖幼儿园(以下简称"百幼")因靠近百家湖而得名,是一座有水滋养的园所。作为生命之源,水蕴含的价值意义,深深影响并提升着我园的文化觉知与精神境界。《老子》一书中对水有这样的描述:上善若水,水利万物而不争。我们理解的"不争"更多是遵从自然、顺势而为的包容。正是秉持这样的理念,我们把尊重和守护儿童天性作为第一要务,以"完整儿童,个性发展"为办园目标,提倡"互动互助、共享共生"的文化主张,创设了"让每一个伙伴牵手而行"的教育环境,支持每一个儿童自主学习、主动发展。

伙伴课程是百幼课程体系的统称,是关注儿童整体发展的园本特色课程。伙伴课程以"大家一起玩"为核心理念,以幼儿经验的联系与延续为线索,以幼儿与同伴、幼儿与教师的共同生活为基本形式,努力促进幼儿在原有认知水平上的完整和谐发展,是在此基础上形成的各种活动的总和。伙伴课程建设的过程是全体百幼人追寻儿童足迹不断探索实践的过程,是百幼基于自身基础与实际而不断进行的综合性园本课程改革进程。它反映了百幼"立足儿童、立足共生"的课程原则,体现了全体百幼人对教育理解的实践与表达,是对《3~6岁儿童学习与发展指南》贯彻落实的一种园本性解读与尝试。我们以此尝试开发属于本园儿童的课程体系,建构一致认同的校园文化。

我们时常思考:伙伴课程为谁而建?为什么一定要建设伙伴课程?幼儿在伙伴课程建设中的地位与作用是什么?"一起玩"这一幼儿基本活动如何有效转变为伙伴课程的多元实施路径?幼儿园中的"伙伴"的基本形态有哪些,将如何支持幼儿朝着既定目标成长?

我们认为:"玩"对于孩童来说是游戏、是运动、是探索、是合作,是本真的天性,是不可替代的成长方式。在百家湖幼儿园中,"一起玩"不是人为的制造,而是应该有的幼儿活动样态,"一起玩"是发生在幼儿一日真实生活中的游戏、运动、小组活动、亲子活动。以"大家一起玩"为核心理念的伙伴课程是共玩的、共同的、经验的、生长的课程,它是一日常态下的师幼伙伴共生共长的生活,是基于儿童经验、特点与教育发展的视角,遵循儿童的特点、关照儿童的经验、运用多元伙伴资源，支持儿童主动构建自己的学习。[1]

随着实践的深入，我们越发地认识到伙伴课程不仅仅追求"伙伴"的外显，更应多注重"伙伴"内在的价值，即伙伴资源的运用、伙伴关系的建立、伙伴间经验的共享与共生。儿童在课程的中央，其他因素皆"伙伴"。伙伴课程支持儿童实现"悦纳自我，与伙伴牵手而行的真儿童"，更加强调"与伴共玩、与伴共建、与伴共生、与伴共享"。

在"十二五"时期，我们的"全人教育理念下的伙伴课程开发研究"已经初步完成伙伴课程资源的建设，但对于课程的核心"伙伴"认识不够，在课程实施中不能很好地体现出伙伴课程的价值。"十三五"时期，我们将"伙伴课程"的核心理念凝练、转化为实践操作的行为指标——"我们一起玩"，用"大家一起玩"的理念反思幼儿园伙伴课程的实践，逐步厘清了"大家一起玩"与伙伴课程建设间的关系，建立儿童中心、"玩"为基石、伙伴支持的理念架构，形成"1＋N"的主题项目活动、双维度共享活动、多路径的生活浸润活动、手拉手的亲子共育活动四模块的内容与多元策略，使伙伴课程真正回归儿童的发展需求，让伙伴课程真正成为百幼全体儿童的课程。

10年的研究，百幼在实践中不断验证与积淀、充实与完善课程建设理念，先后取得一系列标志性成果："全人教育理念下的伙伴课程开发研究"在2016年被评为南京市基础教育前瞻性教学改革实验项目并顺利结项，"大家一起玩：幼儿园伙伴课程的深化研究"在江苏省教育科学"十三五"规划课题中立项，"提高师幼生活质量的幼儿园伙伴课程续进研究"在江苏省教育科学"十四五"规划课题中立项。与此同时，我园被评为江苏省课程游戏化共建园，2017年被评为南京市幼儿园课程实验基地。在伙伴课程的建设实践中，我园师幼获得长足发展，幼儿自信、自主、主动学习与探究，合作与分享，亲社会行为凸显；教师做"儿童的共玩者、共同生活者"，其儿童观、教育观、课程观、资源观也为之转向以儿童为中心、回归儿童的本真。

编著者
2022年8月

---

[1] 成尚荣.伙伴课程：让儿童建构自己的学习[N].中国教师报，2013-11-13(12).

前言 PREFACE

南京市百家湖幼儿园地处美丽的秦淮河畔,1996年8月,两所村办点幼儿园合并,成立新区小学附属幼儿园,2002年2月迁入现址并更名为百家湖幼儿园(以下简称"百幼"),同年创建南京市优质园,2006年创建江苏省示范园。20多年的园所发展,百幼被评为江苏省教育科学研究基地、江苏省优秀家长学校、南京市幼儿园课程实验基地、首批南京市园(所)长跟岗基地、教师教育创新实验区、江苏省平安校园、教育科研先进集体、先进学校、巾帼文明标兵岗等。多年来,百幼为江宁区输送了17名园长、14名副园长、2名科长、2名教研员以及若干骨干力量。

伙伴课程起源于2012年,在百幼自创办历时16年不断积累的家长工作经验中形成伙伴课程雏形,在历任园长成爱玉、刘莉、戴湘萍、张德萍的共识、共谋下,在所有百幼人的共同努力下,再历10年的研究与实践、多次的论证,伙伴课程得以延续、传承并不断创新、优化,方能在建园26年后以文字的方式正式面世。百幼人不断传承、修正、继往、完善,努力建构属于百家湖幼儿园师幼共同生活的伙伴课程体系,朝着理想的师幼高质量生活的美好图景迈进,伙伴课程同时指导着每位百幼人的实践,丰富着每位百幼人的思想。

本书以南京市百家湖幼儿园多年形成的办园文化与课程建设的教育思想为原点、教育改革成果为素材,并以混龄共享晨锻、共享游戏活动、小组项目活动、定制主题活动等教育实践为抓手,通过百幼人朴素的思考与实践、鲜活的案例与故事,解答什么是"儿童在中央,其他因素皆伙伴"的伙伴课程以及如何组织与实施伙伴课程,力求为幼儿园一线教师和管理者呈现伙伴课程的课程样态,并为之提供参考借鉴。

本书共分五章。第一章总体概述伙伴课程的理论基础、内涵价值、目标与内容、组织策略、资源开发、评价工作和保障机制;第二章至第五章分别重点论述了

"1+N的主题项目活动"和双维度共享活动两类课程实施方式,考虑到其重要性与可操作性,分解为混龄晨锻、共享游戏、小组项目、定制主题四个篇章展开。第二章和第三章陈述了混龄晨锻和共享游戏的价值定位、空间设置、材料投放和教师指导等,第四章呈现了小组项目活动的主要特征、实施路径、教师支持和幼儿合作,第五章展示了定制主题活动的价值定位、活动审议、核心经验建构和教师的行动指南。本书注重理论联系实际,既有理论的阐述,又辅助一些案例对理念进行佐证,展现百幼对伙伴课程的理性思考与实践。

特别感谢戴湘萍、葛丽、曹揽月、许长玲四位园长前期的积淀!特别感谢每位百幼教师积累的伙伴课程建设经验为本书奠定了扎实的基础!特别感谢河海大学出版社的领导和编辑为本书的出版所付出的努力!

由于编写人员的认知视野及学术水平有限,本书还存在诸多不足之处,请广大专家、学者、同行提出宝贵意见,以利于今后改进。

编著者

2022年8月

目录 CONTENTS

第一章　伙伴课程概述
　　第一节　伙伴课程的溯源和理论基础 ………………………………… 3
　　第二节　伙伴课程的内涵 ……………………………………………… 6
　　第三节　伙伴课程的目标与内容 ……………………………………… 11
　　第四节　伙伴课程的组织策略 ………………………………………… 21
　　第五节　伙伴课程的资源开发 ………………………………………… 25
　　第六节　伙伴课程的评价初探 ………………………………………… 32
　　第七节　伙伴课程的保障机制 ………………………………………… 44

第二章　混龄晨锻活动
　　第一节　混龄晨锻的价值定位 ………………………………………… 51
　　第二节　混龄晨锻的空间设置 ………………………………………… 54
　　第三节　混龄晨锻的材料投放 ………………………………………… 62
　　第四节　混龄晨锻的教师指导 ………………………………………… 70
　　第五节　混龄晨锻的幼儿自主 ………………………………………… 77
　　第六节　混龄晨锻案例分享 …………………………………………… 85

第三章　共享游戏活动
　　第一节　共享游戏活动的价值定位 …………………………………… 103
　　第二节　共享游戏活动的空间设置 …………………………………… 109
　　第三节　共享游戏活动的行动线索 …………………………………… 120
　　第四节　共享游戏活动中的教师作用 ………………………………… 129
　　第五节　共享游戏活动中的幼儿经验分享 …………………………… 138

第六节　共享游戏活动案例分享……………………………… 141

第四章　小组项目活动
　　第一节　小组项目活动的主要特征……………………………… 159
　　第二节　小组项目活动的实施路径……………………………… 167
　　第三节　小组项目活动中的教师支持…………………………… 172
　　第四节　小组项目活动中的幼儿合作…………………………… 179
　　第五节　小组项目活动案例分享………………………………… 182

第五章　定制主题活动
　　第一节　定制主题活动价值定位………………………………… 201
　　第二节　定制主题活动审议……………………………………… 202
　　第三节　定制主题活动中幼儿核心经验的主动建构…………… 212
　　第四节　定制主题活动中教师行动指南………………………… 219
　　第五节　定制主题活动案例分享………………………………… 225

第一章

伙伴课程概述

"大家一起玩"是不断完善和优化的儿童探究自然、社会的伙伴式学习方式。伙伴式学习研究着眼于教育内在的、符合儿童发展规律的核心要素，强调坚持儿童立场，探索伙伴式学习的基本要素和基本环节，以有助于促进教与学方式的转变，最终实现儿童的主动学习与个性化学习。这与"伙伴课程"高度契合，两者都重视儿童发展的社会性，都坚持儿童立场，真正做到为儿童健康成长服务。

第一节 伙伴课程的溯源和理论基础

伙伴课程从哪来？它离不开园（所）原有课程的追溯，离不开顺应儿童节律的成长需求，离不开幼儿的经验基础与《3～6岁儿童学习与发展指南》（以下简称《指南》）的教育目标，也离不开教师专业的支持。课程非孤立的存在，它存在于儿童中、教师中、师幼的共同生活与互动的活动中，课程受园（所）文化影响，同时又影响着园（所）的儿童与教师。

一、伙伴课程的溯源

百幼伙伴课程最早起源于家园活动。百幼通过亲子运动会、游园会、义卖会等家园活动建立家园合作的伙伴关系，在家园伙伴关系中实现科学育儿。随着课程的推进，伙伴关系不再局限于家园伙伴之中，逐渐走向师幼、幼幼伙伴关系，它从一种有形的家园合作样态上升为一种无形的教育理解与理性认识。

（一）幼儿园课程传承与发展的需要

2012年，我园提出了"伙伴课程"的概念，2016年，"全人教育理念下的伙伴课程开发研究"被确立为南京市教育科学"十二五"规划立项课题，同年，被评为南京市基础教育前瞻性教学改革实验项目，2019年该项目顺利结项。

"十三五"期间，我园又提出了"大家一起玩：幼儿园伙伴课程的深化研究"，它既是"全人教育理念下的伙伴课程开发研究"课题的传承与延续，也是我们对伙伴课程研究内容全方位的延伸与补充。课题以儿童优先为原则，从"大家一起玩"的视角出发，试图在综合性改造园本课程的基础上，贯彻《指南》的主旨精神，构建具有百幼特点的、以共同课程愿景为引领的课程理解表达和实践样态。

（二）教师课程理念与实践行动转变的需要

伙伴课程从注重教师的主导作用、注重教材文本的使用、注重从研究集体教学活动转向研究儿童，关注儿童的主体地位、内在生命力、生长规律与经验的主动建构。其课程观、教学观、资源观、师幼关系、家园关系等都相应发生变化：由

"教"走向儿童需求的"以学论教",关注伙伴间的经验价值;由"文本教材"单维资源走向人、事、物、时空(环境)的多维伙伴资源;由教学活动的单一方式走向一日活动中的游戏、生活、运动、学习的立体组织;由师幼单向互动关系走向幼幼、师幼、亲子、家园等多元的互动共生。

(三)园本课程改造策略优化的需要

"大家一起玩"理念下伙伴课程改造的策略,包括:(1)学习情境中教育主体的重新建构,努力让儿童作为伙伴课程的主体进入课程;(2)整合课程资源,重视儿童经验的介入和体现,由此改造和优化我们的课程内容、实施路径和指导评价策略;(3)关注课程中"伙伴"主体的联动关系与共处技术,如目标或意愿的一致、协商讨论、分工合作、共享经验、接纳认同等行为的支持策略等。

二、伙伴课程的理论基础

伙伴课程以"全人教育理念"、陶行知的"生活教育"等理论为基础,追求优质教育与高质量发展,强调"与伴共玩""与伴共享""与伴共生",承认"儿童在课程的中央",关注儿童的已有经验、关注儿童的情绪情感、关注同伴的关系建立,遵循儿童优先、伙伴协同,支持儿童在一日常态下的生活、游戏以及学习中自主建构经验,分享经验,提升自己在原有水平的全面发展。而"高质量生活"则是对伙伴关系的更高层次的追求,是一种实现师幼互学共生、共享幸福的理想样态。这种追求意味着我们承认并赋予儿童创造的权利,充分信任儿童,支持一切与他们自己生活相关的规划、决策、参与、体验等活动。

(一)全人教育理念

全人教育理念以"每个儿童都能在将来成为身心健康、拥有安全感、成功和快乐的人"为目标,强调关注儿童的内在生命力与自主能动性,尊重儿童身心发展规律,关注儿童全面发展的六个领域(即个性、社会性与情感,交流、语言与书写,解决问题、推理与数理能力,对周围世界的认识,身体的发展,创造力的发展),主张"学习的过程必须是儿童真实的参与并获得经验的过程""关怀并与儿童保持良好的人际关系""幼儿园和家长应保持一致性"等,旨在培养"完整儿童"。其核心是儿童立场、主动发展。

着眼于全人教育的培养"完整儿童"的视角,教育工作者应承认儿童天生是"完整儿童":承认儿童与生俱来的内在生命力;承认儿童每个阶段应有的身心成长节律;承认儿童具有自主能动性,会主动建构经验;承认儿童具有无限的可能性,能够全面而富有个性地发展。

```
                    ┌─→ 与生俱来的内在生命力
                    │
                    ├─→ 应有的身心成长节律
        完整儿童 ───┤
                    ├─→ 自主能动性、主动建构经验
                    │
                    └─→ 具有无限可能、全面而富有个性地发展
```

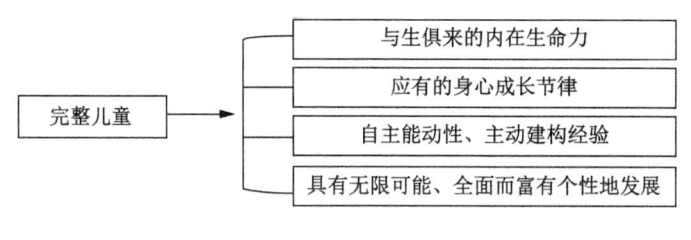

图 1.1.1

（二）陶行知先生的"小先生制"论述

陶行知认为最好的教育是有来有往的，在学习过程中，小伙伴们以能者为师，互教互学，取长补短，相互启发，小伙伴之间是平等的，互为先生，互为学生。儿童一边当"学生"，一边当"先生"，以教人者教己，即知即传，即学即教，这既是一种教学方式，也是一种学习方式。"小先生制"思想在伙伴课程建设中具有积极的借鉴意义和实践价值。

（三）马丁·布伯的伙伴式学习理论

伙伴式学习是基于关系的学习。哲学家马丁·布伯认为"你—我关系才是一种真正的价值关系"，只有学会平等与互动、关怀与尊重，学习才是活生生的，才能真正实现师生在认知、情感、意志及行为等方面的健康发展。伙伴式学习应着眼于教育内在的、符合人的发展规律的核心要素的研究，坚持生本立场，让教师的"教"服务于学生的"学"。探索伙伴式关系的基本要素和环节，将有助于促进教与学方式的转变，最终实现儿童的主动学习与个性化发展。

（四）费舍尔的交往教学论

交往教学论是一种侧重探讨师生关系的教学理论，以"追求解放"为目标，注重"相互交流"的课堂心理环境及"合作探究"教学模式的构建。其核心观点是把教学过程视为一种交往过程，一种师生之间的交往过程，这种交往所蕴含的互动性、互助性，有助于儿童学习经验的获取、社会能力的发展、学习动力的增强。伙伴课程更强调教师与儿童、儿童与儿童间亲密友好关系的建立，这种关系是多样的、开放的、交流的，是持久、平等、亲切的。

第二节　伙伴课程的内涵

课程是一日常态下的师幼共生共长的生活。伙伴课程是我园课程体系的统称，是关注儿童完整发展的整体性课程。"伙伴课程"是以"大家一起玩"为基本理念，以儿童经验的联系与延续为线索，以儿童与同伴的共同生活为基本形式，为促进儿童完整和谐发展而形成的各种活动的总和。

一、伙伴课程的基本理念共识

伙伴是谁？伙伴间的关系应是怎样的？伙伴课程建设最根本的立场是什么？课程建设的依据是什么？在实践中，我们初步形成了以下几点认识：

伙伴课程中的儿童：具备与生俱来的完整特质，即自主学习、主动建构、交往共纳、顺应节律成长的完整人。

伙伴课程中的教师：是尊重、信任儿童的精神接纳者、引导者与支持儿童成长的合作伙伴。

伙伴课程中的师幼关系：是共建、共玩、共享、共生长的动态关系。

伙伴课程是共玩的、共同的、经验的、生长的课程，是一日常态下的伙伴共生共长的生活。儿童卷入课程中，构建自己的学习[1]与生活，即探索真实生活、学会共同生活、创造美好生活。伙伴课程不只是课程的形态与内容，更是追求儿童为本的课程，是一种理念，是一种动态的行进过程，是教师教育观念转变与调整的载体。

图 1.2.1

---

[1] 成尚荣.伙伴课程：让儿童建构自己的学习[N].中国教师报.2013-11-13(12).

伙伴课程所具有的特质:(1)"伙伴"是幼儿园课程主体,幼儿、教师、家长、环境都是学习的伙伴,所有"伙伴"都是课程的结构要素;(2)儿童是课程的主体,只有满足儿童的自主选择,这种课程才具有生长性和共生性;(3)课程的实施是以儿童的伙伴学习为路径,关注儿童的学习需求、学习体验、学习状态、学习反馈;(4)课程的内容来自于儿童的一日生活,是儿童喜欢的、可以选择的课程。

伙伴课程培养目标诠释

伙伴课程培养什么样的儿童?"悦纳自我、和而不同的完整儿童。"

"悦纳自我":是对自我的认知、自我接纳、自我欣赏、自我调整,是一种自主、愉悦,一种自我内在平衡的状态。

"和而不同":是一种主动的交往状态,一种积极向上、共同、互助、协同的行动,一种尊重差异,允许多样性存在的包容的姿态。

"完整儿童":包含三个含义,一是本原的儿童,回归儿童的天性本性、生长节律与生活经验;二是真实的儿童,做自由自主的自己;三是完整的儿童,是全面的、富有个性的、无限可能的儿童。

"悦纳自我,和而不同"体现的是回归儿童本位的教育思想,是百幼"平等、包容、交往、共生"核心理念下的儿童发展指向。

二、"大家一起玩"的内涵特征

"大家"指以儿童为核心的教师、家长以及其他社会资源,是一个个"我"的集合。"大家一起玩"是建立在儿童身心特点、活动特点、学习特点基础上的一种理念和方法选择。在"玩"的过程中,"大家"都是主体,在小组、群体中互相帮助,互相促进,互相启发。

"大家一起玩"最终是通过儿童不断完善和优化探究自然、社会的伙伴式"一起玩"的学习方式,促进每一个"我"智慧的生长,求得每一个"我"的持续发展,最终实现儿童的主动学习与个性化学习。

"大家一起玩"具有以下内涵:

1. "玩"是儿童与生俱来的自然天性与行为特点,是儿童的游戏、是运动、是探索、是合作,伙伴课程建设只有建立在此基础上才是符合儿童发展需求的,因此建立相对应的共享游戏、晨锻、小组项目活动、定制主题活动,是为了满足儿童天性的释放。

2. "玩"是儿童探究自然社会的一种学习方式,课程的实施只有贴近儿童的学习方式,才是符合儿童兴趣需求的课程,因此在伙伴课程设计与实施的过程中,要通过观察、访谈、调查等方式充分了解儿童的经验基础、喜好与发展需求,了解儿童特有的学习方式，支持儿童的"玩"才更有价值与意义。

3. "一起玩"是需要场景和环境条件的，儿童的经验获得离不开环境的支持和影响，要创造有利于大家一起玩的适宜场景与环境。如，营造户外混龄晨锻运动场、问题引发探究的项目活动场、幼儿共同商议分享的小组合作场、亲子共处共纳的共玩场等。同时，家庭、社会都是"玩"的支持条件，只有家庭、社会真正理解了"玩"的含义并积极参与，儿童的发展才能真正实现。

4. "一起玩"不仅是个体的内在需求，更是群体的互助需求。儿童是课程的主体，只有满足儿童的自主选择，这种课程才具有生长性和共生性，因此我们要创设幼儿可自选的活动内容，同时在"一起玩"的技术层面给予支持，引导儿童在一起玩中达成目标或意愿的一致，共同发现问题、协商讨论、分工合作、共享经验、接纳认同。

三、伙伴课程的内涵解读

"伙伴"是指在以幼儿园为核心的生活场，与儿童这一生活主体共同生活的人（包括其他儿童、教师、家长等）、动物、植物、大自然、书等。伙伴关系是在幼儿园这个生活场中，建立起的彼此理解、尊重、信任、平等、合作的关系。

（一）伙伴的内涵理解

伙伴是谁？伙伴间应是怎样的？是伙伴课程需要思考的根本问题。

1. 伙伴是谁？

伙伴是儿童自己，是天生具有"完整性"的自己，是"内在"的自己，是积极、主动、向上的自己。儿童本身有自知自省、"做事"经验与自己的"哲学"，儿童与自己的内在力量互为伙伴、与自己的过去互为伙伴、与自己可期待的未来互为伙伴。

伙伴是陪伴儿童的"人"，唤醒儿童"内在生命力"，陪伴与支持儿童深度学习，与儿童共生共长；是与儿童生活、学习发生关系的人，他们之间不同的行为方式与经验差异，都对儿童的成长起着显性与隐性的影响。他们是教师、同伴、父母等，是与儿童共同生活、学习的人，他们之间存在不同的经验与差异资源，是儿童成长的陪伴者、支持者、共进者。

伙伴是多元资源，是与环境互动的产物，是支持儿童自主建构课程的各类环境、材料、文化等资源。儿童浸润在无形的文化氛围中，与环境、材料发生互动，在互动中更新、建构、丰实自己的经验。

2. 伙伴是怎样的？

第一层次，伙伴是平等的、包容的。宽松、民主、和谐的环境有利于促进儿童的健康发展，参与伙伴课程建构的成员以平等、尊重的态度对待伙伴，儿童能够自由、自主地活动与表达。

第二层次,伙伴是有温度的、相互陪伴的。教师、家长、社会都应是儿童成长过程中的伴随者、鼓励者,只有营造情感相伴的氛围,支持儿童发展的课程才有可能落地生根。教师是儿童的陪伴者、伴随者,具体行为有观察、倾听、陪伴、支持;同伴是幼儿不可或缺的陪伴者,在陪伴中共学,师幼、幼幼间的陪伴是有温度的、温情的。

第三层次,伙伴是团结的、交往的。创设交往的空间,提供自由交往和游戏的机会,在真实的情境中通过交往尝试解决问题、获得交往的乐趣,促进儿童间的交往与合作。伙伴课程打破班级的界限,让儿童有更多机会参加不同群体的活动,儿童在交往中增进伙伴间的情感与交流,促进儿童良好的社会性发展。

第四层次,伙伴是互助的、共生的。在真实的生活中,儿童通过与伙伴的交往与交流,获得有价值的人生经验和启迪。通过师幼互动、幼幼互动、亲子互动,伙伴间相互依存、相互交流、相互帮助,进而共同生活、共同成长。

(二) 伙伴的关系要义

围绕"人"的核心,即儿童主动、全面而富有个性地发展,建构以儿童发展为核心的互助发展范式以及保障伙伴课程实现的支持性范式,其中以儿童发展为核心的互助发展,包括儿童与自己的"伙伴认知"、儿童同伴间"伙伴共处"、师幼伙伴"共生共长"。

1. 儿童与自己的"伙伴认知"关系

儿童与自己互为伙伴,更加关注儿童内心的自我对照与自我激励。他们在自我计划、行动执行、自我对照检查、评价自省的循环过程中不断认识自我、调整自我、改进自我,朝着心中期待的"我"发展。参见图1.2.2。在此过程中,儿童会通过评价自己的优点、不足认识自己,并制订第一步行动的计划以促进自我的提升。

2. 儿童同伴间"伙伴共处"关系

儿童在与同伴的共同生活、共处中,由物体为媒介逐步走向游戏、合作,从最初的独自摆弄物品走向模仿、交流、分工、合作。儿童在同伴共处交往中获取信息,习得与同伴友好相处的方法技能,认清自己、调整自己,与同伴建立良好的情感。如表1.2.1所示,各年龄段幼儿在与伙伴共处时,分别努力做到:

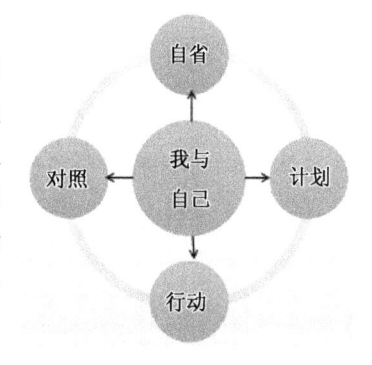

图 1.2.2

表 1.2.1

年段	伙伴共处目标
小班	愿意与人交往,会提出请求,乐意参加群体活动,在教师、家长的指导下对群体活动有兴趣。

（续表）

年段	伙伴共处目标
中班	扩大交往范围，在与同伴的亲密互动中，分享快乐，习得交往方法，构建和谐的伙伴关系。
大班	在各种互动合作的活动中学会分工、交流、分享，能在小组活动、个别化学习中体验交往的乐趣，学习交往的技能，了解交往的基本规则，形成对人对己的正确态度。

3. 师幼伙伴"共生共长"关系

师幼之间的伙伴共生指幼儿园教师与幼儿在一日活动的各个环节相互作用、相互影响的正向行为及其动态过程，是教师内在观念、专业能力和外显行为相结合的综合表现。参见图 1.2.3。师幼间的伙伴关系表现有三：

第一，教师与儿童互为伙伴，共生共长，一方面展示平等、互为尊重的教育氛围，遵循发展规律，顺应合理需求；一方面"蹲下来向儿童学习"，在自然的状态下互相学习、共同进步。

图 1.2.3

第二，师幼伙伴共生共长是动态的、过程性的，其贯穿于幼儿在园的一日活动各环节，重视师幼间情感的沟通，为促进师幼互动创造条件。以做论学、以学论教，支持真做真学，在相教相学中构建共同生活的爱生、亲生、引生的良好师幼关系。

第三，在集体教学的教研活动中，注重师幼互动，重视师幼间情感的沟通，为促进师幼互动创造条件，在观察幼幼、师幼行为的基础上，结合核心经验，改进师幼互动方法，提升师幼互动质量。

（三）伙伴课程建构的价值导向

1. 儿童的学习是在与环境的对话中完成的，是主体和客体相互作用的结果。儿童在观察环境的过程中受到启示，产生富有创造性的想法，学习由此开始。

2. 伙伴课程是个生态系统，是将儿童、教师、家长、环境等要素融入其中的过程，需要建立一种平等互助、协作交流、互惠互利、彼此成就的关系。在课程的建构中，依据以下原则：(1) 双主体原则；(2) 开放性原则；(3) 生成性原则。

3. 伙伴课程以儿童的学习为切入点，关注多种方式的选择与提供，支持个性化、个别化的学习探索，提供资源的满足和保障。

4. 伙伴课程倡导"课程卷入"，要求成人平等地与儿童生活，幼儿园、家庭、社区都应参与到课程建设中来，这种参与将有助于改变课程建设只以幼儿园为主体的惯性做法。

第三节 伙伴课程的目标与内容

一、伙伴课程的框架架构

伙伴课程的建构立足儿童生活与实际资源,以均衡、整合为主旨,设置不同课程板块,为儿童提供生活化强、探索性实、共享性足,且较为适宜的课程体验,逐渐形成完整的伙伴课程框架体系。

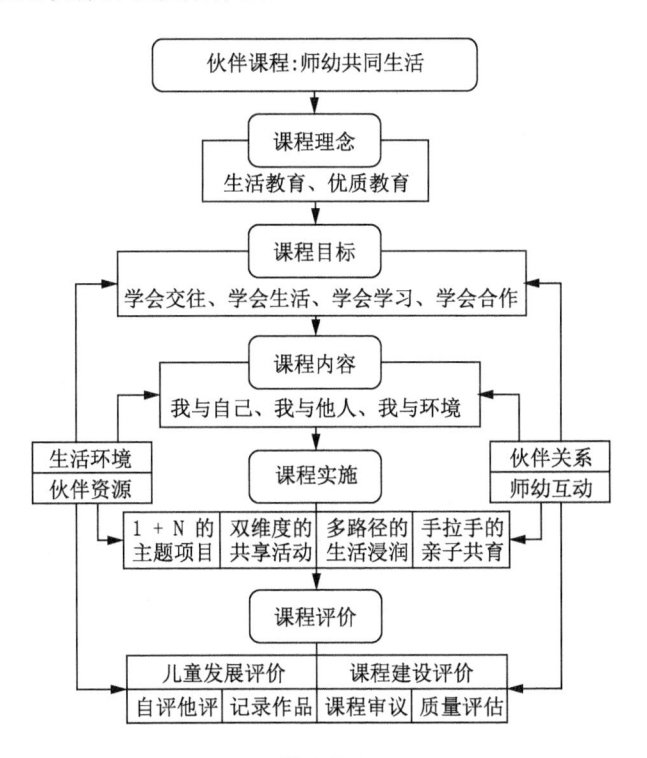

图 1.3.1

伙伴课程以"学会交往、学会生活、学会学习、学会合作"为课程目标,课程内容涉及"我与自己、我与同伴、我与环境"三个板块,通过1+N的项目活动、双维度共享活动、多路径的生活浸润活动、手拉手的亲子共育活动等实施路径实现,内容与路径相容交错,注重生活环境创设、伙伴资源运用、伙伴关系建构与混龄、小组、个别等活动形式的运用,注重多元主体与儿童发展、课程建设的双序内容以及观察、作品分析等自然状态下的发展性评价方式,实现儿童完整发展。

二、伙伴课程的目标分层

正如虞永平教授所说:"伙伴课程一定是儿童自己建构的课程,在伙伴课程学习中,儿童不仅是课程的学习者,而且是课程的资源,需要关注儿童群体完整人性的发展,让儿童自己以对话的方式,学会生活、学会交往、学会合作。"

依据《幼儿园教育指导纲要(试行)》(以下简称《纲要》)《指南》等纲领性文件精神,结合伙伴课程特有价值,伙伴课程将目标分为总目标和年龄阶段目标。

(一)伙伴课程总目标

"与伙伴同行,育关怀品格"是我园的文化理念,依循这个理念,经过几轮的磨合,我们最终确定伙伴课程为培养"共纳·和而不同"的完整儿童服务,以多维度的伙伴关系促进高质量互动的发生。我们从"学会交往、学会生活、学会学习、学会合作"四个维度(如图1.3.2),支持幼儿探索真实生活、学会共同生活、创造美好生活,旨在培养会玩、运动、探究、挑战、合作、分享的本真儿童。

```
              共纳·和而不同的完整儿童
         ┌──────┬──────┬──────┬──────┐
       学会交往  学会生活  学会学习  学会合作
       悦纳自我  身心健康  自主探究  换位思考
       关爱他人  自理有序  善于思考  勇于挑战
       乐群守则  敬畏生命  主动创造  互助分享
                         多元表达
         └──────┴──────┴──────┘
                  伙伴课程总目标
```

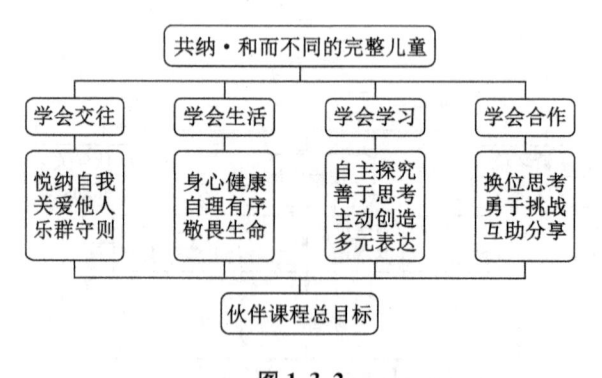

图1.3.2

(二)年龄阶段目标

小班:
1. 在与伙伴共同生活游戏时愿意表达、分享自己的需要和想法;
2. 喜欢亲近成人、同伴,经常和他人一起游戏或活动,能与伙伴建立良性互

助成长关系,能与周围的环境、伙伴和谐相处;

3. 喜欢群体生活,乐于尝试,动手动脑,养成良好的自我服务能力和习惯。

4. 在亲子活动、大带小活动中感受快乐。

中班:

1. 会用恰当的方式表达自己的要求和想法,有关心、体贴同伴的意识,在自己的事情自己做的同时体验帮助弟弟妹妹的快乐;

2. 主动参加群体活动,丰富社区活动经验,在活动中打破班级的界限,有机会参加不同群体的活动;

3. 在群体活动中主动交往,学会自主选择、自由结伴开展活动,尝试探究与表达;

4. 能主动建构,尊重伙伴,能与伙伴平等交往,在自然环境下身心健康和谐发展。

大班:

1. 大胆参加不同群体的活动,在群体中积极交流、分享自己的想法,有丰富的群体生活的经验;

2. 关心弟弟妹妹,在混龄活动中能带领小年龄同伴协商、分工、合作,能注意别人的情绪,了解他们的需要,换位思考,给予适当的关心和帮助;

3. 积极参与社区活动,学会通过多种方式表达自己的看法,勇于挑战,增强社会责任意识和自信心;

4. 能够包容、信任伙伴,自主学习、主动思考与创造,在与伙伴共生长中明白自己与他人、环境的关系,获得主动、全面、个性的成长。

三、伙伴课程的内容设置

从儿童生活、资源出发,伙伴课程的内容由"我与自己""我与他人""我与环境"三个部分组成。"我与自己"包含自我认知、悦纳与调控,幼儿能够更好地认识自己,是实现自我管理的基础。"我与他人"包含与家人、同伴、教师等人的人际关系,儿童在平等、关爱、自由的心理环境中发展与人交往、与伴互动的能力。"我与环境"包含儿童与自然、社会、人际的生活圈及节日节点事件等文化场,儿童在不同场域下建构自己的学习经验,向"完整儿童"不断发展。参见图1.3.3。

(一) 伙伴课程内容设置要素

在内容设计上,一是充分考虑儿童经验与年龄特点,从儿童的生活经验入手,如中大班开展"我是哥哥姐姐""我是百幼小主人"等主题活动,旨在通过角色的转变让幼儿感受成长的乐趣,萌发照顾自己、照顾他人的伙伴精神。

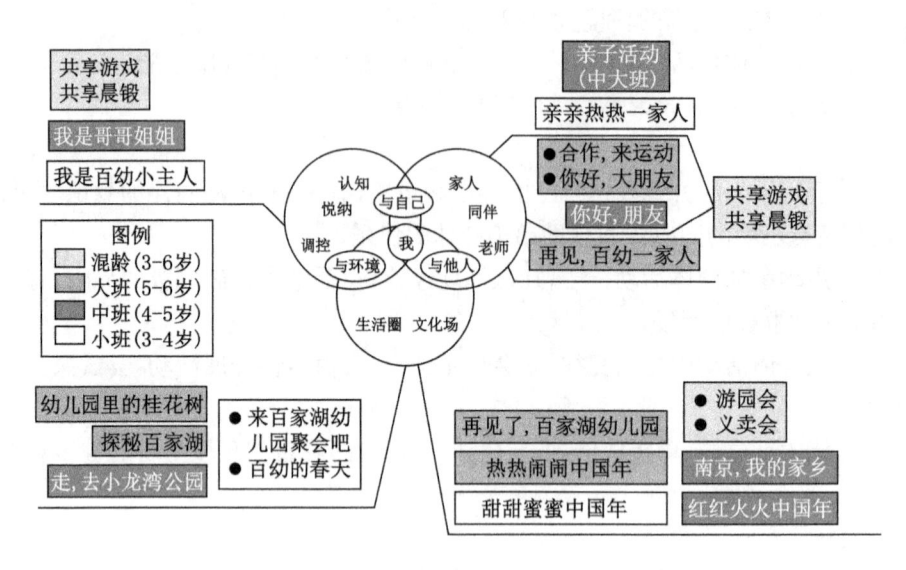

图 1.3.3

二是强调儿童经验不断向纵深方向发展,如"我与环境"中的生活圈板块"探秘春天",小班以园内感受春天的多样性为主;中班走向幼儿园附近的小龙湾湿地公园,师幼共同发现植物的变化;大班走向百家湖的地标——凤凰广场,探索该区域的各类物象变化,形成了以"寻访百家湖"为主题的班本特色活动。

三是结合儿童的发展需求,预设与生成相结合,展开园本定制活动,如大班开展特色毕业典礼"再见,百幼一家人",小班开展迎新年活动"红红火火中国年",小中大班开展特色六一活动"六一游园"等。

（二）伙伴课程内容解读

1. 伙伴课程内容的生活化形式

儿童探索真实生活:指重视培育儿童建构自己学习的能力,有问题意识,喜欢观察,关心周边的自然与社会,形成与年龄段相符合的关键能力和综合素养。

儿童学会共同生活:是指重视儿童与环境、与自然、与社会、与同伴的互动,在做事中学会克服困难、解决问题的方法;在做人中学会设身处地移情、共情,理解他人并友好相处;在学习中,学会积极思考,乐于探索,专注、有恒,掌握科学有效学习的方法。

儿童创造美好生活:是指重视儿童的情绪、情感体验,把社会交往、情感表达、创意想象融入学习、生活之中,以此健全和完善儿童的心灵塑造,为儿童良好的个性发展打下坚实的基础。

2. 伙伴课程内容回归儿童

（1）陪伴伙伴共同生活

《纲要》规定幼儿教师教育过程中的角色不仅仅是知识的传递者，而应成为幼儿学习活动的支持者、合作者、引导者。成为支持者、合作者和引导者的前提是：教师应该是陪伴者，陪伴儿童共同感知世界、共同做喜欢的事、共同体验生活、共同探索未知、共同建构经验。

伙伴课程中的教师如何陪伴儿童？第一是观察儿童的行为，如能"看见""看懂"儿童的行为；第二是做儿童的玩伴，在儿童需要的时候和儿童玩在一起，给予帮助与支持；第三，也是最重要的一点，陪伴是教师发自内心愿意的，不流于形式，而是出于"真心"。

（2）了解伙伴已有经验

儿童因生活环境、生活背景、监护人等不同，其伴随着自身的经验也不同。伙伴课程的经验不仅只有认知与技能经验，还包含品质与情感、能力与习惯等与儿童成长息息相关的多元经验。关注儿童的已有经验，是教师教育观转变的起点。

伙伴课程在设计前，提倡教师通过多渠道了解儿童的已有经验，为新经验的建构提供基础保障。了解伙伴已有经验，方法有四：一是通过亲子调查问卷了解儿童现有经验的基础，便于数据统计与分析；二是通过儿童访谈或儿童会议等与儿童直接对话，然后采用质性分析的方式了解儿童经验；三是观察儿童行为；四是分析儿童表征，如儿童的日记、绘画作品等，从中获取相关的经验信息。同时，结合《指南》分析儿童经验中的"有""缺"与"需"，进而设计符合儿童需要的课程。

（3）强调伙伴的互动过程

伙伴课程追求的是师幼、幼幼、幼与环境和材料等各类资源互动的过程，而非追求结果。儿童在互动的过程中彼此联系、相互作用，探索未知、挑战难度、分享方法、建构经验，成就属于自己的那个"自我"。

在伙伴互动的过程中，要尊重儿童的合理选择，允许儿童选择自己喜欢的活动、材料、环境，选择自己的玩伴；要允许儿童按照自己的想法去操作材料、与环境互动、与同伴共处；允许儿童运用语言、肢体、绘画等方式合理表达自己的意见与见解；允许儿童按照自己的节奏建构课程；在保障安全的前提下，允许儿童试错，且不断总结经验；允许儿童有不同的差异水平出现，并支持个体在原有的水平上得以提升。

（4）运用适宜的伙伴资源

伙伴资源是伙伴课程开展的载体，儿童正是通过与各类资源在互动的过程中建构新经验。在儿童的成长中，会有不一样的基础、不一样的兴趣、不一样的需求、不一样的进度，因此支持的资源自然也就不同，选择适宜儿童的伙伴资源，既兼顾其眼前的成长,又兼顾其长远的发展。

选择伙伴课程资源的方法多样,在选择资源前思考:"儿童的基础是怎样的?儿童的想法是怎样的?""儿童有哪些需求?这些需求是个体的还是部分的、或是全体的?是认知、技能、能力、习惯、情感还是品质方面的需求?""是改变更换材料、是调整环境、是面对面对话、是组织集体活动、是走进实践现场?其中哪种方式更为适宜?""如何评价资源运用是否适宜?"但最终还是要回到儿童,回到儿童的现场、儿童的观察、儿童的行为中来。

四、伙伴课程的实施路径

伙伴课程将内容实施融合在一日活动中,通过"1+N"的主题项目、双维度的共享活动、多路径的生活浸润、手拉手的亲子共育四个途径,实现伙伴间相互的融通与共生。伙伴课程的组织方式既有传承的亲子共育活动,又有优化的主题活动、生活活动,更有创新的项目活动和共享活动。

(一)1+N 的主题项目

"1+N"是基于主题活动背景下,由一个定制主题产生多个探索分支,从而形成主题辐射下的"N"个小组化、个别化项目或班本活动探究,旨在促进每一位儿童整体发展基础上的个性化发展。

1. 定制主题活动

在主题活动开展之前,教师通过观察、问卷、谈话等方式调查儿童已有经验、兴趣点、存在的问题与发展需求,依据《纲要》《指南》中提及的教育目标与领域核心经验,依需定制主题,通过前中后三次课程审议,共同确定目标内容与发展线索,在五大领域中支持儿童在与自己、同伴、环境的互动中获得发展。如小班开展"来百家湖幼儿园聚会吧""我和我的一家""出发去百幼"等主题活动;中班开展"你好,朋友""我的运动我做主"等主题活动;大班开展"一起寻访百家湖""再见啦,亲爱的伙伴"等主题活动;迎新年时,全园开展大带小"热闹的年货大街"主题活动,多路径拓展儿童的伙伴范围与关系通道。参见图1.3.4。

2. 小组项目活动

虞永平教授指出:伙伴课程应该有更多的伙伴资源外延。我们针对园内的自然资源、园(所)附近三公里资源、节日资源、混龄活动资源等进行了挖掘并规划,如"一棵桂花树""树洞有多深""探秘桃胶""百家姓""白龙桥""一年四季的山茶花"等,并在此基础上,梳理出适合大中小班儿童开展的适宜内容、推进脉络和资源运用倾向等。

在小组项目活动中,儿童自主组合"伙伴共同体",进入生活现场、调查收集相关资源、共同设计探究计划、合作探索问题,进而解决问题,分享差异经验。教师要做的是追随幼儿的兴趣点,适时提供材料支持,推动活动进程。以大班项目活动"凤凰台"为例,幼儿在寻访凤凰台的过程中产生了一系列问题,如凤凰台有多高、台阶有多少个等。在整个项目活动中,教师始终观察儿童、与儿童对话、提供所需材料,支持儿童亲身体验、解决问题,帮助儿童实现学习的无限可能性。参见图 1.3.5。

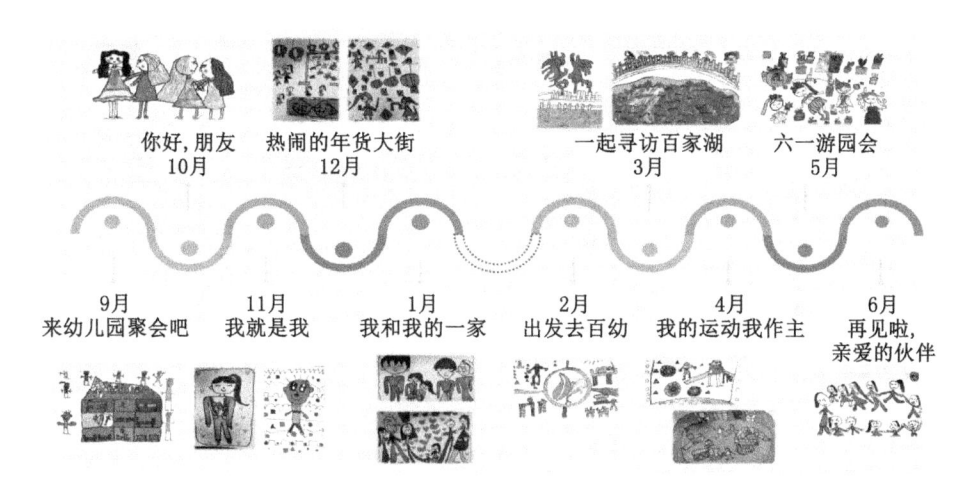

你好,朋友 10月　　热闹的年货大街 12月　　一起寻访百家湖 3月　　六一游园会 5月

9月 来幼儿园聚会吧　　11月 我就是我　　1月 我和我的一家　　2月 出发去百幼　　4月 我的运动我作主　　6月 再见啦,亲爱的伙伴

图 1.3.4

开展问题讨论 — 自主组合"伙伴共同体" — 探究并解决问题 — 共同分享"差异经验" — 分享展示"新经验"

探究并解决问题:
- 调查收集"相关资源"
- 共同设计"探究计划"
- 合作探索"问题点"
- 质疑新问题解决新困难

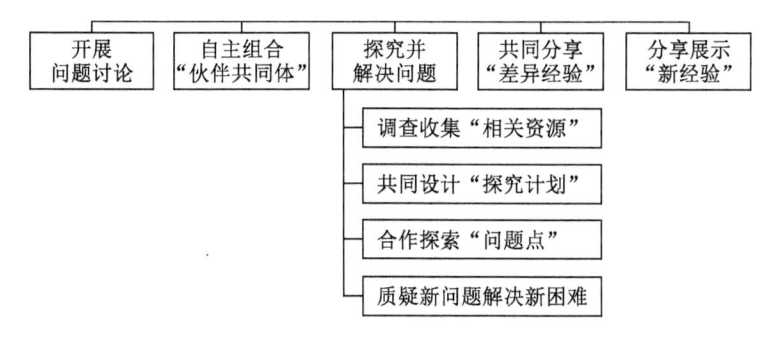

图 1.3.5

截至目前,我园主要针对园内自然资源、园外三公里资源、节日节点等资源、混龄活动资源等四类维度挖掘并开展小中大班适宜的项目活动,已开展了几十个项目活动,如"一棵桂花树""树洞有多深""探秘桃胶""百家姓"等。儿童关注生活中的事物,基于问题出发,在不断尝试、解决、反思、再尝试的过程中发展深度学习品质,在直接感知、实际操作、亲身体验、小组合作中不断建构经验、分享经验、获得成长。

（二）双维度的共享活动

在了解儿童意愿的基础上，利用室内外公共空间，打破班级限制，开展同龄、混龄跨班共享活动。活动中儿童可以自选区域、自选活动、自选材料、自选伙伴，其价值在于充分满足儿童对于游戏的需要。如图 1.3.6 所示。

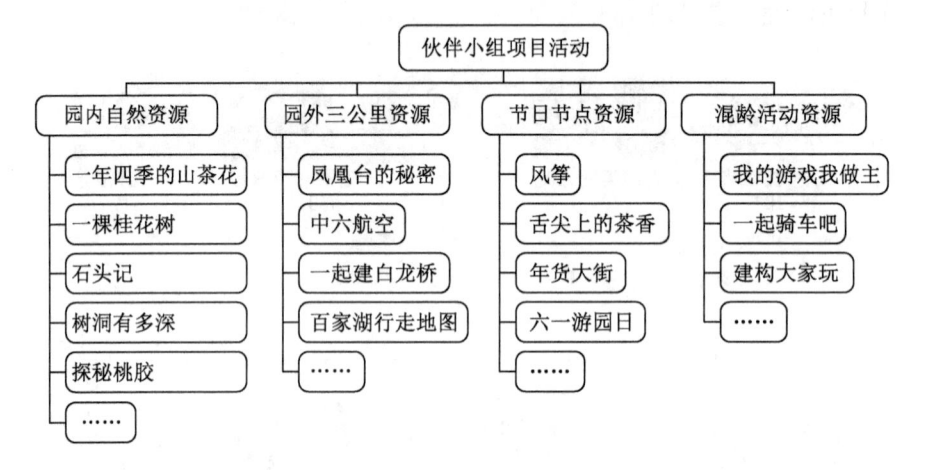

```
                        伙伴小组项目活动
    ┌───────────────┬──────────────┬──────────────┬──────────────┐
  园内自然资源      园外三公里资源    节日节点资源     混龄活动资源
  ─一年四季的山茶花  ─凤凰台的秘密    ─风筝           ─我的游戏我做主
  ─一棵桂花树       ─中六航空       ─舌尖上的茶香    ─一起骑车吧
  ─石头记          ─一起建白龙桥    ─年货大街       ─建构大家玩
  ─树洞有多深       ─百家湖行走地图   ─六一游园日     ─……
  ─探秘桃胶        ─……           ─……
  ─……
```

图 1.3.6

1. 户外混龄晨锻。在户外场地小、孩子多的情况下，我园充分利用室内外公共空间，打破班级限制，采用以年级组为单位的中大班混龄晨锻的模式。在充分了解幼儿意愿后，针对如钻爬、奔跑、跳跃、投掷、平衡、综合、攀爬等运动共设置 12 个运动区，充分满足幼儿钻、爬、跑、跳等身体运动的需求。在户外混龄共享晨锻中，儿童自己制订晨锻计划、共同摆放器械、自由选择玩伴、一起锻炼、共同收拾整理、分享运动经验。在混龄晨锻中，幼儿尝试不同种类的运动方式，在同伴互助、竞技中发展不怕困难，敢于挑战，坚持到底的意志品质。如图 1.3.7 所示。

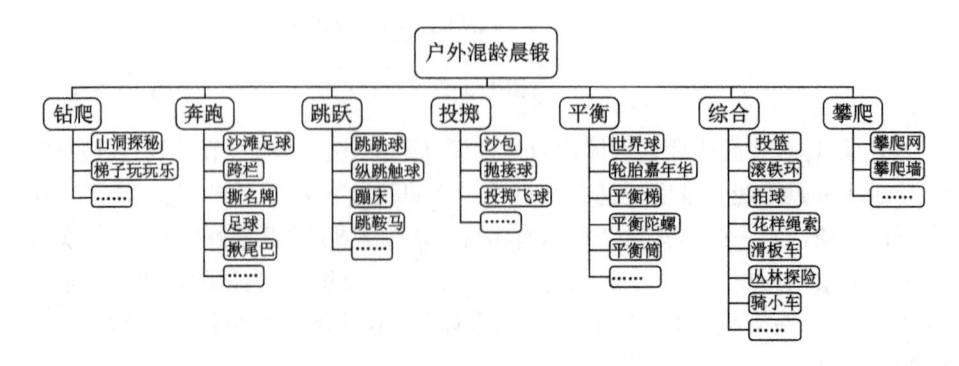

```
                          户外混龄晨锻
  ┌──────┬──────┬──────┬──────┬──────┬──────┬──────┐
  钻爬    奔跑    跳跃    投掷    平衡    综合    攀爬
  ─山洞探秘 ─沙滩足球 ─跳跳球 ─沙包   ─世界球  ─投篮   ─攀爬网
  ─梯子玩乐 ─跨栏   ─纵跳触球 ─抛接球 ─轮胎嘉年华 ─滚铁环 ─攀爬墙
  ─撕名牌  ─撕名牌  ─蹦床   ─投掷飞球 ─平衡梯 ─拍球   ─……
  ─……    ─足球   ─跳鞍马         ─平衡陀螺 ─花样绳索
         ─揪尾巴  ─……           ─平衡筒  ─滑板车
         ─……                          ─丛林探险
                                       ─骑小车
                                       ─……
```

图 1.3.7

2. 混龄共享游戏。利用室内外公共空间，共开设自然探险区、户外运动区、文艺体验区、益智与建构区、表演扮演区等五大类 15 个共享区域，如图 1.3.8 所示。共享游戏区打通幼儿园室内外空间，环境创设、活动组织与管理采用定点定人的责任制管理方式，活动开展采用中大班混龄共玩的方式，儿童按照需求自选区域、主动探索、积极交往，教师跟踪观察幼儿的游戏与交往情况，引导儿童不断完善材料的选择和活动探索方式，切实扩大交往的范围，提升互动效益。

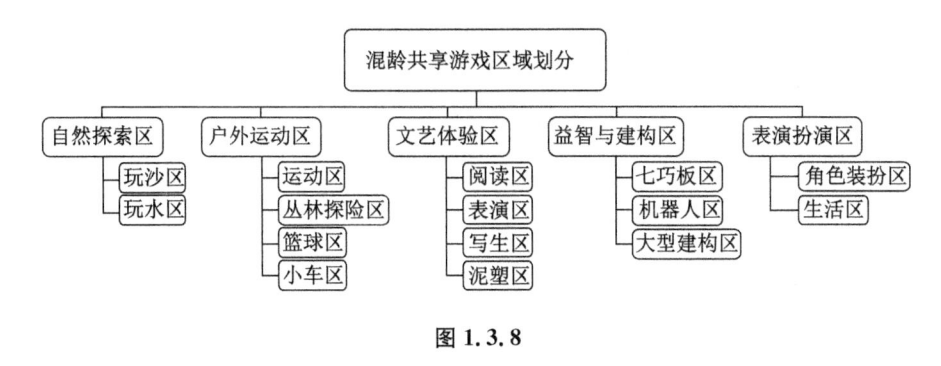

```
混龄共享游戏区域划分
├── 自然探索区
│   ├── 玩沙区
│   └── 玩水区
├── 户外运动区
│   ├── 运动区
│   ├── 丛林探险区
│   ├── 篮球区
│   └── 小车区
├── 文艺体验区
│   ├── 阅读区
│   ├── 表演区
│   ├── 写生区
│   └── 泥塑区
├── 益智与建构区
│   ├── 七巧板区
│   ├── 机器人区
│   └── 大型建构区
└── 表演扮演区
    ├── 角色装扮区
    └── 生活区
```

图 1.3.8

共享活动兼顾可选性与共享性。可选性体现在儿童能自主设计场地和游戏规则，自选材料与同伴，自主决定玩法与进程，充分践行和享受"小先生"的权益；共享体现在儿童能共享游戏经验和游戏玩法，享受自主、愉悦、想象、创造以及"大带小"的游戏体验，在伙伴间互学、互玩、互助中实现自主和创造。

（三）多路径的生活浸润

首先是遵四礼——仪式洗礼。我园的仪式活动分为成长之礼（入园、升班、毕业）、生活之礼（伙伴结对、交往）、言谈之礼（小白鲸礼仪接待）、节庆之礼（迎新年、庆国庆等）四类，以礼润德、以礼育人，以期能让幼儿在潜移默化中接受礼仪教育。

其次是守六序——有序生活。有序是一种理想的生活与学习状态，儿童不断在复杂世界中探寻符合内心秩序的空间。守六序指和儿童共同约定，创设有序的作息、有序的活动、有序的环境、有序的材料、有序的阅读、有序的思考，帮助儿童建立生活秩序感。

最后是经九事——助力成长。在幼儿重要的成长节点，我园通过九大关键事件，引发儿童对成长感悟，培养探索、合作、坚持、责任等良好品质，助力成长。九大关键事件包括：自己独立入园；独自挑战一个大困难，争取成功；在幼儿园里交 10 个朋友，带弟弟妹妹一起玩；为好朋友做一件有意义的事；与好朋友一起合作去远足；至少连续一年跟踪研究园内的一棵植物；每周阅读一本图画书，并记录下来；送爸爸妈妈/老师一张自制的心意贺卡；与同伴共同计划与筹备一次盛大的活动(如游园会、毕业典礼、绘本剧、主题升旗等)。

(四) 手拉手的亲子共育

我园伙伴课程起源于家园伙伴关系,并在此基础上不断保留、拓展与延伸,在每阶段的课改中逐步优化,主要包含卷入式家长课堂、阶段性亲子活动和融入式课程审议。

1. 卷入式家长课堂。家长作为儿童的第一任教师,各具特长,走进课堂,带来"百幼一天"家长志愿活动和"百幼一课"家长助教活动。

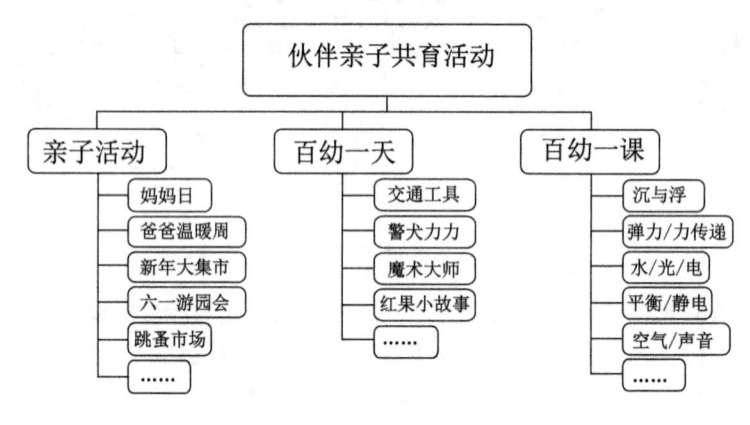

```
                        伙伴亲子共育活动
          ┌───────────────────┼───────────────────┐
       亲子活动              百幼一天              百幼一课
        妈妈日                交通工具              沉与浮
      爸爸温暖周              警犬力力            弹力/力传递
      新年大集市              魔术大师              水/光/电
      六一游园会             红果小故事           平衡/静电
       跳蚤市场                 ……                空气/声音
         ……                                        ……
```

图 1.3.9

2. 阶段性亲子活动。主要包括小班新生入园亲子试学,大班入学准备亲子共建,"新年大集市""六一游园会""爸爸温暖周"等节日亲子共玩活动,家长在课程的参与中、互动中,努力成为伙伴课程的建构者、实施者、评价者,成为儿童成长路上的共育者。

3. 融入式课程审议。家长参与我园课程审议,站在自身育儿的见解上提出课程建设的"家长建议",为课程建设、儿童发展献计献策。如幼小衔接主题审议中,多名不同职业的家长也参与到课程前审议中来,围绕他们对于小学的困惑、焦虑点与老师密切交流,最后共同制订家园共育方案,形成家、园、校三位一体的共建机制。

家园共育不仅是我园传统项目,更体现家园共同致力于儿童身心发展的决策方向,我园通过共育向家长输出百幼课程、百幼文化,也得到了家长的支持与信任。

第四节　伙伴课程的组织策略

我们着眼于儿童经验、特点与教育发展的视角,努力探寻遵循儿童特点、关照儿童经验、适合儿童学习方式、支持儿童发展的伙伴课程组织策略,尝试打造共享式、互动式、自选式、自助式的四类生活、游戏环境;探索三种路径,支持伙伴建构。

一、打造两类三处伙伴环境,支持幼儿发展

充分运用人与物两类伙伴资源打造物的隐性支持环境和人的榜样行为支持环境,支持、满足儿童发展。物的环境主要包括户外混龄的共享式游戏环境、经验建构的互动式生态环境、自由创造的自选式游戏环境、自我服务的自主式生活环境和满足儿童多向互动的节日体验类环境。

(一) 师幼良性互动的软环境

首先是建立信任,创设安全舒适的隐形环境。允许儿童在集体约定的基础上自主选择、自主安排活动,感受到班级与园(所)的民主与宽松。

其次是教师行为潜移默化的影响。教师应降低姿态,注重人文的深切关怀,以无微不至的观察及暖心周到的鼓励,做儿童参与课程的"隐身人",用精湛的专业技能服务儿童。

(二) 门类多样的硬环境

1. 满足儿童跨班和混龄的共享式游戏环境

调查儿童需求,依照地形地貌,利用操场、中庭院与各类专用室,打造混龄共享区域。利用走廊等空间打造同龄段跨班自选区域,将游戏空间还给儿童。公共空间从静态观赏走向同伴可以三三两两共玩的互动环境,让空间最大化使用,满足儿童共享需求。

2. 满足儿童建构经验的互动式生态环境

改造原有的观赏类园林景观为儿童可观赏、观察、探究、测量、表征的互动式

果园、游戏树林、一米菜地、嬉水池等,儿童在与园林环境互动的过程中建构学习经验,实现可持续性发展。

3. 满足儿童自由创造的自选式游戏环境

将室内、阳台、走廊划分为 6~8 个功能区,室内游戏区环境安全舒适,允许儿童自主选择区角游戏、自我计划、自主安排、主动实践与创造,且追随儿童的发展需求将环境、材料等作适宜的增、减、变等调整。

4. 满足儿童自我服务的自主式生活环境

鼓励儿童共同商议班级公约、值日生制度、一日作息时间等。根据年龄特点,建立 6S 标识图:小班标识以物品图片和儿童喜欢的标记为主;中班标识以数字和实物图片为主,适当辅以儿童自制标记;大班以儿童自制为主。创设基于自我服务与为集体服务的支持性环境。

二、建构"三位一体"的共学范式,支持伙伴共建

儿童是具有独立性的个体,他们在成长的各个领域体现出明显的差异,这样的差异使得儿童在"互通有无"的过程中获得彼此的闪光点。小伙伴之间是平等的、互为先生、互为学生[1],这样的学习是有来有往的,在学习时儿童以能者为师互教互学、取长补短、相互启发。伙伴课程以儿童伙伴式学习为切入点,关注儿童需求、儿童的交往和儿童的差异经验,运用差异资源支持儿童共学。

(一) 一体化的活动流程

包括共制活动计划、共同分工合作、共享活动经验。

共制活动计划——关注儿童的活动态度。在共享活动启动时,引导儿童学会介绍自己、认识新同伴,充分表达与同伴合作完成某项计划或任务的意愿。

共同分工合作——关注儿童的参与程度。在共享活动过程中,引导儿童学会合作、学会商议,围绕共同的任务适时调整材料投放与活动方式。当遇到方法不一致,或是分工合作中出现意见不统一的情况时,引导儿童学会接纳与认同,学会大胆表达自己的想法,并积极验证自己的想法。

共享活动经验——关注儿童的差异经验。每次活动开始和结束时,都留有 5~10 分钟的分享时间,分享有益的活动经验、探讨解决问题的策略,以求情绪情感的满足和新的活动经验建立。具体分享内容有:

一是分享愉悦或伤心的情绪,以求情绪的满足。

二是分享自己的新经验,如新的认知、新技能、新发现、新品质等,将新经验

---

[1] 陶行知. 陶行知文集[M]. 南京:江苏教育出版社,2008:6.

传递。如在益智区游戏分享中,老师问道:"今天挑战了哪些新游戏?"媛媛边示范边说:"我玩的是金字塔的游戏,把底座放在桌子上,把不同大小的模块摆上去,可以摆出很多的样子!"毅毅说:"我玩的是俄罗斯方块的游戏,把这些形状不同的方块摆放在这个底盘里,像这样子,要自己想办法!"儿童在分享经验的同时自己获得成功感,同伴获得新经验。

三是分享遇到的问题与困难,以寻得解决的思路与办法。在游戏结束后,表演区的四个幼儿提出自己的问题:"今天表演《三只小猪》,谁都不愿意当大灰狼,怎么办呢?"老师问:"为什么不愿意当大灰狼呢?"涵涵:"我不喜欢这个大灰狼,选宸宸,她也是女孩子啊!"宸宸:"我也不想当。"老师:"谁有好办法?"逸逸:"你俩来剪刀石头布吧!"两个女孩听到这个方法,会心地笑了,把手伸出来,一起说:"剪刀石头布。"宸宸输了,接受了这个角色。用儿童的方法解决儿童的问题,利于儿童接受。差异资源为幼儿发展提供新经验。

在儿童共学的过程中,儿童以能者为师互教互学、取长补短、相互启发,他们相互尊重、友好、沟通,建立感情,提升交往能力等多元能力。教师观察并记录小组活动中的儿童行为,识别、判断、分析儿童间的差异资源,围绕核心经验筛选差异资源,运用差异资源解决儿童间的问题,支持儿童同伴间获取新经验。

"三共"活动流程同样适于教师、家长参与。

(二)发现式的共学路径

围绕问题的发现,形成两条互学线索:儿童目标一致时,一起计划猜想、分工合作、操作思考、分享经验;观点冲突时,呈现儿童已有经验、分组收集证据、解释各自观点,最终实现新经验的建构。在此过程中,教师要观察、分析儿童间的经验差异,运用差异资源实现共学。如图1.4.1所示。

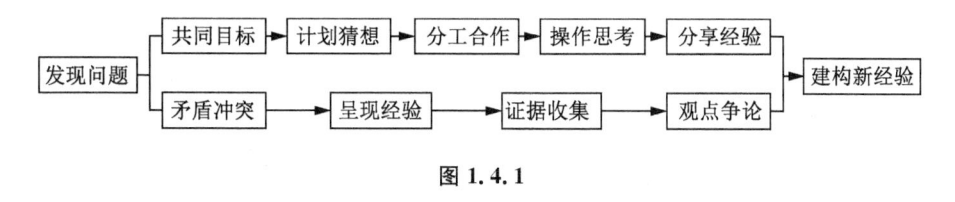

图 1.4.1

(三)螺旋式的迭代策略

儿童是教师学习的伙伴,儿童是天生的哲学家、科学家、艺术家,是教师的"教师",教师应以儿童为师,向儿童学习。在师幼共学的过程中,借助"师幼对话",不断理解儿童的课程立场,修正我们的课程认知。师幼的互学存在于一日活动中的各环节,师幼在一日共同的生活中有共同的目标,在相互质疑中共同探究,共同分享探究经验与不同的想法,呈现双向主体的互动,其行为与思想互为影响。如图1.4.2所示。

在师幼共学中要注意两点：一是用观察、对话等方式了解幼儿的行为、理解其行为背后的动机；二是教师在师幼互学中，目标要时刻放在中心。

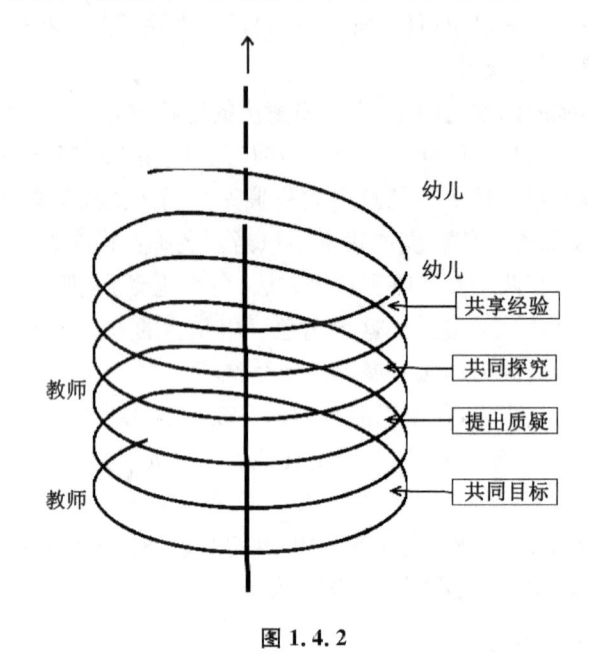

图1.4.2

第五节 伙伴课程的资源开发

课程资源指对儿童进行教育的一切素材，是以儿童生活为中心、可利用的、支持儿童学习和发展需要的相关资源，涉及人力、物力以及自然资源的总和。伙伴课程资源的定义作为教育学上的概念被独立出来，运用于教育教学当中，其核心和特色落在"伙伴"二字。结合我园伙伴课程理念，伙伴课程资源是师生和幼儿园（所）处的某一区域内自然条件、社会环境、人文发展等方面反映伙伴关系并且拥有积极教育意义的内容，其倡导的是幼儿、教师与家长、环境之间互为伙伴，共同参与开发园（所）内外可利用的资源，并将资源的价值运用于儿童发展中。

《纲要》指出："幼儿园应综合利用各种教育资源，共同为幼儿的发展创造良好的条件。"陈鹤琴先生也提出"大自然、大社会都是活教材"，建议把大自然、大社会作为出发点，让儿童直接学习它们。伙伴课程是百家湖幼儿园基于自身实际进行的综合性园本课程改革，它以幼儿园为核心打造真实生活场，引入与儿童这一生活主体共同生活的人、动物、植物、大自然、书等伙伴资源，支持儿童经验的自主建构。伙伴课程的资源是多元的，有支持儿童自主建构课程的自然物质与人文两类资源。根据现有的园内外资源，我园将伙伴课程的物质资源划分为园内动植物资源、园外三公里资源、园内图书资源三种，将人文资源划分为节日节点资源、家长优势资源、同伴差异资源三种。儿童在与伙伴资源的互动过程中更新、建构、丰实自己的经验，获得全面而富有个性的发展。

一、搜集两类伙伴课程资源，建构幼儿经验

（一）物质资源

1. 园内自然资源。以园内动植物资源为例，将园内动植物资源划分为花、木、蔬菜、动物四类，如树的资源包含红枫、山楂树、桃树等，花的资源包括桂花、紫叶李、紫藤等，动物资源包括金鱼、乌龟等，并标出其所在地理位置。教师提前对每种动植物的习性进行调查，整理出该动植物的生长习性与特点、教育价值、对应《指南》目标和教育建议等，以供开展相关课程的班级参考。

2. 园外三公里资源。通过现场踩点搜集方圆 3 公里以内的各种资源,根据目标筛选可能的教育资源,初步形成资源地图,设定资源调查问卷,筛选与儿童已有经验相关的资源和感兴趣的资源,如百家湖 1912、凤凰广场、胜太路地铁站、市民中心、百家湖小学等,并依据儿童已有经验和兴趣,开展相关项目活动,将可能的资源转化为教育资源。

3. 园内图书资源。图书是最基本、最重要的资源,结合绘本进行主题教学,创设伙伴课程下绘本主题环境,并让绘本渗透主题活动、区域活动中。我园筛选不同类别的图画书,如有伙伴学习、共享合作特征的绘本,与不同主题相关的绘本等,形成不同类别的绘本资源与使用建议。

(二) 人文资源

人文资源指人类社会有史以来所创造的物质的、精神的文明成果总和,主要有以下几种资源形态:知识资源、信息资源、关系资源、观念资源等。我园将现有的伙伴资源——人文资源放大,包含节日节点资源、家长优势资源和同伴差异资源,建构以儿童为主体的伙伴课程。

1. 节日节点资源。充分利用儿童熟悉的、与《指南》紧密结合的、有发展价值的各类节日与阶段性节点活动,如在国庆节期间开展"我的祖国,我的家"的活动,在元旦时开展"热闹的年货大街"混龄活动;在小班初入园、大班毕业以及升班的时间节点,分别开展"来百家湖幼儿园聚会吧""再见啦,我的百家湖幼儿园""我是大班哥哥姐姐"等活动;在季节节点开展"寻找春天"等主题活动。在调查儿童经验基础上确定是否开设该主题以及线索的导向。

2. 家长优势资源。家长作为幼儿园教育的伙伴、合作者,伙伴课程的卷入者,有着丰富的教育资源。在伙伴课程的研究不断深化的基础上,家园伙伴合作共育尝试建构新的模式,充分整合和利用家长教育资源,发挥家长的教育作用,实现幼儿园教育与家庭教育的同步协调发展。家长的不同职业、良好的育儿经验、对园(所)发展的贡献都是家长的优势资源,我园通过充分调查,挖掘广泛的家长资源,建立家长资源库。

3. 同伴差异资源。小伙伴之间发展是有差异的、是平等的、互为先生[1],在学习时儿童以能者为师,互教互学、取长补短、相互启发。伙伴的差异资源体现在一日生活中儿童所表现出的各领域核心经验的不同,如在生活技能方面,儿童穿脱衣的方法不同;在语言表达能力上,儿童表达使用的词汇和完整度的差异;在学习品质上,儿童解决问题的趋向与方法也有不同,这些差异都是伙伴课程的资源。

---

[1] 陶行知. 陶行知文集[M]. 南京:江苏教育出版社,2008:6.

二、探索伙伴资源开发路径,适宜幼儿需求

伙伴课程资源的开发过程不是一蹴而就的。初期,我们将研究放在材料的收集上,在幼儿园公共区域和班级门口设置百宝箱,鼓励全园师幼收集废旧材料,之后将材料进行消毒、分类,在班级内共享。

在不断的实践中,我们将视角拓展到园内资源,并将其一一进行罗列、梳理和筛选,形成初步的资源信息,以下以园内自然资源和园外三公里资源的形成路径为例。

(一) 园内自然资源的形成路径

植物资源指在自然界中人们可以利用与可能利用的植物总和,具有不断生长和更新的特征。我园内有着较为丰富的植物资源,包含花园、果园、树林和种植园,我们按其种类分为树木资源、花卉资源和蔬菜资源。以下为园内自然资源开发路径:

1. 实地考察,汇总现有植物特征。教师通过实地考察,借助软件辨别植物的名称、属性和位置,将已有植物资源进行汇总,罗列出植物的名称、类别与发芽、开花、结果的生长过程等。

2. 调查、征集"可能的"使用建议。我园成立资源研究小组,向一线教师发放问卷调查,征集"可以有"的花卉、蔬菜,研究小组对植物的资源名称、资源信息、《指南》目标、资源价值、使用建议进行梳理,形成植物资源表。便于教师在班级实践中,通过查阅资源表,很快得到相关植物信息和课程开展等建议。

3. 绘制地图,形成可视性资源。研究小组绘制动植物等自然资源地图,为教师寻找资源的具体位置提供便利,同时也便于儿童查找与使用。

(二) 园外三公里资源的形成路径

园外资源同样是不可忽视的部分。幼儿的生活空间不能仅仅在园内,而园外资源可以拓宽、延伸、补充和支撑幼儿园伙伴课程。我园周边有食品公司、休闲广场、消防中队和邮电等公共环境、设施,经过合理的应用与开发,都可以作为伙伴课程的重要资源。

在资源开发研究的初期,我们的经验是零散的。研究小组在前期的已有成果上进行文献的参照,认真梳理,将身边的资源进行分类。以社区资源为例:我们将资源范围聚焦在园外三公里以内,首先搜集方圆三公里以内的各种资源;然后根据目标筛选可能的教育资源,设定资源调查问卷,筛选与儿童已有经验相关的资源和感兴趣的资源;依据儿童已有经验和兴趣,将可能的资源转化为教育资

源,从而形成社区资源地图。在班级、年级的活动中,使用社区资源拓展儿童的学习空间,帮助儿童获得更多的经验。以下表1.5.1为园外三公里资源开发初期梳理的资源和开发路径:

表 1.5.1

资源名称		资源信息	《指南》目标	资源价值	使用建议
果树	枇杷树	可于6月播种;每年10—12月开花,次年5—6月成熟;花瓣白色;果实球形或长圆形,黄色或桔黄色,外有锈色柔毛,不久脱落种子1～5个,球形或扁球形,直径1~1.5厘米,褐色,光亮,种皮纸质。	• 认识常见的动植物,以及了解动植物生存环境、生长变化、生长周期。 • 支持幼儿提问,引导幼儿用适宜的方法解答疑问。 • 经常接触大自然,为幼儿提供探究工具进行探究,并学会正确使用工具。 • 选择适宜的观察、测量等方法,制订研究的计划和调查方案。 • 感知体会和了解人类对动植物的依存关系和动植物对人类的贡献。 • 欣赏自然界和生活环境中美的事物,关注其色彩,形态特征,能用绘画、插花、手工制作等方式表达自己的所见所闻。	认知价值: • 枇杷树的果实(颜色、形状、味道、层数、收藏方法等)。 • 枇杷树的功效(枇杷叶、枇杷果、枇杷根)。 • 枇杷的种类(白沙、洛阳青、红沙等)。 探究价值: • 枇杷树的外形特征(树干、树叶)。 • 枇杷的一年四季的变化(春、夏、秋、冬)。 • 自主通过书籍网络进行枇杷树的探究活动。	• 认识、了解枇杷树,记忆枇杷树的生长方式、果子成熟时间等。 • 观察枇杷树的外形特征,能用各种方式将其表现出来。 • 枇杷果成熟后亲手去观察、采摘、品尝枇杷。 • 比较枇杷果的形状、色泽等。 • 用多通道参与的方式了解枇杷叶、枇杷果、枇杷根的功效(药效)。 • 用观察记录等方式表达枇杷树的开花、结果时间等,表达对自然的热爱。 • 对枇杷种类进行拓展性研究。	• 主题"春天来了"(科学:枇杷树)。 • 主题"再见幼儿园"(综合:幼儿园里的枇杷树、美术:枇杷树)。 • 项目或班本活动(枇杷熟了:认识枇杷——采摘枇杷、与枇杷相关的美术、体育、游戏等活动,品尝枇杷、调查枇杷、建议每年5月)。

1. 搜集方圆三公里以内的各种资源。依据儿童的年龄发展特点,我们将资源调查的范围设置在三公里以内,这样的距离对于儿童的安全以及后期与主题的结合比较有利。

2. 根据目标筛选可能的教育资源,初步形成资源地图。通过百度地图搜索发现,幼儿园附近三公里范围内地图上明确显示的地点有60个左右,其中一部分是类别比较相似的地点以及对儿童来说存在安全隐患的地点,将这些地点进行删减,结合幼儿园的课程目标,筛选之后,得到符合要求的26个地点。参见图1.5.1。这些场所类别和功能各异,分布均匀,能够为儿童的学习提供丰富的资源保障。

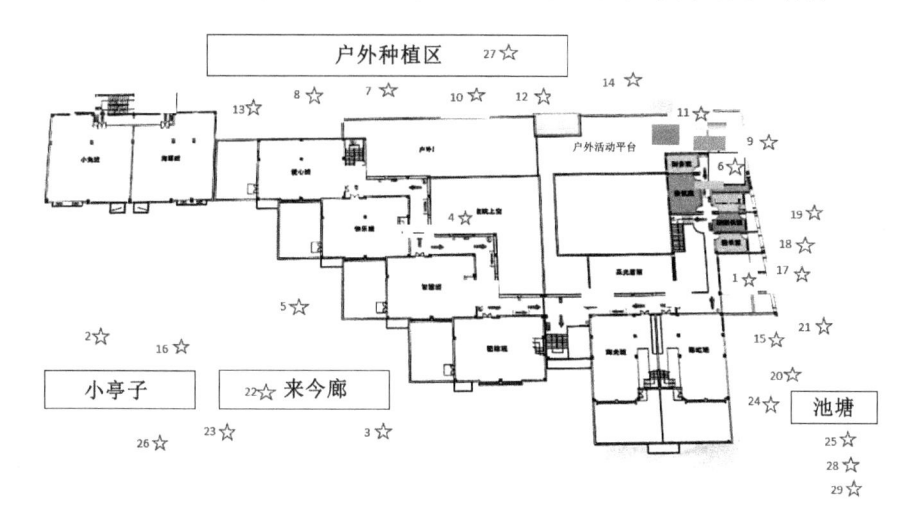

图1.5.1 百家湖幼儿园园内动植物资源地图

树:1. 香樟树　2. 冬青树　3. 红枫　4. 棕树　5. 银杏　6. 樱桃树　7. 橘树　8. 石榴树　9. 枣树　10. 柚子树　11. 枇杷树　12. 山楂树　13. 板栗树　14. 梨树

花:15. 龙爪槐　16. 紫叶李　17. 杏花　18. 桃花　19. 桂花　20. 山茶花　21. 樱花　22. 紫藤　23. 白玉兰　24. 蝴蝶花　25. 睡莲　26. 蚕丝海棠　27. 蒲公英

动物:28. 金鱼　29. 乌龟

3. 设定资源调查问卷,筛选与儿童已有经验相关的资源和儿童感兴趣的资源。在前期搜索调查的基础上,我们对方圆三公里范围内不同类型的地点加以统计,划分"从不、有时、经常"三个维度,详实的数据能够清楚地分析了解家长和儿童与这些地点的互动频率。儿童和家长互动频率较高的地点,"有时,经常"合计比率达到80%以上;儿童和家长互动频率一般的地点,"经常"合计的比率在20%~60%之间;20%以下是儿童较少接触的地点,从而得知这些地点的资源利用情况。如表1.5.2所示。

表1.5.2　家长和幼儿相处过程中与周边环境的互动频率

地点	频次			
	从不	有时	经常	合计（有时、经常）
百家湖中学	274(46.68%)	199(33.9%)	114(19.42%)	313(53.32%)
百家湖小学	211(35.95%)	213(36.29%)	163(27.77%)	376(64.05%)

(续表)

地点	频次			
	从不	有时	经常	合计（有时、经常）
南京通盛客运公司	379(64.57%)	171(29.13%)	37(6.3%)	208(35.43%)
胜利新寓	232(39.52%)	154(26.24%)	201(34.24%)	355(60.48%)
南京爱立信熊猫通信公司	456(77.68%)	100(17.04%)	31(5.28%)	131(22.32%)
南京新联电子公司	510(86.88%)	67(11.41%)	10(1.7%)	77(13.11%)
恒永工业园	507(86.37%)	73(12.44%)	7(1.19%)	80(13.63%)
南京瑞彬君和纺织刺绣有限公司	542(92.33%)	43(7.33%)	2(0.34%)	45(7.67%)
同曦万尚城	26(4.43%)	179(30.49%)	382(65.08%)	561(95.57%)
南京瑞智 NR99 文化创意产业园	323(55.03%)	219(37.31%)	45(7.67%)	264(44.98%)

此外，为了拓展资源利用的广度，力求找到真正符合幼儿需求的环境资源，资源调查问卷还设置了两个开放性的问题，分别是"在百家湖幼儿园周边三公里范围内，您和宝贝非常喜欢的享受亲子时光的地点"（见表1.5.3）；"您觉得在百家湖幼儿园周边还有哪些具有教育价值的环境资源"（见表1.5.4）。家长可以有自主表达的机会，故能充分挖掘家长资源、环境资源的伙伴价值。

表1.5.3 百家湖幼儿园周边三公里范围内，家长和宝贝非常喜欢的享受亲子时光的地点

序号	地点	人数	备注	序号	地点	人数	备注
1	凤凰广场	148	便民设施	12	大众书局	11	人文设施
2	景枫	110	商业综合体	13	百家湖小学	10	学校
3	百家湖1912	79	商业综合体	14	万达广场	9	商业综合体
4	金鹰	73	商业综合体	15	欧尚超市	7	商业综合体
5	太阳城	71	商业综合体	16	小龙湾桥	6	自然风光
6	万尚城	64	商业综合体	17	胜太桥	5	自然风光
7	杨家圩	38	自然风光	18	极宠家	5	商业综合体
8	秦淮河边	30	自然风光	19	杏花村	4	自然风景
9	同曦百货	27	商业综合体	20	江宁体育广场	3	便民设施
10	市民广场	21	便民设施	21	百家湖中学	2	学校
11	九龙湖	13	自然风景				

（按得票人数由高到低统计）

表 1.5.4 在百家湖幼儿园周边还有哪些具有教育价值的环境资源

序号	名称	推荐人数	距离	类别	相关推荐
1	秦淮河	39	3公里内	自然类	
2	凤凰广场	38	3公里内	自然类	
3	江宁区市民中心	34	3公里内	人文类	
4	同曦步行街	29	3公里内	商业街区	
5	江宁博物馆	22	3公里内	人文类	
6	百家湖小学	17	3公里内	学校	百家湖中学
7	新华书店	16	3公里内	人文类	江宁图书馆、大众书局
8	太阳城	15	3公里内	商业街区	景枫
9	九龙湖	14	3公里内	自然类	

(按推荐人数由高到低排列)

4. 依据幼儿已有经验和兴趣,将可能的资源转化为教育资源。调查问卷在全园范围内发放之后,经过五天的时间,共回收问卷587份,其中有效问卷587份。填写问卷的家长年龄层次主要分布在31~40岁,占所调查人数的68.65%。调查问卷的具体结果将通过三个图表具体呈现。第一个图表(表1.5.2)呈现的是家长和儿童相处过程中与周边环境的互动频率,这个问题主要针对儿童的已有经验;第二个图表(表1.5.3)呈现的是儿童和家长对周边环境的感兴趣程度;第三个图表(表1.5.4)呈现的是家长知道的有价值的教育资源,力求拓展环境资源的范围。我们将根据现有的调查结果,将可能的资源转化为园(所)特有的教育资源。

伙伴课程资源的系统有效开发对教师和儿童都具有重要的价值。从教师角度来看,可以帮助教学能力的提升,促进自身不断更新教育观念、改进教育教学方法,促进教师教育科研能力的提升。从儿童角度来看,课程资源的有效开发可以使活动内容更加丰富,儿童兴趣爱好也得以凸显,多样的形式使儿童的学习兴趣得到提高,最终促进儿童个性化发展。

第六节　伙伴课程的评价初探

评价过程本身,对于教师、幼儿、课程质量的提升就有很好的助推作用。教师观察跟进幼儿行为表现,分析幼儿、寻找支持策略的过程就是一种专业提升的过程。幼儿了解自己经历的活动过程,记录并表达对自己、伙伴的评价,实际上也是能力发展的一部分。教师运用数据分析、借助工具判断幼儿园课程实施的情况,课程评价得出的结论,成为深化课程实践探索的重要依据。幼儿的反馈、教师的分析与思考、专家的评价和主张,都是伙伴课程下阶段实践的"起跑线"。

一、伙伴课程评价的价值所在

课程评价采用终结性评价与形成性评价相结合的方式,评价指标多维、评价方法多样、评价主体多元。百幼通过幼儿发展评估,一是了解幼儿发展情况,改进教育方法,促进幼儿主动、有效学习;二是在评估中不断转变教师教育观念,重新认识和理解儿童;三是关注课程评价结果的利用与价值发挥,总结提炼课程经验,寻找发现课程实施中的缺陷与不足,基于评价结果不断跟进优化课程的思路、框架、方案、实施等内容,促进我园伙伴课程建设的深化研究。

(一) 课程方案优化的依据

对正在进行的课程方案,课程评价能有效地找出该方案的优缺点及原因,为优化伙伴课程方案提供建议。在对课程进行诊断和修改的过程中,能使课程方案在原来的基础上变得更加完善。当课程结束时,通过课程评价可以发现预期目标的达成情况和课程实施的效果,为伙伴课程方案的修订提供借鉴。

(二) 课程研究深入的推力

课程评价可以帮助教师和管理人员监督控制教育、教学过程,通过评价可以对课程实施中的各相关要素的运行情况进行跟踪,发现问题,及时调整,让课程可以得到更深入的研究。幼儿园课程评价是深化课程实施的起点,是深入研究的有效助推剂。

(三) 园(所)发展的价值导向

在我国,幼儿园课程评价依据是《幼儿园工作规程》和《幼儿园教育指导纲要(试行)》,它们能够对幼儿园课程进行系统的鉴别、考察。课程评价就像是一根指挥棒,评什么和怎么评,会对幼儿园教育的实践产生直接的导向作用。因此,评价的导向作用是十分重要的,特别是管理者更应当重视幼儿园课程评价的导向作用。

二、伙伴课程评价的实施跟进

伙伴课程评价期待回归自然状态、多元交互参与、指向儿童经验的发生与发展,聚焦幼儿的成长过程、教师的专业提升经历、课程实践的发生和发展。我们的评价宗旨是回归一日生活自然状态的"实证—发展"评价探索。

(一) 评价宗旨:回归一日生活自然状态的"实证—发展"评价探索

"实证"既是幼儿的动作(语言、行为、表情)、绘画、符号(文字、数字)等的统称,又指教师基于幼儿的现实发展水平,依据《指南》和园本课程目标,通过实地观察、统计分析、调查研究等实证研究方法来研究幼儿园环境中的人、事、物之间的相互关系。我园关注幼儿的发展,以伙伴课程为背景,对伙伴课程实施前、中、后三个环节中的幼儿学习和发展的外显标志或信号(文字、图像、数据、案例等)进行系统分析,科学判断其价值和效益。基于幼儿发展的实证研究,我们转变了课程理念、完善了课程内容、拓展了课程实施路径、优化了课程审议程序,从而通过课程建设最终实现师幼、幼幼的互学共生、共享幸福的高质量生活,在专业成长中提升了教师的教学反思能力。

在伙伴课程中,我园引入观察记录、个案跟踪、作品分析等方式,努力让评价工作成为自然常态性工作,关注评价的过程性,在评价中支持幼儿成长。

1. 学习故事成为评价的方向依据

学习故事是利用叙述的方式来对幼儿的学习、发展进行形成性评价,是记录、支持幼儿学习的一种方式,它是我园开展伙伴课程评价的方式之一。我园运用学习故事帮助教师观察、理解并支持儿童的持续学习,同时记录每一个儿童成长的轨迹和旅程。运用学习故事评价儿童的发展,评价的焦点就落在儿童的学习过程上。例如,发生了什么,即幼儿在做什么、说什么、想什么;学到了什么,即幼儿各领域核心经验的发展,以及幼儿是如何学、如何想的,和相关的方法、策略等;下一步怎么办,即教师如何进一步促进和拓展儿童的学习,并为儿童的学习提供方向和指引。以下是户外混龄晨锻中"小车区"幼儿的学习故事。

学习故事：新增木桥趣味多——幼儿挑战上下坡实录

观察时间：2019 年 11 月 14 日　　　观察地点：小车区

发生了什么？

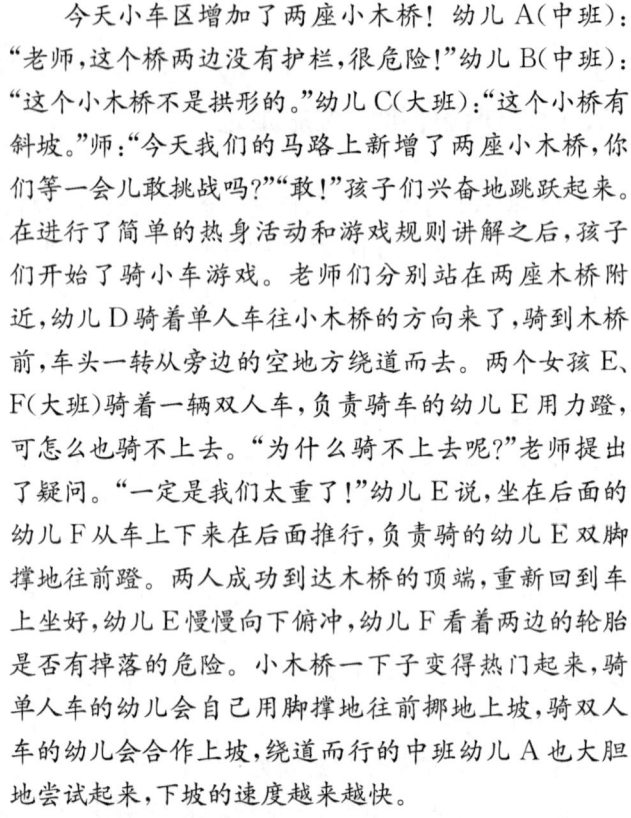

今天小车区增加了两座小木桥！幼儿 A（中班）："老师，这个桥两边没有护栏，很危险！"幼儿 B（中班）："这个小木桥不是拱形的。"幼儿 C（大班）："这个小桥有斜坡。"师："今天我们的马路上新增了两座小木桥，你们等一会儿敢挑战吗？""敢！"孩子们兴奋地跳跃起来。在进行了简单的热身活动和游戏规则讲解之后，孩子们开始了骑小车游戏。老师们分别站在两座木桥附近，幼儿 D 骑着单人车往小木桥的方向来了，骑到木桥前，车头一转从旁边的空地方绕道而去。两个女孩 E、F（大班）骑着一辆双人车，负责骑车的幼儿 E 用力蹬，可怎么也骑不上去。"为什么骑不上去呢？"老师提出了疑问。"一定是我们太重了！"幼儿 E 说，坐在后面的幼儿 F 从车上下来在后面推行，负责骑的幼儿 E 双脚撑地往前蹬。两人成功到达木桥的顶端，重新回到车上坐好，幼儿 E 慢慢向下俯冲，幼儿 F 看着两边的轮胎是否有掉落的危险。小木桥一下子变得热门起来，骑单人车的幼儿会自己用脚撑地往前挪地上坡，骑双人车的幼儿会合作上坡，绕道而行的中班幼儿 A 也大胆地尝试起来，下坡的速度越来越快。

学到了什么？

健康：在上下坡的过程中幼儿知道有车轮掉落、下坡速度快导致翻车等危险的存在，能够想办法避免危险发生、保护自己；在上下坡的过程中手眼协调，稳定车头的方向并根据速度的变化改变腿部力度的大小。

社会：幼儿两两合作的能力，共同体验成功带来的快乐，在上下坡的过程中幼儿不断发现问题，幼儿与同伴、教师自如对话、表达、发现、倾听。

语言：幼儿与同伴、教师对话、表达、发现、倾听。

科学：对上坡和下坡结构有了新的认识，将上下坡与用力的大小、速度的快慢联系起来；在遇到困难时积极动脑思考找寻问题的原因，探究问题的解决方法。

伙伴学习：混龄游戏中大班幼儿由于能力强的原因在游戏中起到了很好的带头引领作用，通过平行游戏的方式，增强了能力弱的幼儿挑战困难的勇气，让他们也学到了更多解决问题的方法。

下一步怎么办？

1. 在游戏现场中鼓励幼儿不畏困难，挑战自我。

2. 在幼儿愿意的基础上鼓励孩子大带小，与非本班幼儿游戏，增加不同年龄段幼儿之间的交往，增加同伴间的交流机会，提升幼儿同伴交往和自我表达的能力。

4. 教师在整个游戏中分时间段根据幼儿的游戏状况进行总结，总结遇到的困难，获取新的经验，提出新挑战，让混龄游戏成为提升孩子认知、动作、语言、社会、科学探究发展的平台。

---

2. 个案跟踪成为评价的动态过程

个案跟踪为每个幼儿的学习情况、发展情况提供了真实而详细的资料。教师在不同的场景下多次观察幼儿的行为，主要是记录幼儿在游戏、活动中的行为，通过连续观察以及量化分析，发现幼儿的发展现状及影响幼儿发展的因素，全面了解幼儿及其背后行为的意义。它能帮助教师有效地改进教育教学方式方法，从而促进幼儿更全面的发展。以下是教师在大型玩具区连续跟踪3名幼儿如何使用绳索的个案，在跟踪与分析中不断调整自己的教育策略。

个案案例：绳索秋千

第一次观察

观察时间：2021年4月7日

观察地点：大型玩具区

观察对象：佳佳、小鹿、萱萱

观察目的：了解幼儿对新增游戏的兴趣程度以及游戏玩法。

观察实录：

晨锻时间，萱萱、佳佳、小鹿三人来到玩绳区，萱萱双脚踮起，头向后仰，一只手伸向上抓住绳子说："呀，这根绳子好高。"其他两人听了之后，看了看两头都被拴在栏杆上的绳子，并没有去玩，双手抓着一旁一条直直的垂下来的绳子，绳子上每隔一段被打上了结。佳佳先站在一旁的花坛上，双手抓住绳子上稍高一点的打结的位置,然后身体向前倾,双腿弯曲,双脚蹬了一下身后的花坛,人随之荡了出去,又荡了回来,她双脚着地。萱萱说:"到我了。"说完,双手抓向绳子,双脚一蹬离开了花坛,但是手并没有抓住绳子,直接从花坛上跳了下来。萱萱:"哎呀,我的手都疼了。"小鹿:"我来试试看这根绳子,这根不太好抓,有点抓不住。"说完,她双手抓住那根两头都被拴在栏杆上的呈弧形绳子,然后双腿弯曲,双脚悬空,悬吊在绳子上,持续了3秒后,双手松开,落在地上,看看手心,说:"哇,我的手都红了。"然后伸手给另外两个人看。随后,小鹿再次双手抓住绳子,这次她没有直接将腿弯曲悬空,而是双手抓住绳子后,双脚蹬地,身体向后拉绳子到最大限度,然后双腿弯曲,人随着绳子荡了出去。

分析解读:

1. 在游戏中,三位幼儿均对同样的绳子尝试使用悬吊、摆荡等多种方式进行游戏,上肢力量得到了锻炼。

2. 幼儿发现绳子在承重后,有点勒手,但是他们没有放弃,仍在继续尝试不同的玩法。

3. 教师给幼儿提供了自由自主的游戏氛围,没有干预或打断幼儿游戏,而是让幼儿在自然的状态下自由探索绳子的玩法,让幼儿有足够的时间空间可以大胆尝试,在失败后调整从而达到成功,体验成功的喜悦。

措施与建议:

1. 拍摄幼儿游戏时的视频或照片,在游戏分享或过渡环节请参与幼儿或其他幼儿说一说他是怎么玩绳子的,探索绳子荡起来的奥秘。

2. 让幼儿讲述在游戏时出现的问题,或可能出现的问题(如安全问题)。请幼儿说说如何在游戏时保护好自己不受伤害,如增加地垫等。

第二次观察

观察时间:2021年4月16日

观察地点:大型玩具区

观察对象:佳佳、小鹿、萱萱、妍妍、博宇

观察目的:了解幼儿在游戏中的自我保护、新经验与学习方法。

观察实录:

晨锻时间,玩绳区5个孩子正围着佳佳,看着她双手抓着两端系在栏杆上的弧形绳子,人悬空随着绳子荡来荡去。博宇边拍手边笑着说:"哇,好厉害啊。"旁边的妍妍,则一只手握成拳头,另一只手随着嘴里说的数字不断变化:"13、14、15……"一开始佳佳还能边荡着边笑着和旁边的围观伙伴说话,她的两条原本只是弯曲缩起的双腿,开始慢慢向地面伸直,随即一只脚抬起钩住另一只脚的脚踝处,往上缩了缩,双唇紧抿,当妍妍数到"16"时,佳佳的双手颤了颤松开了绳子,从空中落到了保护垫上。妍妍大声说:"天哪,佳佳时间最长,看谁能超过他。"转身看向背后的博宇说:"博宇要不然你来吧。"博宇看了看绳子,停留3秒走到垫子上,双手抓住绳子,用脚后蹬想使绳子向前荡,没荡起来,脚却搭在垫子上。他再次尝试,这一次比第一次双脚抬得要高一些,脚尖向后荡时不断碰到垫子,来回荡了2次后,再次落在了垫子上,双手松开,边往前走边说:"这绳子太长了,我老是碰到地上。"妍妍又说:"小鹿,你来试试。"小鹿双手抓住绳子,悬吊起来,没有摆荡,坚持约5秒后,双脚着地,说:"妍妍,到你了。"妍妍先发出一声"啊",然后说:"那好吧。"走到花坛上,伸手却没抓到绳子,她又向绳子的方向移动一下,伸手去抓,还是没抓到,跳起来抓,手在空中碰了一下绳子后,人落在了垫子上。接着,站在垫子上抓住绳子,1秒左右,脚着地,落到垫子上。

分析解读:

1. 幼儿自我保护意识增强。游戏前幼儿将垫子铺在他们认为摔下来磕到后会比较危险的地方,增强安全保护措施。

2. 观察互学伙伴经验。当一名幼儿在探索时,其他幼儿在围观的同时,会去观察和讨论:他人是怎么玩的? 并从中学习经验,尝试运用。

3. 幼儿社会交往的自主性提升,虽然没有人制订规则,教师也无任何要求,但幼儿都自觉排队,一个跟着一个,没有拥挤和插队的现象,自主形成规则与秩序。

措施与建议:

1. 引导幼儿拍摄游戏时的视频或照片,说一说视频中的小朋友都使用了哪些方法让绳子荡起来了,还能有什么方法。

2. 引导幼儿观察视频里的小朋友在玩游戏时,是如何保护自己的,还有什么安全问题要注意。

3. 师幼共同探讨:绳子太勒手了,怎么办? 绳子和地面的距离太近怎么办? 如何坚持更长时间? 商讨解决办法。

第三次观察

观察时间:2021年4月23日

观察地点:大型玩具区

观察对象:佳佳、小鹿、萱萱

观察目的:了解游戏中的材料变化后,幼儿的游戏推进情况。

观察实录:

晨锻时间,佳佳拉着小鹿说:"哎,这绳子上怎么多了一个吊环啊。"小鹿:"可能是因为绳子太勒手了,老师帮我们装了一个吊环。"佳佳:"那我来试试还勒不勒手了。"说完,双手抓住吊环,双腿一弯曲向上一缩,便悬吊在吊环上,保持大约5秒后,又用脚蹬地面,人向后荡去,当惯性使身体向前荡的时候,她的脚则像骑自行车一样腾空着前后滑踩,当身体荡向后方时,她又用脚用力蹬地,这样循环往复,在吊环上前后荡了20多秒。小鹿也想尝试,她蹬地力度小,前后摆荡几下就停了下来。小鹿又双手抓绳摆荡,和上次一样,还是很快就停了下来。佳佳说:"我可以教你,你看我是怎么做的。"说完又将刚刚的动作做了一遍。小鹿看后再次尝试,还是摆荡几下就停下来了。这时一旁的萱萱说:"要不这样吧,我来推你,就和荡秋千一样。"接着,走到小鹿面前用力推了她的身体,但摆动幅度依旧很小。佳佳说:"我来帮你吧,我们两个一起推。"萱萱:"好,你推左边,我推右边。"小鹿这次比之前荡得要高很多,当小鹿已经荡起来后,萱萱说:"好了好了,我一个人来推就可以了。"

分析解读:

1. 在绳子上增添了新的吊环后,幼儿很快便发现了这一变化,新的材料便于抓握,幼儿在绳子上悬吊时间加长,上肢力量进一步得到锻炼。

2. 幼儿在摆荡过程中,有伙伴经验的相互学习、相互分享。除了单人的荡绳,还发展出了多人合作游戏,一人在绳子上摆荡,其他人助力。

3. 吊环的加入,让选择更多,解决了双手长时间抓握绳子的疼痛感。提供足够多数量的绳子,可以支持幼儿多人同时游戏,让幼儿体验到与同伴共同游戏的快乐。充足的材料避免了幼儿在游戏中消极等待的时间,激发幼儿参与游戏的兴趣。

措施与建议:

1. 请幼儿说一说游戏材料变换后,在游戏中遇到的新问题或发生的变化。

2. 在双人合作游戏时,悬吊在绳子上的人需要注意什么?推别人的人又需要注意什么?

(案例提供:葛奕)

3. 作品分析成为评价的鲜活证据

幼儿的作品也是幼儿的重要"伙伴",教师可以通过分析幼儿的作品,为其提供多元的支持。在作品分析中,教师运用开放式的提问引导幼儿对画面进行描述,如画面上有什么?画面主次物体的布局?用了什么美术材料或者工具?从幼儿的创美经验、动作发展、学习品质、情绪情感等方面进行分析,如作品构图中的整体、远近、主次关系,色彩的鲜明、冷暖感觉;幼儿在作品中的线条描绘是否流畅、平滑,是否发挥了观察力、想象力、创造力、专注力等。同时,给出措施与建议,如,教师通过观察幼儿创作过程、聆听师幼间的对话,了解幼儿在创作过程中的所思所感,尊重幼儿年龄特征和精细动作发展规律,聚焦幼儿的生活经验,从而为幼儿的发展做进一步的支持。

作品名称：端午节的粽子

作者：诺诺　　班级：小二班　　指导教师：薛冬　　时间：2020年5月

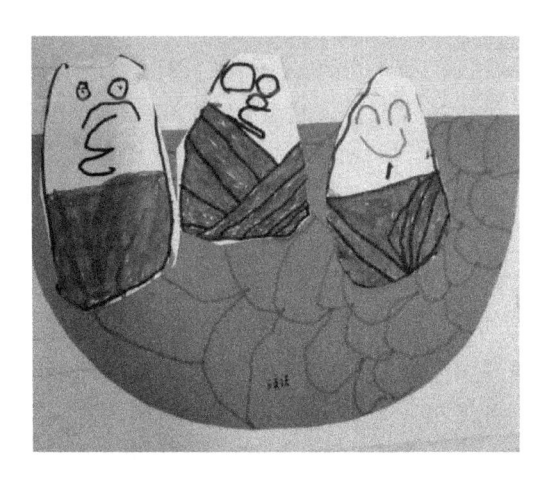

作品描述：

这是该幼儿制作的端午节手工作品。画面中棕色半圆卡纸上有绿色笔画的多个半圆线条连接。半圆卡纸上粘贴了三个卡通粽子形象，是由黑色勾线笔画出，上半部分分别有圆圈和向下弯曲线条画的眼睛，嘴巴是用向上弯曲的弧线表示。其中，两个粽子的下半部分用黑色勾线笔画了斜线交叉线并涂成了绿色，另一个粽子直接涂成了绿色表示粽叶。

作品分析：

1. 通过画面可以看出该幼儿有一定的创美经验，对于粽子的颜色、纹理特征比较了解，并能够用线条表现出这些特征。该幼儿有绘画五官的经验，能够运用圆圈、弧线表示眼睛、嘴巴，使粽子呈现卡通形象。

2. 该幼儿能够正确抓握勾线笔，使用勾线笔绘画时线条较流畅，画面整洁。

3. 该幅作品是需要画出粽子形象后剪贴，在棕色卡纸上进行线条装饰。在整个剪贴过程中，幼儿能够保持专注，有一定的绘画和使用剪刀的经验，手部精细动作得到发展。

4. 画面充满童趣，并表现出幼儿美好的节日感受。

措施与建议：

1. 该幼儿有一定的绘画经验，手部精细动作发展较好，可以与同伴分享作品创作的想法与经验。

2. 丰富幼儿对节日习俗的了解，可提供多种粽子的图片、实物粽子进行欣赏，令其感知了解粽子特征，引导幼儿对实物粽子、卡通粽子和不同形象的粽子的美进行感受。

3. 可提供多种彩纸、彩笔、黏土材料，支持幼儿多形式进行创美体验。

（二）引入多元评价主体，关注评价的发展性

《幼儿园教育指导纲要（试行）》中关于"教育评价"的表述为："管理人员、教师、幼儿及其家长均是幼儿园教育评价工作的参与者，评价过程是各方共同参与、相互支持与合作的过程。"伙伴课程体系为幼儿、教师、家长提供了一个开放、宽松、愉悦、自主的评价氛围。教师、幼儿、家长等都是评价的主体，都应参与到活动的评价中，使幼儿在自我评价、互相评价、他人评价中不断反思与成长。

1. 幼儿自评与互评

幼儿评价包括幼儿自评与互评。自评的过程是自我认识、自我反思、自我建构的过程。在这一过程中，幼儿可以认识自己在游戏中的不足与成功，从而提高游戏水平，主动发扬优点，克服缺点。幼儿互评源自"伙伴"，作为最直接、最真实的伙伴评价，幼儿对此更加信服。幼儿间相互学习、相互监督、相互成长，形成共生、愉悦、平等的伙伴氛围。

（1）幼儿自评

一个学期后，教师召集幼儿一起回忆自己一学期的成长，从成长中分析自己的进步与不足，并为自己制订后期的发展计划。小班幼儿采取家长协助的方式，评价自己进步的地方，如：

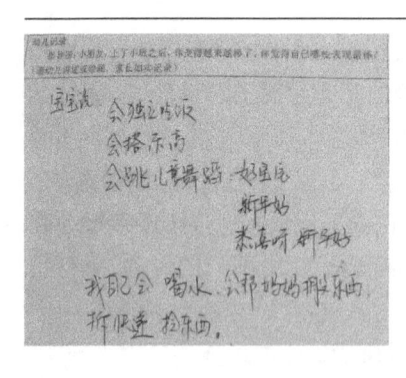

思源宝宝说："我会独立吃饭，会搭乐高，会跳儿童舞（"好宝宝""新年好""恭喜呀新年好"）；我自己会唱歌，会帮妈妈搬东西、拆快递、拎东西。"

晨希：

1. 吃饭时，不会把饭菜洒出来，身上也干干净净，不挑食。
2. 学会很多歌和舞蹈，有"好宝宝""做早操"。
3. 玩游戏时也棒棒棒。

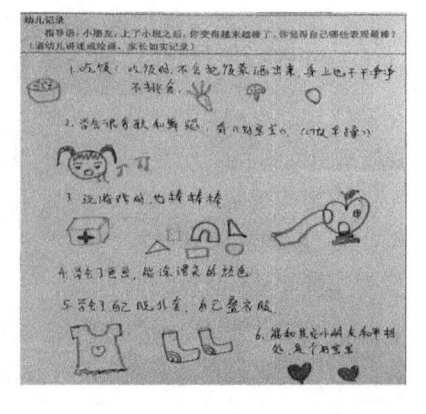

4. 学会了画画，能涂漂亮的颜色。
5. 学会自己脱外套，自己叠衣服。
6. 能和其他小朋友和平相处，是个好宝宝。

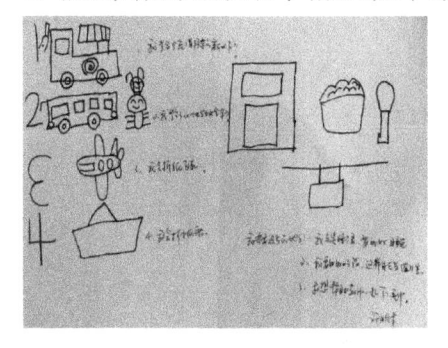

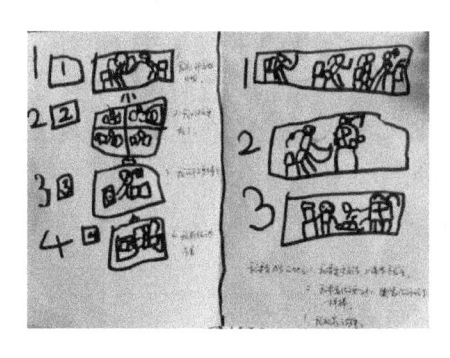

明聿的成长：
1. 我学会了"老消防车的新工作"。
2. 我学会了"小蚂蚁坐车"。
3. 我会折纸飞机。
4. 我会折小纸船。
我需要进步的地方：
1. 我老是睡不着，要好好睡觉。
2. 我要好好吃饭，这样才能当值日生。
3. 我想帮助老师一起折叠毛巾。

欣悦的成长：
1. 我交了许多好朋友。
2. 我吃饭更香了。
3. 我的手工更棒了。
4. 我折纸很厉害。
我需要进步的地方：
1. 我需要更自信，在集体活动时举手发言。
2. 我需要做更多手工，像做小汽车一样棒。
3. 我观察很厉害。

中大班采用自主记录的方式，除记录自己的成长变化，同时也对自己的未来发展作出描绘。教师将幼儿的自评情况按照五大领域进行分类、汇总，分析幼儿的自评结果，为下一期的班级幼儿整体与个性化发展规划做好准备。

（2）同伴互评

可在幼儿间采用一些生动的形式使幼儿自己发现并选择话题，令其借用分享交流的形式互相评价，提高评价成效。如，通过观看视频，围绕有意义的部分进行分享评价，幼儿再次捕捉游戏时一些被忽略的小细节，在讨论中获取新的经验；也可以通过实物直接评价，如混龄玩沙活动中，幼儿对于同伴塑造的"沙子城堡"进行评价："我觉得可以加一个围墙，我们用砖头围一圈。""可以挖一个小河，这样公主可以在里面划船。""有个脚印，下次路过的时候小心点。"幼儿也可以借助照片重点观察。可特写拍照,运用多媒体及时整理出照片,进行评价。

评价结束后,教师可以设置板块,将照片彩打出来,组合整理、分块呈现,打破时间和空间的界限,使其他幼儿在观看照片墙时发起话题交流。

2. 成人评价

(1) 教师评价

教师评价渗透到一日活动的每个环节,旨在了解幼儿现有经验、水平,关注幼儿发展速度、特点、倾向等,支持有益的学习经验获得。在伙伴课程实施中,教师评价可以有多种方式,如谈话、问卷调查、现场调研、观察记录、幼儿成长册、学习故事、阶段性检核表等。

(2) 家长评价

幼儿十分渴望得到家长的关注与认可、鼓励与赞扬。家长有效且积极的评价有助于幼儿更加全面地了解自己。亲子互动中的家长评价,能使家长更好地了解孩子的游戏水平,融洽亲子关系,营造温馨和谐的家庭成长环境。家长可通过"家长开放日""家长助教""家长志愿者"活动走进共享游戏、混龄晨锻等一日活动现场,运用拍照、拍视频的方式记录孩子真实的活动状态,借助教师提供的幼儿观察检核表,对照标准进行标注,分析幼儿在一日活动中的成长轨迹,在后期的家庭教育中,结合现场观察到的行为,采取恰当的方式予以引导,形成家园共育合力。

小班家长记录:悦悦会自己如厕,会自己穿衣服、穿鞋子、叠衣服,会自己洗澡、洗头发。

再进步:好好吃饭不挑食、看动画片减少、多喝水、不要经常哭、要佩戴眼镜、每天早晚按时刷牙。

小班观察记录:喜宝

进步最大的地方:

1. 学会了分享。上学之前,对于她自己的东西,一点也不会拿给她的朋友分享。现在去伙伴家做客时会有意识地带上自己的东西去分享。

2. 独立。现在可以独立去做一些力所能及的事情,如洗漱、吃饭、玩玩具。

3. 说话。现在可以拿着书讲故事给别人听,偶尔可以编一个自己的小故事。

需要再提高的地方:

1. 懂礼貌。有时候碰到别人不会主动喊人,喊的时候声音比较低。

2. 勇敢。有些东西缺乏胆量去尝试,比如听故事,一听到大灰狼就会害怕,希望小朋友胆子可以大一些。

(三) 评价方式：两维视角

1. 引入多元网状的自评与他评

走进现场，在行为观察、自评他评、作品分析等评价中支持幼儿成长。如连续性跟踪观察，重点分析师幼共同学习与生活的状态是怎样的、幼儿遇到了哪些方面的问题。重视"幼儿自评与互评"，充分发挥伙伴作用，支持幼儿发现问题与解决问题，支持幼儿自我认知与同伴认知。

2. 基于点线面立体化课程评价

在课程叙事、课程审议、质量评估等立体化的课程建设评价进程中，我们建立了基于幼儿个案观察的发展性评估体系，旨在以每一位幼儿为主体，从"点"上入手；在课程审议过程中，我们观察幼儿，基于问题，科学判断，实证评价，不断做出课程的优化和调整，促进课程以纵向"线性"方式深入行进；在课程实施过程中，我们始终以五大路径的优化为抓手，令教师走进幼儿活动现场，审议集体活动、区域游戏、一日生活、资源运用以及亲子共育等，探寻更适宜本园儿童成长需要的"面"。点线面立体课程评价使教师由"执行者"向"反思者"过渡，在舍、破、立、新的过程中善思共建，创生共生。参见图 1.6.1。

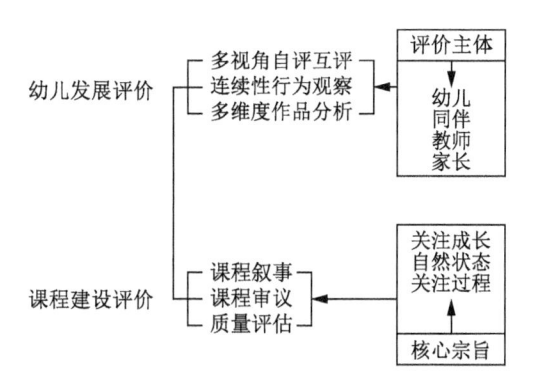

图 1.6.1

第七节　伙伴课程的保障机制

大道至简，回归伙伴课程朴素行动，我园通过弹性作息时间的调整、课程资源的开发运用、基于观察的实证研究和课程的前中后审议，打破固有观念、突破发展瓶颈，努力实现着师幼的共建共享与共生共长。

一、"还"弹性作息，灵活实施空间

结合我园现状，遵照大板块作息时间的运行和满足儿童游戏时间的原则，将时段划分为室内外两个大时段，解决频繁过渡的问题；采用错时户外的方式，解决人多地少的问题；将作息弹性调控权交给师幼，解决教师赶场而课程不能保质的问题。将作息时间还给教师和儿童，给儿童更多可选择的时间，支持伙伴课程更具灵活性。

二、"建"伙伴课程审议与管理机制

在伙伴课程审议中，我们遵循教师"人人都是审议者"的原则、互为伙伴，我园成立园级课程审议核心小组和年段课程审议小组，通过调查、访谈、表征了解儿童的兴趣、基础与需求；通过《指南》解读，找出发展目标；通过教师集中对话，对内容作出分解，以尽量让伙伴课程追随儿童的经验与发展；通过讲述儿童发展的故事，在故事中看见儿童、看见儿童的发展、看见教师的支持，用故事反推课程的质量，及时作出班本化调整。

为提高伙伴课程质量，结合本园幼儿、教师现实情况，幼儿园周边资源现状，以"伙伴理念"为指导，开展伙伴课程的三审议，即思考儿童、教师、课程。关于儿童：关注儿童社会情感、交往、自主、身体、心理与个性等自然、综合发展；关于教师：教师追随儿童的发展，逐步成长为反思性实践者；关于课程：顺应幼儿兴趣，调整主题线索，优化教学课例，打造促进伙伴生活、学习、交往、合作，支持儿童完整发展的系列创新教育教学的主题活动。在审议中，采用展开性审议、论证性审议、判断性审议等审议方式，通过问题分享、聚焦冲突、观点解释与转变、协商共识的步骤进行,各个审议步骤之间互相联系、层层推进。如图1.7.1所示。

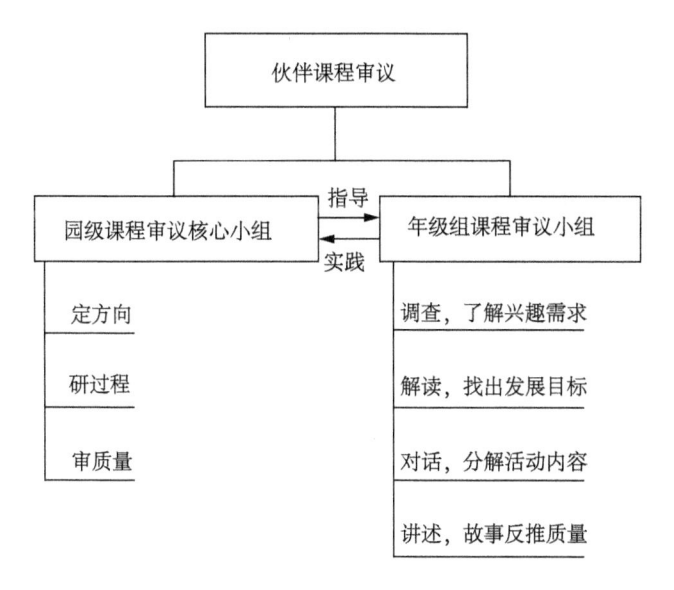

```
                    伙伴课程审议
                   ┌──────┴──────┐
                   │             │
              ┌────┴────┐   指导  ┌────┴────┐
              │园级课程  │ ←───  │年级组课程│
              │审议核心  │  ───→ │审议小组  │
              │小组     │   实践 │         │
              └────┬────┘       └────┬────┘
                   │                 │
                ┌──┴──┐          ┌───┴────────┐
                │定方向│          │调查,了解兴趣需求│
                └─────┘          └────────────┘
                ┌─────┐          ┌────────────┐
                │研过程│          │解读,找出发展目标│
                └─────┘          └────────────┘
                ┌─────┐          ┌────────────┐
                │审质量│          │对话,分解活动内容│
                └─────┘          └────────────┘
                                 ┌────────────┐
                                 │讲述,故事反推质量│
                                 └────────────┘
```

图 1.7.1

我园已形成"伙伴式课程"审议制度和管理办法。审议制度如下:① 合理分工,使每位教师或年级组团队明确自己的任务;② 适宜安排审议时间,让组员熟悉每个环节,互相吸纳、融合;③ 把握幼儿的学习脉搏,了解幼儿的学习和规律,选择适宜的课程内容;④ 让个体和团队中的每个人进行智慧的碰撞,共同提高,拓展视野,深入反思自己的教育行为,形成研究共同体,让教师体验到课程审议过程中的收获与成长。管理办法如下:以保教部为课程质量检测中心,实行年级组保教主任分管制,主题教学活动采取班级审议→年级组审议→园级审议的方式,责任到人。

三、"创"基础观察的实证研修机制

我们以研究的态度探索伙伴课程的实施,鼓励教师走出本班、走进现场、拔高视野做真观察、真研究,用实证说话、用数据说话。如图1.7.2所示,我园采用现场实证研修机制:以问题为线索,聚焦观察一日活动现场中的幼儿行为,展开问题式、实证性研究,用问题引发教师思考,用理论参照与教师经验解决实际问题,再回到一日活动现场检验问题的解决程度。如,我们根据教师的问题组织大家进入现场开展实证调研,在调研中带着问题有目的地观察幼儿行为,对照

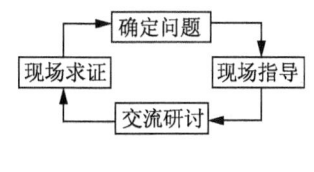

```
        ┌──────┐
        │确定问题│
     ┌─→└──┬───┘←─┐
     │      ↓      │
  ┌──┴──┐      ┌───┴──┐
  │现场求证│      │现场指导│
  └──┬──┘      └───┬──┘
     │    ┌─────┐   │
     └───→│交流研讨│←──┘
          └─────┘
```

图 1.7.2

《指南》要求,探寻解决问题的方法。如,混龄晨锻中,教师提出"场地核心区摆放着跳栏的材料仅够1人玩,怎么办?同类材料在一定的空间中又该如何做选择?"等问题,在教研中,通过碰撞交流,得出"点线面"的场地使用规则和"看得见、拿得到、玩得了"的原则。在研究中支持教师从看见到看懂,从看懂到行动,用专业能力支持幼儿成长。如图1.7.3所示。

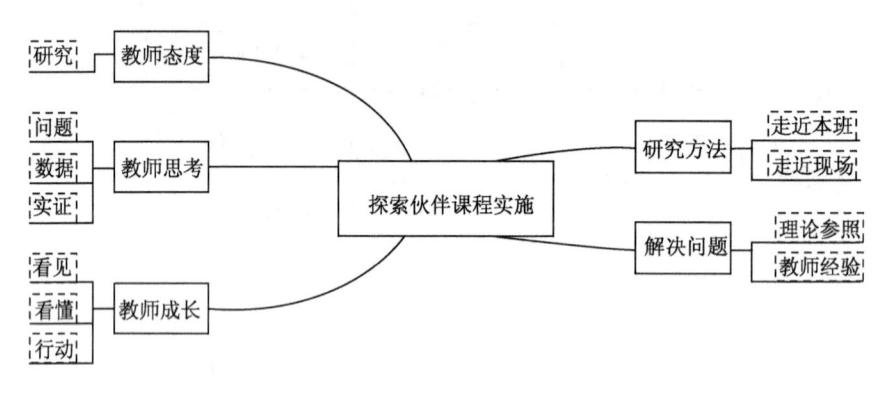

图 1.7.3

开展现场实证研修,一是要做好研修前准备,即确定问题,制订观察记录量表进入现场,有目的地观察幼儿行为,聚焦与问题相关联的行为;二是运用多元资源解决实际问题,关注过程中教师的思维碰撞与经验分享;三是将解决问题的方法再运用到幼儿一日活动的现场中进行验证,形成常态机制。

四、"构"教师共进提升的支持策略

著名学者道尔顿与莫伊尔将教师同伴互助界定为"一种专业发展的手段",认为"同伴互助是一个为提高技能,学习新知识,解决实践问题而相互帮助的过程,在这一过程中教师分享知识,相互提供支持,给出反馈意见。它有助于加强教师间的合作与提高教学"[1]。教师之间的伙伴式学习能够帮助教师在合作交流中发现自我,学会更好地进行自我反思。

为支持伙伴课程深入,我园在教师培养上建构伙伴式学习的共进支持策略。尝试从教师伙伴式学习的角度,了解我园教师目前的成长状况、发展需求及困惑并进行分析诊断,创设平等、愉悦、自主的伙伴式学习环境,为教师的专业成长提供必要的支持,针对教师成长过程中出现的问题及时引导并跟进发展动态,从而提高教师的伙伴课程实施水平。教师伙伴在知识共享和同伴互动的基础上,通

---

[1] 张亚珍.促进高校教师专业发展的有效路径:同伴互助.[J]浙江树人大学学报,2011,11(5):62.

过分享、协作、反思等活动,成员之间形成相互影响、相互促进、相互竞争的人际关系,最终促进个体的成长,以达到有意义学习的目的。

首先,创设一种和谐的人文环境,从而有助于形成合作互助的园(所)氛围;其次,共进内容主要涉及儿童认知、资源运用、"教""学"方法、发展评价;再次,采用点对点的师徒结对、优秀经验分享的示范引领、攻坚克难的专题研讨、多元反馈的反思碰撞等方式实现同行共进。参见图 1.7.4。

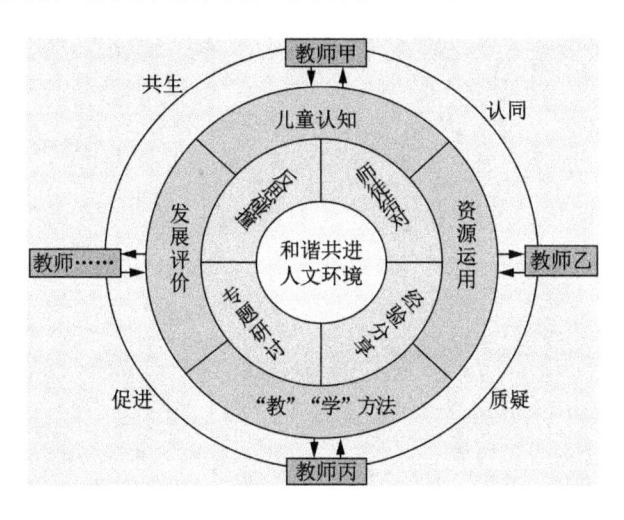

图 1.7.4

五、"转变"考核评价引领机制

1. 管理者角色的转变——引导者

管理者在伙伴课程中由布置任务的角色走向引领者、支持者、合作者、共建者的角色,由垂直管理的模式走向伙伴共生的管理模式。

2. 伙伴课程的运行方式

表 1.7.1

类别	定制主题活动	共享游戏	小组项目活动	混龄晨锻	亲子共育活动
运行方式	每周每日	一周两次以上	每学期一个	每天一小时	不定期

伙伴课程内容采取与日常活动相结合的方式运行,将其渗透到学习、运动、生活、游戏中,保证课程实施时间与课程实施质量。如图 1.7.1 所示。

第二章

混龄晨锻活动

在百幼省级课题"大家一起玩：幼儿园伙伴课程的深化研究"的引领下，我园自2018年便组织开展了混龄晨锻活动。混龄晨锻活动是实施伙伴课程的重要路径之一，它打破了年龄界限、班级界限、区域界限、教师界限、材料界限，使不同年龄、不同班级的幼儿之间互动交流、合作共玩。在混龄晨锻活动中幼儿自主选择器械、场地、玩伴、玩法，不仅能够建立平等、协商、包容、共生等良好的伙伴关系，而且能够获得运动技能、社会交往、个性品质等的发展，并初步实现我园伙伴课程"伙伴共生、完整儿童"的教育目标。

第一节　混龄晨锻的价值定位

　　幼儿阶段是儿童身体发育和机能发展极为迅速的时期,也是形成安全感和乐观态度的重要阶段。《纲要》指出,幼儿园要"开展丰富多彩的户外活动和体育活动,培养幼儿参加体育活动的兴趣和习惯,增强体质,提高对环境的适应能力"。

　　在混龄晨锻活动同一环境中,不同年龄的儿童会使环境的内涵变得更加丰富多彩。因为作用于这一环境的个体差异很大,生生互动的组合也是多样的,尤其是不同年龄的组合在作用于环境的态度和探索方法上是千差万别的,从而使环境对每名儿童发展所起的作用都不同。因此,在混龄晨锻活动中不同年龄的儿童之间能够形成一个非常自然的教育生态环境,在其中找到自己的定位和发展的空间。

　　混龄晨锻活动不仅打破了以往幼儿园晨间锻炼的固定模式,不再受班级、年龄以及运动场地等的限制,还为儿童创造了社会性发展的机会。那么,如何最大化地发挥混龄晨锻的价值,促进儿童身心健康地发展呢?

一、因地制宜,满足需求

　　根据幼儿的年龄特点和发展需求,科学合理地设置活动区域是混龄晨锻活动开展的前提。《江苏省现代化幼儿园评估细则》指出,幼儿户外活动场地要达到人均6平方米。为了保障幼儿的活动空间,结合《指南》精神,我园重新规划了场地,将幼儿园的各个角落、不同空间均利用起来,因地制宜地创设活动区域,既有运动量大的区域,如,奔跑类的足球区;又有活动量小的区域,如,分散在操场周边狭长过道上的投掷区等。我们还把这些零散的场地依据地势特征,将面积、功能最大化地整合成一个有机整体,使幼儿获得多种运动体验,身体得到全面锻炼。幼儿在这些区域中能够依据自己的意愿、兴趣自由选择同伴交往,自主选择区域参加,从而使自己在混龄互动中获得发展与成长。

二、就地取材,丰富内涵

　　晨锻材料是保证幼儿晨锻活动高效开展的首要条件。只有基于幼儿的兴趣和需要,才能有的放矢地投放适宜幼儿的材料,才能源源不断地吸引幼儿参与晨锻活动。在投放晨锻材料时,我园考虑材料的自主性、挑战性、层次性与情境性,由易到难,分期、分批不断更新。教师征询幼儿对晨锻材料的意见,尝试让幼儿筛选出感兴趣的、有挑战的运动材料。

在以往的晨锻活动中,能力强的幼儿往往会因材料的一成不变而出现注意力分散或挑战积极性较低的现象,而能力相对较弱的幼儿却因不敢尝试而达不到运动效果,缺失自信,适得其反。混龄晨锻活动要考虑幼儿间的个体差异。教师通过投放不同层次的材料,提供不同难度的锻炼模式,从而满足幼儿个体的运动需求。幼儿在混龄晨锻活动中能自主选择合适的运动项目进行挑战,从而获得成功的体验,增强自信。如,轮胎挑战区我们设置了不同高度的轮胎层数,划分了难度等级,轮胎摆放的间距可适当调节以改变难易程度,因而幼儿可以自主选择不同的难度进行挑战。在活动中幼儿由简至难,逐步升级挑战的难度,与伙伴共同协商、组合出多种玩法,幼幼间的合作意识和自主意识获得不断提升。

三、贯微动密,分层指导

在混龄晨锻活动中,幼儿的情绪、表情、动作以及对活动本身、活动材料的兴趣都需要教师深入地观察。教师只有在充分观察幼儿的基础上获取幼儿与同伴、环境和材料之间的互动关系,敏锐地察觉他们的需要,才能有的放矢地对幼儿予以指导,才能对幼儿的活动水平做出正确评估,并将评估结果作为后期晨锻活动调整的依据。教师也会通过观察个别幼儿的晨锻情况,如能力较弱的幼儿、运动量过大的幼儿等,了解幼儿间的个体差异,并分层进行指导。

在混龄晨锻活动中,幼儿之间发生的认知冲突、异龄之间引起的示范模仿等屡见不鲜。这远比教师的预设来得更加贴切自然,也有别于同龄幼儿之间的互动和影响。我们通过混龄晨锻活动,打破班级、年龄、场地等界限,让不同年龄段、不同班级的幼儿通过活动获得情感的发展、经验的提升,通过"自主结伴""以大带小"的伙伴配对,共同进行晨锻,为幼儿提供自主交往、主动合作的机会,最大限度地满足了幼儿发展的需要。

四、自主规划,提高效果

教师应支持幼儿富有个性和创造性的表达,应尊重幼儿的意愿,不用自己的观点去左右他们的想法。教师要以幼儿为主体,将晨锻的主动权交给幼儿,保证幼儿在晨锻中有充分的自由度。在混龄晨锻活动前教师组织幼儿谈话,帮助幼儿梳理晨锻活动已有经验,发展新经验。在混龄晨锻活动中幼儿可自主规划玩什么、怎么玩、和谁一起玩、在哪玩,可自主选择玩的方式、品种、材料,教师尽可能多地给幼儿选择的自由度。在晨锻期间,幼儿可以根据自己的需求适当饮水、休息等。

混龄晨锻活动的主体是幼儿,教师作为活动的观察者、支持者和引导者,应该树立幼儿在前、教师在后的理念。教师在幼儿晨锻中要学会退位并仔细观察幼儿在晨锻中的行为,适时介入,引导幼儿提升自主解决困难的能力。教师在幼儿晨锻后通过视频、图片等方式帮助幼儿回忆晨锻内容,及时反馈晨锻中存在的不合理现象。

第二节 混龄晨锻的空间设置

混龄晨锻活动是幼儿在园进行户外锻炼的主要形式之一，幼儿混龄晨锻大多以"大带小、小促大"的方式，让不同班级、不同年龄层次的幼儿自主参与混龄晨锻活动。

对照以往以班级为单位的晨锻活动中的场地、材料、内容、人员等几个要素，我们可以看到活动场地是教师安排的、活动器材是教师准备的、活动项目玩法是教师定的，甚至每名幼儿在同一锻炼项目中的玩法都一模一样。这样的晨间锻炼既没有趣味性，也缺少创造性，更谈不上幼儿的自主性。混龄晨锻活动更加契合幼儿的兴趣和发展需要，幼儿真正成为混龄晨锻活动的主导者，有机会参与混龄晨锻活动的规划与实施，是真正属于幼儿自己的个性化的晨间锻炼。为此，我园尝试从以下途径入手，有效整合晨锻环境和材料，支持幼儿能够主动参与混龄晨锻活动的设计、规划与实施。

一、合理的区域设置是保障各区域活动有序进行的前提

根据幼儿的年龄特点和发展需要，科学合理地设置活动区域是混龄晨锻活动开展的前提。在规划活动场地时，我们既考虑了中、大班幼儿动作发展的实际水平，又充分考虑了各区域活动的性质、要求和安全因素。结合《指南》精神，遵循锻炼全面性、场地最大化、因地制宜等原则，创设若干混龄晨锻活动区，幼儿可以依据自己的意愿、兴趣自由选择。

1. 体锻全面性原则

在混合晨锻活动中幼儿应进行走、跑、跨、跳、钻、爬、攀登、投掷等活动，为了让幼儿的身体得到全面锻炼，我们综合开发和利用幼儿园的环境与场地，设置了上肢运动区、下肢运动区、全身运动区、综合活动区。各活动区既独立又有连续性，方便幼儿选择与更换活动区，扩展幼儿的晨锻空间与范围，让幼儿获得更好的晨锻体验。

• 以目标1"具有一定的平衡能力，动作协调、灵敏"为例，为5～6岁幼儿设置相应的晨锻项目，以满足幼儿动作发展的全面性。（见表2.2.1）

表 2.2.1

5～6 岁	对应晨锻项目设置
1. 能在斜坡、荡桥和有一定间隔的物体上较平稳地行走。	丛林探险、梅花桩、梯子组合……
2. 能以手脚并用的方式安全地爬攀登架、网等。	攀爬网、攀岩墙、梯子组合、大型玩具……
3. 能连续跳绳。	单人跳绳、双人跳绳、夹球跳绳、甩大绳……
4. 能躲避他人滚过来的球或扔过来的沙包。	野战游戏、砸野鸭、背篓投球、飞火流星球……
5. 能连续拍球。	单手拍球、双手拍球、障碍物拍球……

2. 场地最大化原则

（1）面积最大化

我园户外锻炼场地有限，仅依靠操场与二楼平台的空间不足以让全园幼儿活动开来。为了尽可能地创设开放、自主的户外晨锻环境，给幼儿更多自由、自主成长的空间，我园重新规划了场地，将操场的统整面积作为晨锻主场地，把四周可利用的场地和边缘角落的面积统统纳入活动范围，使得"寸土寸金"的场地利用率更加高效。如，园门口的硬质地、花坛边的小角落、水池旁的林荫小道、临近种植园的狭长走道等，都成了我们的混龄晨锻场地。（见图 2.2.1）

（2）功能最大化

除了预设好的运动区域外，我园还试图结合复杂地形以及固定物的自身特征，开拓出更多元的场地以及隐性功能。如，我们将无法成为运动区的"来今廊"与花坛设成护理区（图 2.2.2），幼儿在晨锻中若出汗流涕，则可随时在此区域中增减衣物、擦拭鼻涕或短暂休息；教学楼后门口的长廊、足球区的轮胎隔断以及各区域中设置的安全屋都可作为幼儿临时的休息区（图 2.2.3），缓解晨锻中的疲劳不适，及时调整状态；班级后门的移动储物架、操场周边的器械房用来储存各种小型器械，分类摆放，易于拿取（图 2.2.4）。

3. 因地制宜原则

为了给幼儿提供足够的活动空间，我园根据幼儿的年龄特点和发展需求把有限的场地资源进行优化，利用每个边缘空间，因地制宜地创设活动区域。把零散的场地依据地势特征，将面积、功能都最大化地进行高效整合，从而组合成有机整体。还根据场地的不同特质、范围大小、位置变化等，有针对性地对混龄晨锻区域进行划分。

（1）场地现有情况：根据场地的范围大小，合理地划分活动区域。

① 操场空间宽敞，可设置轮胎、木梯等各种器械组合，开展"揪尾巴""撕名

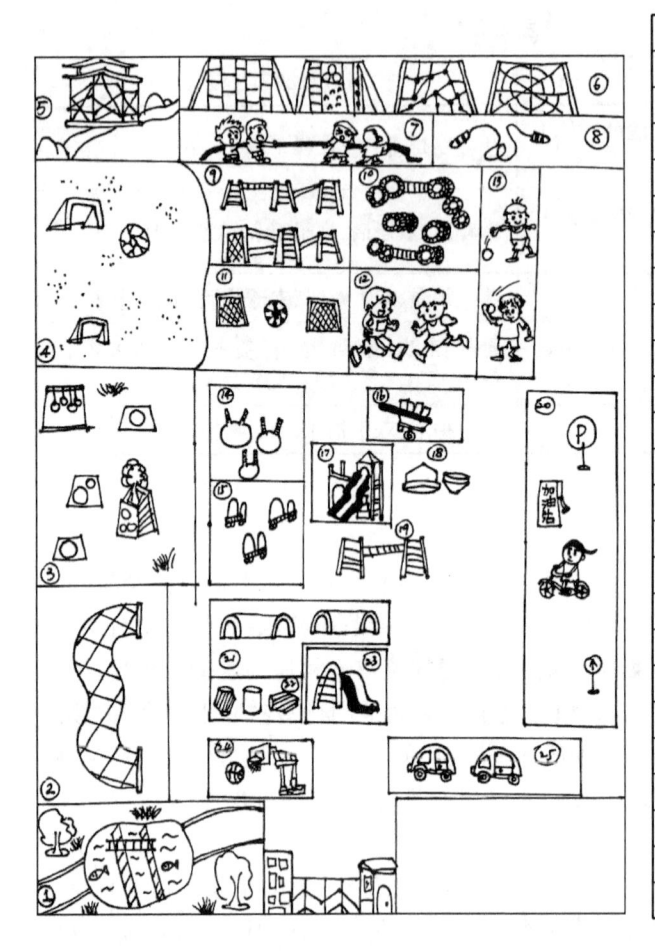

1	水上探险
2	攀爬网
3	丛林探险
4	沙滩足球
5	创越火线
6	攀岩墙
7	拔河
8	跳绳
9	木梯组合
10	轮胎区
11	足球区
12	奔跑区
13	上肢运动
14	羊角球
15	云步车
16	运货区
17	大型玩具
18	大陀螺
19	多向钻爬
20	骑车区
21	钻爬区
22	滚筒区
23	小型滑梯
24	篮球区
25	小汽车区

图 2.2.1　中大班混龄晨锻场地安排图

图 2.2.2　护理区——来今廊

图 2.2.3　休息区——轮胎

图 2.2.4　储存区——移动储物架

牌"等奔跑类活动(图 2.2.5)。

② 中班门前场地较窄,穿插树木、花坛,限制幼儿活动范围,适合设置小型

器械活动(图 2.2.6)。

③ 园门口为硬质地,场地较整,适合投放球类活动(篮球)(图 2.2.7)。

图 2.2.5 操场全览

图 2.2.6 中班门前　　　　　　图 2.2.7 园门口硬质地

(2) 固定物特征:部分场地的位置是固定不动的,我们以固定的沙池、树、攀岩墙等物体本身为载体,合理设置晨锻项目,如,在沙池中玩沙滩足球、在两树中间玩沙包投掷、在攀岩墙东侧玩长绳滑板等(图 2.2.8—图 2.2.10)。

图 2.2.8 沙滩足球　　　　图 2.2.9 沙包投掷　　　　图 2.2.10 长绳滑板

（3）易存易取：由于四方梯、人字梯、木板等器械笨重且大，为了方便幼儿自主取放，本着节约时间、节省人力的初衷，我们将木梯组合设置在器械房附近；由于移动储物架只能存放较小型的材料，因此将小型器械区安排在此处，易存易取（图 2.2.11—图 2.2.15）。

图 2.2.11

图 2.2.12

图 2.2.13

图 2.2.14

图 2.2.15

4. 点、线、面覆盖原则

将园内的场地按地形特点和功能区的需要进行划分，由面到线，最终落实到点。"面"指的是操场的中央区域，场地大而完整，可以让幼儿做大型器械晨锻活动或开展适于奔跑的活动；"线"是指操场旁边狭长的窄区域，如跑道、过道等，利用这些场地摆放小型的组合类器械，开展诸如旋转陀螺、沙包投掷、拔河之类的活动，虽然场地看似零散，但却能化"劣势"为优势，顺应它的地形而为晨锻所用；"点"是指更加零碎的小场地，既摆不了组合器械又不适宜奔跑，这些小场地则可以用来作为"材料超市"的摆放地，摆放零碎小材料，幼儿可以即拿即取，自行组合玩耍。

（1）面——操场中央（大而完整）——揪尾巴、足球、木梯组合、轮胎组合（图 2.2.16—图 2.2.19）。

（2）线——操场周围（窄而狭长）——纵跳触物、小型器械组合、沙滩足球（图 2.2.20—图 2.2.22）。

（3）点——散点空间（零碎整合）——材料超市（图 2.2.23）。

第二章 混龄晨锻活动

图 2.2.16　揪尾巴(面)　　　　　　　图 2.2.17　足球(面)

图 2.2.18　木梯组合(面)　　　　　　图 2.2.19　轮胎组合(面)

图 2.2.20　纵跳触物(线)　　　　　　图 2.2.21　小型器械组合(线)

图 2.2.22　沙滩足球(线)　　　　　　图 2.2.23　材料超市(点)

59

5. 场地留白与置换原则

在开展混龄晨锻活动过程中,我们发现幼儿选择的晨间锻炼场地大多局限于软质地,而小山坡、小树林、水泥地等则成了晨间锻炼中的空置资源。针对这一现象,我园尝试让幼儿参与锻炼场地的拓展,主要包括场地置换和场地留白。

(1) 场地置换

在混龄晨锻活动前和结束后,教师组织幼儿讨论:锻炼项目换个地方可以玩吗?还可以在什么地方玩?经过讨论,幼儿发现鞍马、平衡板选择人数较少,商讨出将鞍马调整到跑道另一端的空场地处的方案,把大空间解放出来玩喜欢的项目,跳跳球选择的人数也较少,单个器械小,使用灵活,可以任意地方玩,建议摆放在材料超市区。(图 2.2.24—图 2.2.26)

图 2.2.24 鞍马

图 2.2.25 拔河

图 2.2.26 跳跳球

(2) 场地留白

场地留白的想法源于一次晨锻,一个篮球误入沙池,几名幼儿冲进沙池想要捡球,捡球的过程仿佛演绎着一场热烈的足球赛。看着幼儿兴奋的笑脸,教师思考晨间锻炼也许应该为幼儿多留一些自主发挥的空间。于是,场地留白的想法应运而生。这片沙池地成为幼儿的沙池足球区,每天人数爆满。随着幼儿的需要,这样的"场地留白"也越来越多,幼儿园大门内测的水泥地、教学楼后门的狭长小道、长廊的部分位置,都成了幼儿的留白活动场地(图 2.2.27—图 2.2.29)。

图 2.2.27　　　　　图 2.2.28　　　　　图 2.2.29

第三节　混龄晨锻的材料投放

材料是幼儿主动建构经验和认识周围世界的中介和桥梁,《指南》指出幼儿园要为幼儿准备多种体育活动材料,鼓励幼儿选择自己喜欢的材料开展活动。为了更好地开展混龄晨锻活动,发挥材料在混龄晨锻活动中的功能和价值,让幼儿在操作材料中获得最大限度的互动与发展,我园投放在混龄晨锻各活动区的材料具有安全性、多用性、层次性、开放性、挑战性等特点,还蕴含幼儿探索与解决问题的要素,由易到难,分期、分批持续更新,吸引不同年龄的幼儿自主参与。

一、材料的来源

晨锻材料是晨锻目标和内容的物化体现,晨锻活动开展的效果与晨锻材料的投放有着密不可分的联系。材料的合理选择和投放是开展混龄晨锻活动的前提和保障,教师只有深入观察、了解幼儿的兴趣与需要,才能有的放矢地选择与投放材料,让材料更具儿童性。

1. 征询幼儿

皮亚杰曾提出:"儿童的智慧源于材料,儿童是在对材料的操作、摆弄过程中建构自己的认知结构的。"教师应为幼儿提供自主的晨锻环境,而材料的投放是幼儿自主活动的关键。在投放材料初期,教师与幼儿对话,询问幼儿"感兴趣的材料是什么",并以幼儿投票的方式选出适宜该年龄段的晨锻材料(图2.3.1)。

图 2.3.1　征询幼儿

2. 对标《指南》

《指南》在健康领域动作发展目标中提出幼儿需要具备一定的平衡能力,动作协调、灵敏,并对不同年龄段的幼儿提出了不同的动作发展要求(见表2.3.1)。针对《指南》中的教育目标及教育建议,我园在混龄晨锻活动区中增添了相对应的材料,设计了扔沙包、跨栏、抛接球、单脚跳格子(图2.3.2、图2.3.3、图2.3.4、图2.3.5)等活动,开展丰富多样的各种混龄晨锻活动。

表2.3.1 《指南》健康领域中的动作发展目标

目标1 具有一定的平衡能力,动作协调、灵敏

3~4岁	4~5岁	5~6岁
1. 能沿地面直线或在较窄的低矮物体上走一段距离。 2. 能双脚灵活交替上下楼梯。 3. 能身体平稳地双脚连续向前跳。 4. 分散跑时能躲避他人的碰撞。 5. 能双手向上抛球。	1. 能在较窄的低矮物体上平稳地走一段距离。 2. 能以匍匐、膝盖悬空等多种方式钻爬。 3. 能助跑跨跳过一定距离,或助跑跨跳过一定高度的物体。 4. 能与他人玩追逐、躲闪跑的游戏。 5. 能连续自抛自接球。	1. 能在斜坡、荡桥和有一定间隔的物体上较平稳地行走。 2. 能以手脚并用的方式安全地爬攀登架、网等。 3. 能连续跳绳。 4. 能躲避他人滚过来的球或扔过来的沙包。 5. 能连续拍球。

目标2 具有一定的力量和耐力

3~4岁	4~5岁	5~6岁
1. 能双手抓杠悬空吊起10秒左右。 2. 能单手将沙包向前投掷2米左右。 3. 能单脚连续向前跳2米左右。 4. 能快跑15米左右。 5. 能行走1公里左右(途中可适当停歇)。	1. 能双手抓杠悬空吊起15秒左右。 2. 能单手将沙包向前投掷4米左右。 3. 能单脚连续向前跳5米左右。 4. 能快跑20米左右。 5. 能连续行走1.5公里左右(途中可适当停歇)。	1. 能双手抓杠悬空吊起20秒左右。 2. 能单手将沙包向前投掷5米左右。 3. 能单脚连续向前跳8米左右。 4. 能快跑25米左右。 5. 能连续行走1.5公里以上(途中可适当停歇)。

图2.3.2 单脚跳格子

图2.3.3 扔沙包

图 2.3.4　跨栏　　　　　　　　图 2.3.5　抛接球

二、材料的使用

为了使混龄晨锻活动成为幼儿自主性的探索活动,我园在活动区投放具有适用性、自主性、层次性、挑战性、情境性的材料,由易到难不断更新,提高幼儿参与的积极性。

1. 适用性

幼儿的基本动作包括走、跑、跳、平衡、钻爬、投掷等。结合《指南》健康领域中对基本动作发展的要求,投放与相应基本动作相关的材料,并保证幼儿户外活动的时间和运动量,提高幼儿适应气温、环境等变化的能力。如,夏季相对减少运动量大的活动项目,提供一些体能消耗较少、不需来回跑动的活动材料,如投掷类、平衡类等运动量偏小的项目;冬季提供一些通过操作能够迅速达到热身效果的运动材料,开展跑、跳等运动量较大的活动项目;而春秋季则提供一些强度适中、技巧性强的运动材料,开展运球、夹球走等活动项目。

2. 自主性

在混龄晨锻活动中,我园增设了"材料超市"(图 2.3.6),幼儿按照自己的意愿,自主选材(图 2.3.7)、自主活动(图 2.3.8)、自主结伴(图 2.3.9)等,满足了幼儿自主晨锻活动的需求。"材料超市"是指球、跳绳、沙包、平衡板等一些轻器械的收放地,可以划分为轻大型材料(抛接球、跳跳球等)与轻小型材料(沙包、绑带、毽子等),不占用大场地又方便幼儿拿取。幼儿在晨锻时可以随时取到这些轻器械,利用场地的边角区域进行活动,也可将此类材料进行组合,创新活动玩法。材料的不断更替与合理利用,能保持幼儿对材料的兴趣,使得幼儿爱上晨锻,并能探索一物多玩、组合玩的活动方式,在活动中提升身体各方面的协调能力。

图 2.3.6　材料超市　　　　　图 2.3.7　自主选材

图 2.3.8　自主活动　　　　　图 2.3.9　自主结伴

3. 挑战性

在开展混龄晨锻活动时我们因地制宜、因时制宜、因人制宜，设置难度等级不同的活动，满足不同幼儿的晨锻需求，让幼儿在挑战活动难度中不断获得成功体验。如，在晨锻活动"穿越轮胎"中，教师将轮胎垒高 3～5 层，幼儿在不断探索中自主生发了颇具挑战的活动内容。

设定层次，增加难度

在轮胎跳跃区中孩子们一个接一个地跳下来，两端的入口还有几名孩子排队等着第二轮。看着孩子们熟练地从五层跳下来，我判断着："是不是该给他们再增加一些难度了？"

这时，一位孩子对我说："老师，我觉得五层太简单了，我不用扶着就能完成！"听到这句话，旁边一起排队的孩子也纷纷附和。

"对呀，好简单啊！老师，再给我们来点刺激的吧！"书恺叫起来。

我说："你们确定可以挑战六层轮胎吗？"

"当然!"书恺骄傲地说。

其他孩子也纷纷说:"绝对没问题!老师,再加一层吧!"

"好吧!"我假装勉为其难地答应了,心里却欢喜着,立刻在孩子们的帮助下,在五层轮胎上又加了一层轮胎。书恺一马当先,毫不犹豫地爬上第六层轮胎,灵活地跳了下来。"哈哈,太刺激啦!"他开心地大笑,还不忘向我做了个"耶"的手势炫耀一下。

孩子们的兴趣被激发了起来,纷纷说:"哇,太帅啦!我也要试一下。"越来越多的"挑战者"加入排队行列之中,跳跃区一时间成了全场聚集人数最多的地方。

眼见排队的孩子们越来越多,出现了聚集排队的现象,我便请几名孩子帮忙,在旁边又增设了一个轮胎跳跃区(两组五层轮胎、一组六层轮胎),同时在落脚处增加了两块地垫(图 2.3.10)。这样一来,排队的孩子们被自然分流到两组中。

(案例提供:蒋丹)

图 2.3.10 轮胎跳跃区

爱玩是幼儿的天性,幼儿对新鲜有趣的活动会非常热衷;"喜新厌旧"也是幼儿的天性,再好玩的活动如果一成不变的话,也会让他们失去兴趣。混龄晨锻活动只有不断变化、不断挑战,才能激起幼儿玩的欲望,留住他们的心。轮胎区之所以赢得了幼儿的心,是因为教师能够细心观察幼儿的兴趣与需要,采取有效策略支持幼儿在富有挑战的环境中进行晨锻活动,并不断地再观察、再调整。这不是一蹴而就的,而是根据幼儿的兴趣、意向和运动水平的发展而变化的,是一个不断调整持续上升的过程。在动态、变化、快乐的运动过程中,幼儿通过亲身体验获得最宝贵的核心经验和运动技能。

4. 层次性

由于幼儿的动作发展、经验能力各不相同,因而材料的提供就需要体现层次性和个体差异性,要适合不同能力水平的幼儿。如,在拍球区设置定点拍球、左右手自由交替拍球、跨越障碍物拍球等不同层次的球类项目(图2.3.11)。又如,在足球射门区在地面上分别贴2米、3米、4米的线,满足不同能力的幼儿在一定距离内向足球框内踢足球,满足不同幼儿以自己的速度和方式选择活动的内容,让每位幼儿都能找到自己活动的"最近发展区",保持对活动的积极性。

| 三条黄色线,三个不同起点,供能力层次不同幼儿进行远近距离的射门活动。 | 定点拍、跨障碍物拍、左右手自由交替拍球,幼儿通过不同层次的玩球活动,提升各项身体协调能力。 |

图2.3.11 拍球区的球类项目

5. 情境性

在混龄晨锻活动中根据幼儿的特点、兴趣与经验,创设生活化、游戏化情境,以增强活动的情境性,提高幼儿活动的质量。如,在小车区根据幼儿的生活经验,创设了"加油站"游戏情境。

创设游戏情境,推动活动发展

小车区迎来了第一批孩子,他们在小车区快乐地骑行。小车区内最热闹的地方是加油站(图2.3.12),孩子们在加油站熟练地拿起"油枪",嘴巴里发出"吱吱吱"声。油加完后,他们还不忘把"油枪"挂上去。汽车4s店(图2.3.13)看起来生意非常红火,孩子们有的说:"我的车轮螺丝松掉啦,需要工具。"有的说:"我的车轮没有气了,需要充气。"洗车店(图2.3.14)也热闹非凡,车轮洗一洗,车座洗一洗……生活化的活动情境使幼儿将生活中的经验迁移到活动之中,并推动着活动的深入开展。

小车区内有时会出现失控的场面,"撞车"现象屡屡发生,告状声不绝于耳,谁都不想让谁。在同伴们的讨论下,大家达成一致。

第二天,孩子们穿上警服,站岗执勤(图2.3.15)、指挥交通(图2.3.16)、处理违章(图2.3.17)……认真执行着自己的工作。小车区的"驾驶员"们既能够看清地面上的箭头,又能认真听从"警察"指挥,现场骑行变得非常有序。

图 2.3.12　加油站　　　图 2.3.13　汽车 4s 店　　　图 2.3.14　洗车店

图 2.3.15　站岗执勤　　　图 2.3.16　指挥交通　　　图 2.3.17　处理违章

有一天晨锻活动时,突然一个"小警察"过来说:"老师有人违法,我要给他贴罚单。"并制作了罚单。(图 2.3.18)

图 2.3.18　幼儿制作的罚单

同时,很多有趣的事也在小车区发生。玲玲说:"我今天骑的小车像货车,我要当送货员(图 2.3.19)去送货啦!"辉辉说:"我想当停车场的管理员(图 2.3.20)。"随着情境的渗透,情节的推动,幼儿参与的积极性在提高,运动能力和耐力也随之提升。

(案例提供:薛玉)

图 2.3.19 送货员　　图 2.3.20 管理员

陈鹤琴先生说过:"游戏是儿童心理特征,游戏是儿童的工作,游戏是儿童的生命。"游戏的目的不仅在于幼儿"玩"起来,而更多在于引发、支持与促进幼儿的学习活动,为了高质量地开展混龄晨锻活动,游戏情境就起到至关重要的作用。情境化的混龄晨锻活动,能吸引幼儿的留意力,使得被动学习转化为主动学习,从而使其对游戏本身产生爱好与憧憬,对正在进行的活动起推动作用。如,在上述小车区的案例中,通过"加油站""指挥台""洗车店"等情境化的游戏情节,幼儿习得了助人为乐的精神,同时坚持性以及遵守规则的意识也逐步提升。由此看来,游戏情境的创设直接影响幼儿参与的兴趣,引发幼儿积极参与、体验不同的角色。幼儿在混龄晨锻活动中自主运动、自由结伴、大胆创新,有效促进身心健康的发展。

第四节　混龄晨锻的教师指导

《指南》指出：要珍视游戏和生活的独特价值，创设丰富的教育环境，合理安排一日生活，最大限度地支持和满足幼儿通过直接感知、实际操作和亲身体验获取经验的需要，严禁"拔苗助长"式的超前教育和强化训练。这就需要教师在混龄晨锻活动中重视游戏的设计与运用，发挥幼儿在活动中的自主性。然而，在前期，我园在开展晨锻活动时大多以班级为单位，教师往往因安全问题而画地为牢，要求幼儿在指定的场地玩同一个项目，禁止幼儿串区活动。这样的晨间锻炼模式是僵化的、缺乏游戏性的，对幼儿来说是缺失自主的。

不可否认，晨锻场地范围大，幼儿活动时往往四散在场地各处，幼儿的运动范围和运动强度加大，安全问题对教师的观察和指导带来了巨大挑战。在混龄晨锻活动中，每位教师都要具备高度的责任心和全面的观察能力。我园对保育人员的配备、教师站位的确定、场地的布置等都进行周密的安排，确保混龄晨锻活动科学有效地实施。

一、混龄晨锻活动中的教师定位

在混龄晨锻活动中，教师明确自己的角色定位，做好分工与合作，为幼儿营造良好的活动氛围。教师在了解不同年龄段幼儿特点的基础上充分发挥引导作用，鼓励幼儿积极锻炼，与同伴合作交往。

1. 主班教师——组织与评价

主班教师作为组织者，对有效开展混龄晨锻活动起着至关重要的作用。教师要特别注意自己的言行举止，因其一言一行都会成为幼儿关注的焦点和模仿的范例。组织晨锻活动时，要做到计划在前、实施在后，这是保障混龄晨锻活动顺利开展的前提。指导时，要把握介入时机，不可随心所欲，而要有理有据地介入幼儿的活动。一般来说，当幼儿出现难以解决的困难、活动难以深入、与同伴发生冲突或遇到危险时，教师应介入指导。如，几名幼儿拿着皮球百无聊赖地随意摆弄着，显然他们不会玩皮球或者对之前的皮球玩法已经没兴趣了。于是教师择机平行介入，展现皮球的多种玩法，激发幼儿的兴趣。

2. 配班教师——观察与调整

配班教师是观察者,他的职责与主班教师相辅相成。在主班教师面向集体幼儿时,配班教师应关注集体中存在的个别现象,有针对性地帮助个别幼儿。如,在骑小车活动中个别幼儿没有关注到起始标志,反方向行驶,配班教师要及时提醒;在投掷"飞火流星球"时,幼儿手臂力量不同,投掷终点的设置应根据幼儿差异进行前后距离调整,以让能力较弱的幼儿体验成功的喜悦,能力较强的幼儿进行更大强度的挑战,每名幼儿都能在自己的最近发展区内获得发展。

3. 保育员——安全与防护

保育员主要负责晨锻区域的安全排查、晨锻过程中的卫生护理等。如,在混龄晨锻活动前将滑梯上的露水或雨水清理干净,检查攀爬器械有没有损坏等,确保给幼儿提供安全、卫生的晨锻环境;提前准备好衣物筐、水杯架、面纸、垃圾桶等物品,并关注幼儿衣物的增减、汗湿情况,做好休息提醒与防护工作。

当然,三种人群和三类职责并非完全分割,有时三类职责会互换,有时一人兼顾两至三类职责,总之,随幼儿现场晨锻情况调整。

二、混龄晨锻活动中的教师站位

杜威说过,如果对于个人的心理结构和活动缺乏深入的观察,教育的过程将会变成偶然性的、独断的。同样,如果教师对幼儿的活动缺乏一定观察,则会对幼儿的活动形成偶然性的、独断的认识。尤其混龄晨锻活动本身就具有开放性、互动性、层次性以及复杂性等特点,更加大了教师观察的复杂度与难度。为了使教师观察科学有效,我们规范了教师的站位情况。教师只有站位准确,才能精确地观察幼儿,从而正确地解读幼儿,对幼儿的活动提供适当支持。

1. 周密计划,灵活配置

教师观察的主要目的是掌握幼儿的活动状况,捕捉幼儿有价值的活动时刻,依需指导支持。我们制定周密的观察计划,以班级为单位,责任到班主任,班主任根据班级活动的开展情况,协调好班级责任范围内的教师分工及站位情况,同时级组长负责全场的观察与调控,避免晨锻场地出现观察死角。以混龄晨锻"梯子组合"区为例(见表2.4.1)。

2. 分工明确,科学站位

多数教师在组织幼儿晨间锻炼的时候信奉"少说多看"四字箴言,但具体看什么、怎么看、说什么、怎么说却不得要领。如果教师不能掌握"看"和"说"的要领,就有可能使观察与指导变得低效或无效,甚至教师在活动中若"看"得不全面、不到位,则有可能出现安全隐患,或是不能有效支持幼儿。以安全为例,需要教师找准场地活动的要害,定点、定位地进行观察与指导,及时发现并排除安全隐患,为混龄晨锻活动树立安保屏障。我们在进行混龄晨锻活动前要求教师对每个项目进行试玩,找出活动重点、难点。在重、难点中找出存有安全隐患的地方,确定教师的站位(图 2.4.1),实行"生动师不动"的指导原则,确保幼儿在活动中的安全。如,主班教师站在视野开阔的位置,既能纵观整个活动区内的幼儿,又能利用余光扫视邻近区域,保障幼儿的活动安全;配班教师的位置则相对固定,身处有安全隐患的区域,指导幼儿活动的同时,力保重点区域的安全;保育员站在活动区域的边缘,为出汗幼儿更换汗巾,提醒幼儿及时休息补充水分。

表 2.4.1　混龄晨锻计划表(梯子组合区)

区域名称	核心经验(结合《指南》)	环境、材料	幼儿可能玩法	观察指导要点	负责人
梯子组合	幼儿能在较窄、低矮的平衡木上平稳地走一段距离;能以匍匐、膝盖悬空等多种方式钻爬。	人字梯、爬梯、方梯、平衡木、垫子。		1. 观察幼儿是否能够平稳地走平衡木、上下爬梯。 2. 观察幼儿是否能够手脚并用,动作协调,以匍匐、膝盖悬空等方式钻爬梯子。 3. 能够大胆地尝试不同难度的梯子玩法,面对攀爬中产生的困难勇于探索解决。 4. 感受梯子规则的意义,并能基本遵守规则。 5. 知道玩梯子的基本安全常识,具有自我保护能力。	孔繁蕴、胡丁木

图 2.4.1　各区域活动中教师站位

三、混龄晨锻活动中的指导策略

1. 对照《指南》，预案在先

为了保障幼儿自主活动的效果与体验，充分发挥自身在混龄晨锻活动中各个环节的作用，教师不仅要灵活安排晨锻活动的时间、空间、材料等，更要发挥专业能力和教育机制对幼儿的活动予以帮助、引导与促进。基于此，教师在《指南》引领下根据幼儿的兴趣和需要，确定健康领域目标，梳理活动项目及相应运动量，做好预设活动方案，合理规划教师站位，提升幼儿的活动水平和活动质量。

2. 教师退位，幼儿自主

为了保障幼儿在活动中的安全，幼儿园通常会制订严格的安全管理制度。这也间接导致了教师在组织混龄晨锻活动时无法放手幼儿进行冒险性或富有挑战性的活动，甚至给幼儿戴上"紧箍咒"，不允许幼儿在活动中越"雷池"半步。关注幼儿安全本无可厚非，但过度关注却易丢失混龄晨锻活动本真的模样。因此，我们应适度关注幼儿混龄晨锻活动的安全，有效衡量不同年龄段幼儿活动存在的危险性，做好相应的应对措施，为教师工作"解禁"。教师将自主权还给幼儿，幼儿尝试自主做晨锻计划，自主解决困难与矛盾。教师只有学会退位，才能有更多时间去观察记录幼儿，给予幼儿更有效的指导和更有力的支持。如，在"撕名牌"游戏中教师就真正地做到了适时退位，允许幼儿自主解决矛盾。

咦？姓名牌！

一次混龄晨锻时间，孩子们自主摆放晨锻玩具。在玩具柜里孩子发现一个玩具筐内装着带子母扣的姓名牌和衣服，兴冲冲地拿来给教师看："老师，这有姓名牌哎，我之前在家和爸爸妈妈看电视里有'撕名牌'游戏，可好玩了，我们今天也玩这个吧？"教师欣然答道："好啊，你们可以摆出来玩玩看！"

孩子们兴奋地把这个玩具筐摆放在空场地上，玩起了"撕名牌"游戏。可是衣服背后的魔术贴把衣服缠绕在一起揪成一团，比较难撕扯。玲玲找教师帮忙，将姓名牌先粘在衣服背后的子母扣上，再把衣服弄平整，然后帮她穿上衣服。孩子们模仿教师的方法，帮助自己的小伙伴穿上了衣服。

孩子们自主分成了三队——橙队、绿队、蓝队，在"小发令员"喊了一声"开始"后，第一次"撕名牌"游戏就开展了起来，孩子们你追我赶，撕得不亦乐乎。

谁输谁赢？

第二天的混龄晨锻时间，孩子们拿来4面带绳子的小彩旗，将彩旗上的绳子拉开围成一个边长为10米的正方形，场地确定好了。还将昨天制作的橙队、绿队、蓝队各具特色的安全屋标识，用橡皮筋固定在正方形场地四个角的椅背上。

第二次"撕名牌"游戏开始了，橙队、绿队、蓝队各派了4名队员上场。孩子们轮流上场、劳逸结合。

在晨锻分享时间，新的问题出现了。

"老师，今天子赫犯规，我都把他背上的姓名牌撕下来了，他还拽在手上不肯松。"辰辰说。

"今天还有好多小朋友手一直放在背后捂着姓名牌，这样怎么撕啊！"然然反映道。

"孩子们，你们有什么好的方法解决这个问题呢？"教师问。

"选一个裁判，谁犯规了告诉裁判，罚他下场。"泽泽提议。

"犯规的话很容易产生安全问题，比如子赫一直不松手就有可能被拽着摔倒！"教师说。

"我们就把裁判叫做'安全员'吧，他可以提醒我们注意安全。正好和我们的安全屋对应，安全屋里有安全员。"花花说。

"那怎么判断队伍的输赢呢？"教师又问。

"将撕下来的姓名牌贴到展板上，姓名牌在展板上最多的队就输了，剩下姓名牌最多的队就赢了。"西西说。

在玩第三次"撕名牌"游戏时，孩子们带上制作好的"输赢一览板"。"小安全员"头戴小黄帽，身夹小标识上岗。这一次，孩子们遵守游戏规则，有秩序、安全

图 2.4.2 "撕名牌"游戏

且开心地进行了"撕名牌大战"！见图 2.4.2。

（案例提供：苏 容）

在整个游戏过程中，教师始终坚持幼儿是游戏的主角，时时关注幼儿在游戏中的表现，让幼儿自己决定玩什么、怎么玩、和谁玩。同时，教师关注幼儿在游戏中的一言一行，深入分析产生这些行为的原因，正确解读幼儿，使材料和游戏指导更有针对性，更适合幼儿，进而支持和帮助幼儿更好地投入到游戏中。经过不断调整与更新，幼儿对"撕名牌"游戏已经非常感兴趣，一到混龄晨锻时间"撕名牌大战"就打响了：有的幼儿一手伸到背后，一边护着名牌一边飞奔；有的幼儿眼疾手快，趁着同伴不注意，一把撕下了名牌。迎着温暖的阳光，孩子们跑着、闹着，欢声笑语洒满了整个幼儿园。

3. 及时反思，合理期望

教师需要及时反思在幼儿活动中的支持行为，进而重新对自己的角色进行定位。反思在活动中是否对幼儿的活动予以支持，支持是否有效，如果换种方式会不会呈现不一样的结果；反思在幼儿活动的过程中是否关注到幼儿本身的年龄特征、兴趣、爱好，是否出现过"高控"或"放任"行为；反思创设的环境、提供的材料、设置的区域等是否满足幼儿需求；反思活动是否符合幼儿的年龄、水平的层次性和递进性，若没有实现，该如何去完善。教师反思的过程，就是对幼儿活动进行回顾审视，对幼儿活动水平、活动兴趣与愿望进行再次定义的过程。教师在反思的基础上建立合理的期望，在对现状进行反思的基础上重新规划更为合适的目标，并在之后的教学实践中进行尝试与改变，为幼儿的混龄晨锻活动保驾护航。如，教师利用视频记录了幼儿玩大型玩具的活动过程，活动后与幼儿共商议、共思考，以便为下次的活动建立合理期望。

大型玩具新玩法

混龄晨锻前教师问幼儿："如何解决在系了绳子的大型玩具上,小朋友都想往上爬,又想往下翻的问题呢?"

黄黄:"可以轮流,在有绳子的一边上下。"

彤彤:"可以从一边上,另一边下。"

教师追问:"到底哪边上哪边下呢?"

佳佳说:"左边上、右边下。"

教师继续提问:"你们往上爬的时候成功了吗?有什么困难?"

萌萌说:"我腿太短了爬不上去,够不着网啊。"

孩子们纷纷说:"我也够不着……"

教师继续追问:"如何解决很多小朋友爬不上去的问题?"

然然:"下面垫轮胎,这样就高了。"

皓皓说:"不行啊,我们的轮胎都被大六班用光了。"

聿聿说:"那下面垫积木吧,就是积木太远了。"

宥宥说:"可以加一个梯子,我们爬上去啊,一起去搬梯子。"(图2.4.3)

萱萱:"不行,我们还得在下面垫垫子,这样才安全。"

萱萱、萌萌、聿聿、瑶瑶、彤彤去器械房拿来了一把梯子和两个垫子。他们一起扶着梯子,把梯子驾到了最高处,此时梯子腿不着地。教师在旁边帮助他们调整了梯子,把梯子卡在网上。这时,萌萌说:"我来试试看,能不能爬上去!"泽泽抢着说:"我也要试、我也要试。"教师担心孩子们的安全,说:"还是我先来试试吧!"

在8点15分至8点35分之间,共27位孩子来到梯子处,其中大五班15人,分别有3人尝试了4次,5人尝试了3次,4人尝试了2次,2人因恐高尝试多次才成功。

图2.4.3 搬梯子

(案例提供:谭翠)

王海英教授提出幼儿深度学习的过程逻辑是玩—说—记—展,即探究—分享—记录—策展。在混龄晨锻活动中,幼儿可将活动中出现的问题用绘画的方式进行表征记录,教师做好语言或者序号标注;活动结束后,其表征作品可张贴在屏风或者展示板上,为下轮活动的幼儿提供经验。同时,教师也可利用照片、视频记录幼儿游戏的过程,在游戏总结时与幼儿共同观看,发现问题并探讨解决策略。

教师要通过多种途径支持幼儿的表达表现,引导幼儿用清楚、流利的语言分享、评价自己的活动过程;充分理解和尊重幼儿发展进程中的个别差异,支持和引导其从原有水平向更高水平发展,给予幼儿充足的时间将游戏充分进行下去,促进幼儿开展感兴趣的游戏。

第五节　混龄晨锻的幼儿自主

幼儿的自主性是指幼儿按自己意愿行事的动机、能力或特性，能对自己的活动具有支配和控制的能力。在混龄晨锻活动中，我园打破了班级、年龄以及场地等的限制，给幼儿创设宽松、自主的环境，注重培养幼儿的自主能力。我们给幼儿更多自主支配的时间，允许幼儿自主选择喜欢的区域、器械、伙伴等，让混龄晨锻活动真正"动"起来，让幼儿在愉悦自主的活动中获得更高阶的提升。我园从场地安排、项目设置、规则制定和教师指导等方面，力求在支持幼儿自主性的同时进一步提升幼儿的规划性、创造性、合作性。

一、计划的自主

活动计划就是对即将开展的活动做出预设，需要预设活动的内容、所需的材料、活动的玩法等。这既是活动前期需要考虑的行动方案，也是幼儿对活动流程、活动预期、活动结果在头脑中形成的概念，是幼儿学习活动的逻辑起点。《纲要》明确指出："提供自由活动的机会，支持幼儿自主地选择、计划活动，鼓励他们通过多方面的努力解决问题，不轻易放弃克服困难的尝试。"因此，在混龄晨锻活动中需要给幼儿独立制订和完成计划的机会，从而提升幼儿的积极主动性。有了计划，就有了明确的目标和具体步骤，减少了幼儿在活动中的盲目性，让混龄晨锻活动能够有条不紊地进行。同时，幼儿学会制订活动计划不仅有助于他们养成良好的运动习惯，而且有助于他们在活动中获得关键经验、发展能力。

每次混龄晨锻活动开展前可以组织谈话活动，内容囊括新增的活动项目、材料等。谈话的发起者既可以是教师，也可以是幼儿。计划分口头计划和书面计划两种形式，由于中班幼儿的书面计划处于萌芽阶段，受自身能力的限制，因此他们无法直接用书面形式呈现，需要口头表述计划内容。对此，教师可给予幼儿部分指导，如，提供材料实物图让幼儿在计划板上操作，必要时适当地予以讲解示范（图 2.5.1）。大班幼儿的书写能力较强，能够更加丰富细致地表征混龄晨锻活动计划的内容（图 2.5.2）。我们以中班幼儿在轮胎区的活动计划为例，来看看幼儿是如何制定活动计划的。

图 2.5.1　中班幼儿计划板　　　图 2.5.2　大班幼儿晨锻计划

轮胎计划初体验

混龄晨锻活动时间，孩子们准备根据自己的晨锻计划开始摆放今天的轮胎组合。明朗自发担任小指挥的角色，并邀请甜甜扶着计划展板（图 2.5.3），他去现场指挥。明朗看到孩子们在起点的地方摆了三个轮胎后说："这个轮胎上为什么不放网啊？"然而，没有人理会。于是，他又走到另一边。跳跳和妍妍正在将梯子往两端的轮胎上架，跳跳说："这边够不着，不够长。"边说边往自己这头使劲拉，但妍妍那端又不够了。明朗见状说："跳跳，你把这个轮胎移过去一点不就行了吗？"于是，梯子问题解决了（图 2.5.4）。

图 2.5.3　扶计划展板　　　图 2.5.4　合作摆梯子

接着，明朗又走回计划展板前，对旁边的孩子喊道："再摆这个！"他指了指图示上的轮胎，可是没等他指挥，后面的摆放工作已然往下进行了，看上去与计划展板上的图示不太一样。明朗便径直走到了一旁正在架高轮胎的幼儿那里，去帮忙搬轮胎了。

没一会儿，今天的轮胎组合活动在几乎没有小指挥的情况下摆放结束了，显然与最初的计划有所出入。

小指挥明朗并非此次晨锻计划的设计者,而是自愿担任指挥。他本身对计划并不熟悉,加上班级中其他幼儿对于摆放计划上各个位置的内容设置也不清楚,所以导致场面出现混乱,给合作完成摆放计划带来了困难。因此,最后的摆放结果与原先的计划相符度不高。另外,由于集体摆放时间较长,且场地上其他活动已经开始,因而幼儿逐渐出现懈怠情绪,对该活动的兴趣也在减弱,参与人数越来越少。鉴于当下幼儿不能在小指挥的引导下按照活动计划进行轮胎摆放,且多数幼儿对当前摆放轮胎的活动兴趣不高,我们对轮胎活动计划进行了升级。

轮胎活动计划再升级

窦窦是本次轮胎活动的小指挥,他站在展板前一边指着展板的图示(图2.5.5)一边和大家说:"入口在这里,要一个网状的轮胎。"于是,嘉栋立刻推来一个轮胎放到了地上。桃子说:"还需要一个网状轮胎在它旁边。"这时柠檬高喊一句:"网状轮胎在这。"于是,入口的位置确定好,孩子们也在窦窦的指挥下把后面的轮胎依次连接好。一旁的洋洋和恒恒一个在前面拉一个在后面推,移来了一个轮胎架,又将轮胎架与木梯连接,计划完成一半。之后,孩子们共同努力摆放出了与计划几乎一致的现场(图2.5.6)。

图 2.5.5　介绍展板内容　　　　图 2.5.6　摆出一致现场

由于这次的计划全程由幼儿投票选出,且幼儿也提前了解了计划,因而在小指挥的引导下,大家既配合度高又动作快。计划板呈现的高度便于幼儿观察,幼儿在自主观察计划后先一步完成了部分器械的摆放。幼儿的积极性大幅提高,不仅本班幼儿玩的人数变多,也吸引了许多他班幼儿。

(案例提供:艾园、王莹)

教师允许更多幼儿参与到轮胎活动计划的制订中,给予幼儿充分的时间设计。我们让幼儿投票选出心中最喜欢的设计图,再由得票率最高的图纸设计者担任小指挥,并为大家提前解说设计图纸上每个位置的实际摆放内容,然后将轮胎活动计划粘贴在展板上。在这一过程中,集体带动个体发展,能力较强的幼儿利用其榜样作用促进同伴间的合作学习,逐步提升计划的现场还原度以及幼儿的参与度。在轮胎实际摆放的过程中,设计者带领大家摆放,除了设计小组了解自己的计划外,其他幼儿也会因为是自己票选出的计划图而产生较高的参与积极性,加之比较了解计划,因而幼儿与同伴之间配合优于之前,摆放的形式也更加多样。

二、材料的自主

幼儿是天生的活动家和有能力的学习者。在安全的基础上,材料的摆放、整理甚至材料的玩法与规则等都可以让幼儿做主。幼儿的发展是建立在已有经验的基础之上的,而教师的支持和帮助则有助于发展幼儿新的"最近发展区"。教师要做好幼儿的"脚手架",支持幼儿在丰富的材料、自主的氛围中自由地探索。教师要学会做"隐形人",多观察、少干预,只有在幼儿真正需要的时候才"显形"。

1. 可自取的材料超市

幼儿日常取放的晨锻材料都在相对固定的地方,幼儿活动范围小,相互间缺乏交流,且对部分小型轻器械使用率不高。为了解决这些问题,我们根据材料的功能、特性将其归类摆放,如分为锻炼上肢运动的器械(沙包、纸球、羽毛球等)、下肢运动器械(毽子、跳跳球、平衡板、两人三足绑带等),并将其分别投放在运动场地的边角地带,优化场地利用率的同时形成一个开放式的"材料超市"(图2.5.7)。各活动区的幼儿均可依需自选、组合材料,同时也能彼此分享、交流、讨论、提出建议。幼儿通过自主选择、自由结伴和自选材料(图2.5.8),一起遵守材料超市的规则,保持对材料的新鲜度,能够喜爱晨锻,提高参与活动的积极性,并能探索一物多玩、组合玩的活动方式,在活动中提升身体各方面的协调能力。

图 2.5.7　材料超市　　　　　　图 2.5.8　自选材料

2. 多元化的低结构材料

混龄晨锻活动的主体是幼儿,以幼儿为本,通过调查、谈话了解幼儿对锻炼材料的需求,有重点地提供多元化的低结构材料,引导幼儿通过材料之间的组合,不断创造出新玩法。如,教师提供皮筋,幼儿通过皮筋和椅子的组合进行匍匐爬行锻炼(图2.5.9、图2.5.10)。这种设计方法在保留皮筋传统玩法的基础上,通过材料组合实现了锻炼器材的创新,为初期开展自主晨间锻炼项目设计的幼儿提供了有效的隐性指导。

图 2.5.9　匍匐爬行　　　　图 2.5.10　跳皮筋

3. 可视化标识

混龄晨锻活动时,幼儿根据活动前的计划在场地上进行材料摆放与调整。在保证安全的情况下,教师借助 6S 标识,引导幼儿自主管理晨锻器械,建立自我管理的常规。在晨锻活动过程中教师为幼儿提供自主活动的条件,激发幼儿的自主积极性。中大班幼儿能够合作摆放材料、自主收整材料(图 2.5.11)。小班幼儿利用标识理解规则内容,真正掌握规则。教师引导幼儿按照 6S 标识进行摆放(图 2.5.12),在这个过程中,幼儿的观察能力、手眼协调能力、自主性、规则意识等各个方面,都得到了锻炼和提升。

图 2.5.11　自主收整材料　　　　图 2.5.12　按 6S 标识摆放

三、活动的自主

独立自主是现代人必备的素质之一，自主性发展和培养，是素质教育的灵魂。心理学家埃里克森曾明确提出：早期教育的基本任务是促进幼儿的自主性发展。教师要重视幼儿在混龄晨锻活动中的自主性，尽可能地让幼儿去思考、去探索、去创造，以获得更多自主活动的机会。

1. 自主规划项目

混龄晨锻活动开展以来，我园重新规划了活动场地，从幼儿园大门口的花坛一直覆盖到幼儿园里的角角落落，共涵盖20余种活动项目。幼儿在活动前会对活动项目做出预设（图2.5.13），并根据自己的能力情况适当调整。比如：从山坡上的"穿越火线"开始，经过操场中央的四块大型跑动类项目，再到园门口的触觉体验区，几个项目活动下来，幼儿既缓解了消极等待现象，又达到了一定的运动量。幼儿在运动完之后，还可以根据自己的运动量适当调整活动的路线和项目。

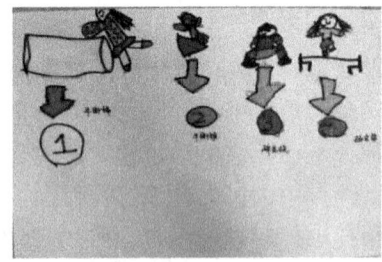

图 2.5.13　规划活动项目

2. 自主结伴竞赛

幼儿间的交往能力相对较强，在混龄晨锻活动中教师应密切关注幼儿间的交往行为，引导幼儿养成与他人合作的习惯。在混龄晨锻活动中，我们融合竞赛的活动项目，提升幼儿的活动兴趣和质量。如，在攀爬木梯活动（图2.5.14）中，

图 2.5.14　攀爬木梯活动

幼儿自发地进行合作,让四、五名伙伴分别从不同的通道攀爬梯子,减少消极等待的现象。幼儿或两两相伴,或合作竞赛,个体或小组都体验到了竞赛的成功感。就这样,中大班幼儿的竞争意识和集体主义情感在混龄晨锻活动中不知不觉地得到提升。

3. 自主解决矛盾

幼儿在活动中难免会发生这样或那样的矛盾,教师要留给幼儿自主解决矛盾的时间和空间。如,在"撕名牌"游戏中,幼儿A一直在追逐幼儿B,致使幼儿B不停地奔跑而摔倒。活动后教师与幼儿共同讨论此矛盾,让幼儿自主思考解决矛盾的方法。幼儿提出设置"安全屋"或"休憩处",让追逐中的幼儿能短暂停留,调整身体、避让危险。这个举措不仅能让幼儿在活动中有喘息的机会,而且能更大限度地保障幼儿的安全。因此在活动中遇到矛盾时,教师不妨在活动结束后将问题抛给幼儿,让幼儿自主商讨如何解决问题,给出有效的对策。例如:在"撕名牌"游戏中,幼儿因游戏冲突而自主商讨出设置"安全屋"的对策。

"撕名牌"游戏怎么玩?

第一次"撕名牌"游戏结束后,回到班级分享晨锻活动时,孩子们非常激动地讨论着、分享着:

"我今天玩的撕名牌可好玩了,我跑得可快了,但就是太累了。"东东说。

"我今天撕名牌可厉害了,我撕了好几个人的名牌,可他们不承认,都被撕下来了还继续贴上继续玩。"辰辰说。

孩子们分享完,教师说:"小朋友们,你们第一次自主尝试了'撕名牌'游戏,经讨论你们目前出现了两个问题:一是在场上一直跑,不能休息,太累了;二是有的孩子不太理解游戏规则,被撕下名牌后仍继续游戏。针对这两个问题,你们有什么好的解决方法吗?"

"我觉得第一个问题,太累了就休息呗!"然然说。

"在哪儿休息呢?休息多久呢?还继续游戏吗?"教师反问。

"就坐椅子上休息啊!休息一会儿,当然要继续游戏了。"然然回答。

"搬一张椅子坐在比赛场地休息。"茉茉补充道。

"那椅子放在场地的什么位置合适呢?"教师追问。

"放在场地的边角上,不能放在中间,不然会绊倒别人。"菡菡说。

"你们觉得休息多长时间合适呢?"教师又问道。

"不能休息太久,不然游戏都结束了,就只能休息很短的时间。"涵涵说。

"那就休息一分钟吧!"致远提议。

"好,第一个问题解决了,我们可以在场地的边角上放一张椅子,小朋友们可以在那张椅子上休息一分钟,我们给它取个名字吧!"教师总结道。

"在这张椅子上很安全,你们不能来撕椅子上小朋友的名牌,撕了也无效,那就叫'安全屋'吧!"(图 2.5.15)致远说道。其他孩子都表示同意。

"第二个问题是有的小朋友不理解游戏规则,那游戏规则具体是什么呢?我们大家一起来讨论讨论。我给每组发放一张纸,请你们在小组内讨论,将讨论结果即游戏的规则画下来,我们集中展示分享。"教师边发纸边说。

"我们第一组觉得首先要用小彩旗把场地划分好,只能在彩旗内撕名牌,不能跑到外面去。"第一组的泽泽说。

"我们第二组讨论了,每人只有一次机会,背上的名牌被撕下来就淘汰了,就要坐场外的花坛边上休息。"第二组的辰辰说。

"还有我们刚才讨论的,跑累了或感觉到很危险的时候可以坐到安全屋里,不过只能坐 1 分钟哦!"越越补充道。

"撕名牌"游戏的规则就这样在幼儿的自主商讨中制定了。

图 2.5.15 安全屋

(案例提供:苏荣)

在混龄晨锻活动中,教师应成为环境创造的参与者、交往机会的提供者、幼儿能力发展的支持者。教师应全方位、多角度地认真观察每一名幼儿,了解他们在活动中的表现,掌握其动态,时刻捕捉指导良机,并根据实际需要,以多种灵活方式介入指导,使幼儿在充分自主的前提下得到健康、积极的发展。

第六节 混龄晨锻案例分享

案例一：大陀螺的花样玩法

【案例背景】

环境创设与材料投放：

在幼儿园3层大型玩具与来今廊之前的一片开放的空地上，常常有来回穿梭的幼儿，还有一些到这里来玩大陀螺和滚筒的幼儿。教师在这里投放了6个大小一样、颜色不同的大陀螺。在混龄晨锻时，幼儿可以将6个大陀螺自主地运到这片场地的任意位置进行活动。

幼儿的兴趣及前期经验：

部分幼儿在中班下及大班上玩过大陀螺，但玩法比较单一，多数是身体躺在大陀螺中，将双腿盘起放进大陀螺里，双手抓住大陀螺的边缘，然后旋转。活动时，部分幼儿能依靠自己的身体力量坐在大陀螺里旋转起来，而另一部分幼儿需借助外力进行旋转。幼儿对旋转起来的大陀螺很感兴趣，常常会坐在里面尝试用身体力量旋转，当无法转起来时便邀请伙伴帮助。

教师预期：

幼儿可以结合生活经验，自主地选择活动材料，深入探索活动材料，创新活动玩法，亲身体验有一定挑战性的活动，感受运动和力的关系。在大陀螺的旋转中幼儿能增强身体平衡和协调能力，促进前庭感统发展。

【案例描述】

积极探索——我们一起来转陀螺

1. 幼儿单人玩陀螺（图 2.6.16）

混龄晨锻时，徐徐、蔡蔡、姚姚三人来到陀螺区，蔡蔡率先找到一个陀螺，并坐了进去，姚姚见了也将一旁的陀螺拖过来靠近蔡蔡的陀螺随即也坐了进去。

徐徐则选了一个离他们稍有距离的陀螺坐下,腿没有放进陀螺中,而是耷拉在陀螺的边上,身体直立,双手抓住陀螺的边缘,看向另外两人。姚姚率先将双腿盘起仰躺在陀螺中,双手同样抓住陀螺边缘,身体向一侧压陀螺,陀螺则随着他身体的侧压,开始向一个方向旋转,当旋转到一半,姚姚的整个上半身倒置于陀螺中时,陀螺停止旋转,姚姚在陀螺中扭动了几下,陀螺在原地左右小幅度地晃动几下后,依然没有转动起来。这时,蔡蔡说:"你看我。"说完,用和姚姚一样的方法开始转动陀螺,陀螺也是转动到一半不转了。他直起身说:"我知道,你看这样就可以转了。"说完,他把原本盘起的腿打开,伸出陀螺外呈绷直的状态,又将身体开始压向陀螺一侧。当陀螺再次卡在一半时,他将绷直的腿弯曲后蹬向地面,借着地面对自己的推力,成功地将陀螺继续旋转起来。这样连续让陀螺旋转几圈后,三人兴奋地拍手笑着。

2. 幼儿多人合作玩陀螺(图 2.6.17)

蔡对徐说:"你来试试看。"

徐说:"我转不起来。"

姚说:"没事,你坐在里面,我们俩来转你,怎么样?"

徐将腿盘起,躺在陀螺里。其他两人则推着陀螺边缘,开始旋转陀螺,转了 2 圈后停下,徐说:"哈哈,转起来真好玩。"

图 2.6.16　幼儿单人玩陀螺　　　图 2.6.17　幼儿多人合作玩陀螺

3. 分析与思考

(1) 在活动中,幼儿的平衡能力以及肢体协调能力得到发展。旋转陀螺时,幼儿从一开始的旋转不起来,到后来发现可以借助外力驱动陀螺旋转,探索了运动与力量的关系。同时,感受身体重心的变化与调整对陀螺旋转的影响。

(2) 在活动中幼儿虽然尝试多次后没有成功地旋转起陀螺,但幼儿没有放弃,而是不断地尝试调整身体姿态,克服困难。

4. 进一步支持

(1) 引导幼儿进一步思考:大家一起玩的感受如何?单人玩法和多人合作玩法有什么区别?多人合作还可以怎么玩?

（2）伙伴互学：为幼儿提供合作活动的经验分享平台。如，绘画表征及展示板，以此扩展幼儿合作活动的经验。

大胆挑战——陀螺还可以这样玩

1. 转不起来的陀螺

泽泽和瑞瑞分别选择了一个大陀螺坐进去，泽泽双手抓住陀螺边缘双腿盘起，身体往后一躺，开始将身体向陀螺的一边旋转，当陀螺刚旋转到一半，泽泽的上半身在陀螺里处于向后倒的状态时，陀螺停止旋转。只见泽泽又返回到初始的刚坐进陀螺时的状态，依然双手抓住陀螺边缘。这一次他将身体压向陀螺的一边，使陀螺旋转起来。但是和第一次一样，陀螺旋转到一半时又卡住了。

2. 陀螺转起来了

这次泽泽调整了姿势，将腿跪立在陀螺里面，双手抓住陀螺边缘。再一次身体压向一边，在快要卡住时，在陀螺内移动腿的位置，这次陀螺成功旋转了一圈。瑞瑞也学他旋转陀螺，反复旋转多次后他站起来，右腿准备跨出陀螺时，由于他重心的改变，忽然陀螺动了一下，他没有站稳，迅速将准备迈出去的腿又收了回去，双手打开平举与身体两侧保持平衡，在陀螺里颠簸了几下后才站稳。

泽泽站在陀螺里，还是双手平举在身体两侧，开始在陀螺里绕圈走。这样陀螺随着他的走动，又开始旋转起来。他在陀螺里身体随着陀螺的旋转扭来扭去，以维持身体的平衡。瑞瑞也学着他开始站立在陀螺里走动，但是走了一圈后没站稳，直接在身体倒向一边时跳出了陀螺。这样旋转多次后，瑞瑞走出陀螺，双手抓住陀螺的边缘，用力将陀螺旋转起来。当陀螺旋转起来后，快速将腿迈进陀螺，但是腿一迈进陀螺，原本旋转的陀螺就停止了旋转。瑞瑞又一次走下来，双手抓住陀螺边缘，将陀螺连续转两圈。在陀螺还处于旋转状态时再次尝试迈进一条腿，但腿刚一迈进去，陀螺再次停止了旋转。

瑞瑞又走下陀螺，重复刚才的动作。这样反复做了3次后，得到了同样的结果。每当他一踏进陀螺时，陀螺就停止转动。他用最原始的方式，站在陀螺里走动让陀螺旋转起来，但是这次他没有将双手平举在身体两侧，而是自然垂放在身体两边。随着陀螺的转动，身体也在陀螺里左右颠簸，垂放的手则为了保持平衡，上下挥动（图2.6.18）。

3. 分析与思考

（1）幼儿在活动中身体的协调和平衡能力等都得到了发展。旋转的陀螺强化了幼儿的前庭感统，使幼儿适应颠簸、旋转的状态。

（2）幼儿在活动中并没有因失败而放弃活动，而是不断调整身体姿态，驱动陀螺旋转起来，幼儿已经感受到陀螺的旋转和身体的重心移动有关。当幼儿无意间发现站立走动可以使陀螺旋转时，幼儿则反复尝试，并知道用平举双臂的方

图 2.6.18 瑞瑞转陀螺

式维持平衡。

（3）与之前的活动相比，幼儿已经从单一地坐在大陀螺里玩，开发出了新的活动玩法，并多次重复该玩法，不断地进行尝试与探索。

4. 进一步支持

（1）鼓励幼儿反思。过渡环节或是分享时间，教师回放拍摄的视频及图片，请幼儿讲述看到了什么，发现了什么问题。如对陀螺旋转一半就停止的问题，教师可引导幼儿进一步思考为什么陀螺转到一半会停止，怎样可以让陀螺连续转动起来，从而激发幼儿进一步探究的兴趣。

（2）经验支持：请成功转动陀螺的幼儿分享经验。教师组织幼儿观看成功旋转陀螺的视频，讨论成功旋转陀螺的动作是怎样的、如何保证玩陀螺的安全等问题，以扩展幼儿玩陀螺的经验。

不断创新——大陀螺翻过来也好玩

1. 单人站立陀螺尖上比赛（图 2.6.19）

在多次旋转陀螺后，菘菘用手将陀螺一端抬起，将陀螺整个翻过来，倒扣地面，使陀螺尖尖即椎体底部指向天空，而陀螺大大的碗口则稳稳地扣在地面上。只见他拍了拍一旁的小宇说："你看，我给你表演一个金鸡独立。"

说完，菘菘快速地站到翻过来的陀螺尖尖上。刚站上去还没有完全站稳，就把双手平举在身旁，一只脚准备向上抬起，保持单脚站立的状态。可是还没等那只脚完全抬起,他便重心不稳,从陀螺上滑了下去。小宇和一旁的皓皓笑了起来,只见他俩一人选了一个陀螺,学着菘菘将陀螺倒扣在地面上,站到翻过来的陀螺尖尖上面,然后将一只脚收起保持金鸡独立的姿势。他俩这次稳稳地单脚站立在陀螺尖尖上,皓皓对着菘菘说:"哎,这个我也可以,很简单嘛。"

菘菘听了,再次尝试着单脚站立到陀螺的尖上,这次维持的时间比第一次稍微长了一些,但还是很快没站稳就掉了下来。菘菘掉下来后看着已经双脚站在陀螺尖尖上的小宇和皓皓说:"哎,我想到了一个好玩的方法,我们不比金鸡独立了,来比赛看谁站在陀螺上的时间长,怎么样?"听了他的提议,小宇和皓皓相视一笑,说:"好啊,这次你可不要输了。"

菘菘拉过一旁的妍妍说:"那你们都下来,我们一起站上去,让妍妍看我们谁站得久。"

和妍妍简单说明了比赛规则后,妍妍点头答应做裁判。妍妍说:"预备,开始。"三人迅速站到陀螺的尖上,站了十几秒后菘菘慢慢滑下陀螺说:"哎呀呀,我肯定是太重了,站不稳。"妍妍说:"皓皓站的时间最长最稳。"

图 2.6.19 单人站立陀螺尖上比赛

2. 双人挑战同站一陀螺尖上(图 2.6.20)

皓皓说:"我们试试看两个人能不能同时站在上面。"

妍妍说:"好,你现在在上面别动,我上来。"说完,她踩着陀螺的大斜坡边缘开始往上蹬,但是还没蹬到上面就快速滑了下去。妍妍对皓皓说:"等我快上去的时候,你拉我一下。"皓皓听了点点头,将手臂伸出去说:"你就这样拉着我上来吧。"妍妍拉着皓皓的手往上爬,可是快到上面时又滑了下来。这时一旁的菘菘和小宇两人已经成功地同时站在了陀螺的尖尖上了,妍妍拍着手说:"哇,好厉害啊!你们怎么成功的呀?"小宇说:"就这样他一上来,我就赶紧抓住他,把他抱住,就成功了。"妍妍听了又试了一次,这次她拉着皓皓的手快到陀螺尖上时,马上用手抓住皓皓的衣服,这次成功了。两人保持了几秒之后,妍妍缓缓滑下来笑着说:"耶,我们也成功了!"

图 2.6.20　双人挑战同站—陀螺尖上

3. 挑战更多

菘菘说:"我们这样两两比赛吧,看谁时间长。"比赛结束后,菘菘组获胜,妍妍又提议:"我们看看能不能站 3 个人,怎么样?"菘菘说:"好啊好啊。"皓皓说:"那我先站上去,你们上来抓住我。"(图 2.6.21)孩子们开始了新一轮的尝试,他们将 6 个倒置的陀螺连在一起,尝试在上面跨行(图 2.6.22)。

图 2.6.21　幼儿尝试多人共同站在倒置的陀螺底部

图 2.6.22　幼儿将 6 个倒置的陀螺连在一起,尝试在上面跨行

4. 分析与思考

(1) 根据维果斯基理论,当儿童与其他人一起玩的时候,他们合作的社会交往技能就开始得到发展。整个活动过程中,孩子们都在合作探索"如何使他们不从倒置的陀螺上滑下来"。

(2) 幼儿不断创新陀螺玩法,活动越来越有难度,越来越富有挑战性,其经验也在不断增长。幼儿由最初的尝试用单脚、双脚站在倒置的陀螺上,到比赛谁站的时间长,再到多人站到陀螺上,说明他们已经知道人数多,赢的难度更大,有了初步的竞赛意识。

(3) 站在倒置的陀螺上,除了静态地锻炼幼儿的平衡能力外,还有幼儿合作时力量的锻炼。另外,当幼儿将陀螺连在一起在上面跨行时,他们相当于在有一定坡度的道路上行走,锻炼了协调能力。

5. 进一步支持

在活动中,孩子们表现出强烈的主动学习愿望,他们似乎对如何在倒置的陀螺上保持稳定、陀螺多种玩法等问题产生了更加浓厚的探究兴趣。

(1) 教师要引导幼儿用绘画等方式来表征自己的经验,同时鼓励幼儿在二次活动的基础上计划下一次活动的方式,交流活动的计划。

(2) 鼓励幼儿反思。在过渡时间或集体分享时间,教师将拍摄的视频和图片回放,先请幼儿讲述自己在陀螺活动中的创新玩法,然后引导幼儿进一步思考:怎样做可以在陀螺尖上站立较长时间?为什么总会滑下来?怎样可以保持多人在上面长时间站立?……以激发幼儿的进一步探究兴趣。

(3) 材料支持:教师要提供丰富可用的材料,让幼儿可以将陀螺与多种材料结合,开发出多种组合玩法。

【案例反思】

开放的混龄晨锻活动既充满挑战,又令人惊喜,这使得它散发着特殊的魔力。在混龄晨锻活动中幼儿通过一次次探索、一次次挑战,获得了丰富的活动经验,他们玩在其中、乐在其中、成长在其中。教师也在观察、指导、支持幼儿在自主晨锻活动中获得成长经验,和幼儿同欢乐、共成长。

1. 幼儿的成长

(1) 转变角色。活动内容与幼儿息息相关,幼儿从"被动接受者"转变为"主动建构者"。他们对幼儿园的环境设施更加敏感,乐意把自己的创意和老师、小伙伴分享,真正体现了"我的活动我做主"的自豪感。

(2) 积极探索。幼儿根据环境、材料自己创设玩法,根据自己的喜好与能力随时调整玩法。开放的环境促进幼儿思维的多向性发展。幼儿需在活动中不断克服困难、解决问题,而这种思维品质的培养能够为他们今后的一生做良好的准备。

(3) 大胆挑战。幼儿胆子变大了,原先不敢、害怕的运动如今爱玩了,加强了幼儿的阳光性格。随着混龄晨锻活动的开展,幼儿的性格越来越开朗,交流、互动越来越积极。教师经常听到家长们感慨:"孩子变得越来越大胆了,性格也变得越来越开朗了,幼儿园的户外活动做得真好。"

2. 教师的收获

(1) 相信幼儿。从过度担心到放手,一路走来,我们发现幼儿并非如我们想象中的脆弱,他们的奇思妙想有时会给活动带来更多的趣味。"相信幼儿"就要让其成为活动的小主人,相信他们的想法、相信他们能玩……一个"相信"包含无限的尊重,只有真正地相信幼儿,才会促使他们的活动世界变得更加丰满动人。

(2)有效追随。"花样玩法"并非一成不变,在玩法上只有用心追随幼儿,教师才能根据幼儿的创意及时调整活动内容、活动材料、活动玩法。教师要做个有心人,用一双慧眼去追随幼儿行为。做个"善察、能等、巧引"的专业老师,及时肯定孩子们大胆的创意,巧妙引发幼儿的独特想法,根据他们的建议及时反思调整材料的跟进,有效支持才不会成为空谈。

(案例支持:葛奕)

案例二:当球遇上了雨伞……

【案例背景】

《指南》指出应鼓励幼儿进行跑跳、钻爬、攀登、投掷、拍球等活动,促进幼儿动作协调性和灵活性。投掷是幼儿基本动作发展之一,伴随腹、腰、腿、背等身体部位的参与,以及视觉运动能力的综合运用。混龄晨锻活动材料与区域整改迫在眉睫,如何利用身边现有的材料,满足幼儿全身的动作发展呢?借助幼儿园已划分的场地特性,我们充分利用攀岩墙和银杏树的高度,创设了趣味性体育活动"伞内投球"。

【案例描述】

往废旧雨伞内投球

观察对象:辰辰(幼儿1)、霆霆(幼儿2)、翌翌(幼儿3)、瀚瀚(幼儿4)
观察时间:2021年4月25日上午8:15—8:35
观察场景:攀岩墙和操场北侧的银杏树上拉起了一条麻绳,上面挂着两把废旧雨伞,伞下用篓子装着小球。

张老师站在圆形花坛上,将麻绳的一端绕银杏树干两圈后拉紧并系绳结,麻绳的另一端则与相对的攀岩墙相连。幼儿1对幼儿2说:"我们等会去挑战新活动吧!"幼儿1拿出两把伞来,伞柄对着腹部,左手在前,右手在后将伞撑开说:"怎样才能不松掉啊?"幼儿3闻声跑来接过伞做着相同的动作:"这是一把破伞,还是让老师来弄吧!"老师系完绳子走来说:"你需要用大拇指往前顶一下,你看这不是撑开了吗?"老师将伞柄上的绳子绕过伞柄,将两把雨伞挂在麻绳上说:"你们可以玩'伞内投球'游戏啦!"(图2.6.23)

幼儿1和幼儿2从小篓子里拿出五个球抱在怀里,面向伞站立,只见幼儿2

左手护住胸前的小球,右手弯曲,垫脚往前倾,小球掉落到伞中。幼儿2随即便去伞里面取球,伞面高于幼儿2头顶,幼儿2挥手喊来幼儿3。于是幼儿3双手抓住伞面,往自己的面前下压,球从伞柄空隙掉落。幼儿4在一旁大叫:"你们别动了,我都投不了了,你们赶紧让开!"幼儿2离开往后退了四步,双脚并拢,拿起怀里的小球继续投掷,口中轻声喊道:"1,2,3投!"球并未投到伞里。幼儿3笑道:"哈哈哈,你没有得分,我得一分,快看我的。"话音刚落,幼儿3手里的球就掉到了伞里。

此时幼儿1和幼儿4走到老师旁说:"老师,我们没有球了,这怎么投啊?"老师指了指地上掉落的小球说:"你们每次投完球后可以捡起来再玩,快去捡球吧!"幼儿1和幼儿4立刻蹲下身来捡球,并将捡到的球放回到小篓子里。幼儿1抱起小篓子喊道:"卖球喽,只要一块钱,快来买呀!"幼儿4双手抓住篓子边缘说:"这是大家的,你不能拿走,这样我们就没得玩了,我要告诉老师去!"幼儿2和幼儿3分

图 2.6.23　伞内投球

别站在两把伞下,向上蹦跳着,用头顶伞柄。其余投掷的幼儿说:"不能动,我们投不进去了!"老师从材料推车里拿出四个障碍物说:"这是标记,你们只能站在上面投,否则就是犯规,没有标记的小朋友要在后面排队等待哦!"于是,幼儿全部站在标记后等待。

分析与思考:

1. 幼儿在此活动中运用了肩上投掷的技巧,其中大肌肉被拉伸,挥臂与甩臂则锻炼了幼儿的力量与耐力。幼儿有一定的规则意识,在教师的引导下知道要站在规定区域内玩,而不是随意投掷。有的幼儿自发成为看管篓子的"工作人员"及"捡球人员",他们在活动中自主衍生出其他角色。

2. 此活动占地面积约为15平方米,介于拔河与踩高跷之间,位于彩虹跑道和中二班的后门口,位置较宽敞。幼儿在投掷过程中可以自由调节距离,隐性调控活动难度。但幼儿在投掷过程中小球会到处滚动,极易影响其他活动区的幼儿,导致此区域幼儿呈现两种状态——投掷和捡球。当幼儿聚集在伞下或者各个区域时,场面容易混乱,因此张老师给幼儿提供了标记物,要求幼儿站在标记物后等待。

3. 此活动充分利用生活中的废旧材料——雨伞和麻绳,材料虽简便易得,但能玩出不同的花样。幼儿非常喜欢将球投掷到伞内,享受"投球得分"的成功感。但是旧伞零件较老,需要老师撑开。幼儿自主摆放材料,布置活动环境需要再练习。

4. 教师作为活动材料的管理者、摆放者与活动指导者,参与到活动前、活动中与活动后。活动前教师挂绳子、撑伞,为幼儿提供活动环境,当出现幼儿争抢球和聚集在伞前使活动无法继续时,教师成为活动指导者,为幼儿提供新材料,帮助幼儿更好地理解活动规则。

活动改进:

1. 材料摆放上:在活动开展之前自主产生"管理员",代替教师的工作,负责摆放晨锻材料。如,拉绳子和撑伞。(图 2.6.24)

2. 在活动规则制定上:借助活动前计划与活动后评价,开展讨论,共同制定纵跳投掷的规则。如,需站在指定位置、只有工作人员才可以接触伞面等,保证活动秩序。

3. 在空间设置上:位置可以更开阔些,周围的干扰要相对减少。

4. 在材料提供上:可换成透明伞,幼儿在投掷的过程中可以更加清晰地看到自己的小球滚落轨迹,更具有成就感,且透明伞质量更优化,很少有球弹出现象;可用呼啦圈代替障碍物作为标记,幼儿可随意移动呼啦圈的位置,从而调整投掷难度。

5. 在教师指导策略方面:教师可与幼儿一起参与活动,对幼儿进行参与式指导。如,教师可站远一点,通过身体示范帮助幼儿习得投掷的正确身体动作,且引导幼儿不断后退,增加投掷距离,提升不同能力幼儿的投掷水平。(图 2.6.25)

图 2.6.24 管理员　　图 2.6.25 教师参与式指导幼儿投球

换成透明雨伞后投球(图 2.6.26)

观察对象:宸宸(幼儿 1)、瀚宸(幼儿 2)、佩戴黄色帽子男(幼儿 3)、蓝色毛衣男(幼儿 4)

观察时间:2021 年 4 月 26 日上午 8:15—8:35

观察场景:银杏树和攀岩墙之间用一条麻绳连接,位置挂得比前一天更高些,绳子上挂起两把透明雨伞,地面上根据不同距离分别放置六个红色呼啦圈。

幼儿早操结束前,教师将麻绳拉紧拴在银杏树枝上侧。当晨锻音乐响起,负责摆放材料的幼儿1和幼儿2来到晨锻材料库里寻找透明伞。两人将伞柄靠在肚子上，左手在前，右手在后，想撑开透明雨伞。"吧嗒"一声，雨伞被撑开了，两人踮起脚尖将雨伞挂在麻绳上，并调整两个伞的间距。

活动开始了，幼儿1站在伞下说："我是管理员，请大家都站在圈里面投，我来给大家捡球。"幼儿2拉着幼儿3说："我们来比赛，看一看我们谁先投进去？"幼儿4说："这也太简单了吧！你看我的！"只见幼儿4侧身站立，两脚打开与肩同宽，手抓着球屈肘于头右侧后方，肘关节向前，投掷时挥臂甩腕，快速将球投到伞里。幼儿4大喊："耶！进球啦！我进的是三分球！"教师走过去问："为什么是三分球呢？"幼儿4回答："打篮球就有三分球啊！"教师又问："可是我们投沙包和投篮球不一样哦！我们是按照远近得分，圈在前面的就得1分，圈在最后的就得3分，你刚才的位置介于它们之间，你只能得2分。"幼儿1拿着地上滚落的球找到一个空着的圈站好后看着教师说："看我，现在要是进球了是不是可以得1分？"教师点点头。幼儿1眼睛正视前方，球呈现抛物线掉落到伞里，他看了教师一眼，嘴角微微上扬，来到伞下将伞面往下压，将球倒出来并捡起。（见图2.6.26）

图 2.6.26　幼儿换成透明雨伞投球

分析与思考：

1. 幼儿热衷投掷活动，并对活动规则产生共识，即在圈内投掷。如有人正在玩耍，则在一旁等候。幼儿会根据不同次数的投掷调整地面呼啦圈的位置，得到1分时会想得2分，甚至追求3分的成绩。随着投掷次数的增加，幼儿的出手速度及瞄准精度不断提高。

2. 此活动将"踩高跷区"的场地向彩虹跑道南侧压缩，使幼儿有更大的场地进行投掷距离的调整。在捡球时，幼儿未对周边活动造成干扰。中大班幼儿肩上挥臂投掷距离应达到3米，投掷区域暂无法满足。

3. 当材料更换成透明雨伞后，幼儿能够更加直观且清晰地看到自己投球的落地轨迹，当球投中伞内后，幼儿欢呼情绪高涨；管理员能迅速判断球的位置，将球取出来。

4. 幼儿站在教师提供的呼啦圈上，参与度较高。由于材料较少，教师只设置了单边投掷活动，并在伞的周围设置了"投掷点"，有助于提升幼儿在不同距离、不同方位对目标的瞄准度。

5. 教师在活动中扮演"活动参与者"的角色,在活动材料的摆放、活动规则的制定与管理上均放手让幼儿参与,引导幼儿自主管理。教师与幼儿共玩,对幼儿投掷水平的提升起到隐性指导作用。如,自己移动圈的位置,跟幼儿解释1分球与3分球的区别。

活动改进:

1. 区域环境:扩大幼儿活动区域,满足幼儿至少3米的投掷间距。

2. 人员管理:为管理员提供红色马甲,设置两名管理员,每人负责一个伞面,效率更高。

3. 投掷指导:切勿片面追求投入而忽视正确投掷姿势的养成,也不要过度让幼儿追求距离,应帮助幼儿学习正确的挥臂投掷的基本动作。

雨伞下的"大带小"

观察对象:奕辰(幼儿1)、大一班幼儿(幼儿2)、瑶瑶(幼儿3)

观察时间:2021年4月27日上午8:15—8:35

观察场景:小班窗台和过道旁的银杏树上拉起了一条长3米的麻绳,上面悬挂两把透明伞,红色呼啦圈按照远近距离摆放,管理员瑶瑶在一旁负责计分。

幼儿3站在小篓子面前吆喝道:"快来玩投掷啊!需要的到我这里来拿球哦!"幼儿1伸手往篓子里拿出一个球,身子斜着后退,双脚站立到红色圈内,双脚并拢屈膝,右手拿球往上抛,球砸到了雨伞边缘弹跳出来。幼儿3说:"没有进球,不得分!"幼儿1小嘴嘟囔着:"我这一次肯定能成功,看我的吧!"于是他将脚底下的圈往雨伞的方向挪了挪,距离雨伞两米远的时候,将球往上一抛,小球正好落到伞里。幼儿3鼓掌说:"太棒啦!你再试一试远一点的呢?"这时幼儿2走过来,从地上捡起小球站在最后面的红圈内屈膝投掷,第一次没进球,他看了看教师,双手打开耸耸肩。教师示意他再来一次,他从幼儿3手里接过两个球,左右手各拿一个说:"看我的旋风左右手!"右手拿的球投进了伞内,左手投的球从伞尖划过落地。幼儿2捡起地上的小球退回到圈内,将圈往后方移动了30厘米的距离后又开始对准伞面投掷。

幼儿1站在幼儿2旁边,两人并排下蹲投掷(图2.6.27),幼儿2投进后拍手说:"耶!"幼儿3说:"你这个也不是很厉害啊,我们还有人投3分球呢。"幼儿2回答:"你在开玩笑吗?我又不是投篮高手,但我可以试一试!""那你往后站,站在最远的圈投,我给你算分!"幼儿3将手里的两个球递给幼儿2,幼儿1则在一旁喊加油。幼儿2连续投进两个"3分球",幼儿1说:"你是哪个班的,你怎么这么厉害啊!"幼儿2说:"我是大一班的,我比你高所以更容易一点,我也可以教你啊!"幼儿1拍手跳着说:"大哥哥教我,我要认真学!"

幼儿1站在圈内,幼儿2站在幼儿1身侧教他投球(图2.6.28)。幼儿2说:"再低一点,腿弯曲,再低一点,看着一点前面的伞,瞄准!投!"球从伞的侧面划过。"没关系的,我们再试一次,你等一会投高一点,你刚才投得太矮了,所以没成功!"幼儿2拍拍幼儿1的肩膀说:"双腿并拢,我抓着你的手,投的时候你可以跳一下,试一试吧!"球到伞里后弹出来。"哎,可惜了!你让一下,我给你示范一次,你好好学,看好我是怎么做的。"幼儿2将球投进伞里,球却反弹出来。"没事的,教练,你再试一次,刚才出现了一点小失误。"幼儿3看着球说。幼儿2再次尝试,又连续投了四个"3分球"。

图2.6.27　蹲下身投球　　　图2.6.28　"大带小"投球

分析与思考:

1. 尝试完近距离投掷后,幼儿有了挑战的勇气,敢于尝试不同距离与高度的投掷任务,有的幼儿晃动伞面,给活动增添了些许难度。

2. 幼儿自发形成"大带小"的同伴组合,对于大班幼儿而言,高度与力量上占有优势,因此更加容易投掷。大班幼儿对投掷类动作也更加熟练,可以作为"教练"帮助中班弟弟妹妹习得动作技能。

3. 幼儿在投掷过程中出现各种各样的"小插曲",但幼儿间互相鼓励与肯定,友好相处,使得活动充满温情。

4. 场地位于小班后门口,位置狭长,适合长距离投掷,但旁边的自然角木架与灌木丛给捡球的工作人员增加了很多"麻烦"。

活动改进:

1. 活动调整到中班后门口,保证小班后门过道的通畅,利用中班门口的银杏树,增加投掷高度,使活动更具层次性与挑战性。

2. 提供更多的无固定功能材料,让幼儿大胆探索不同玩法。如幼儿可以玩"撑伞躲闪"活动。

【案例反思】

1. 运用生活材料,满足幼儿自主活动的需求

本次混龄晨锻活动材料的选择来源于幼儿生活中废旧雨伞与麻绳,借助幼

儿园已有的物质资源,教师利用教育机制为幼儿创设新的活动情境,引导幼儿自主摆放材料、制定活动规则以及增加管理员角色来参与活动,最大限度地保证了幼儿活动的自主权与主动权,使幼儿成为晨锻活动的主人。

2. 探究不同玩法,促进幼儿投掷水平的提升

教师设置此活动的初衷在于锻炼幼儿"掷远"与"掷准"的能力,重点在于锻炼幼儿的挥臂动作与转体动作。在投掷过程中,不同年龄段幼儿呈现出不同的能力差异,中班幼儿能够单手肩上投掷,双手相互投掷;大班幼儿能够协调投掷,向各个方向投掷。但在实际活动过程中,有的幼儿会往上抛球,有的会转动雨伞,让投掷难度更大一些,均从客观角度反映了幼儿的投掷水平。

3. 鼓励同伴竞赛,发展"大带小"的伙伴意识

在混龄晨锻活动中,大班幼儿会带着中班幼儿一起玩,常表现为大班幼儿作为示范者、共玩者的角色进行活动。在此活动中大班幼儿能根据自己的投掷经验"教一教"中班的弟弟妹妹,亲身示范、手把手教动作,他们具有耐心,当弟弟妹妹投掷成功后会产生莫大的自豪感。

(案例提供:葛庆)

第三章

共享游戏活动

自2017年10月起,我园深入挖掘幼儿园的公共资源,组织开展了共享游戏活动的实践探究,试图通过共享游戏活动拓展班级的界限,探究同龄跨班、异龄混班间的互动交流、合作情况等,建立同龄、混龄伙伴间的平等、交往、包容、共生关系。在调研幼儿对混龄区域游戏的意愿、想法以及教师指导的情况反馈中,借助室内外各游戏区域推进共享游戏活动的发展,梳理百幼共享游戏活动故事,初步实现"伙伴共生、完整儿童"的办园目标,以及"与伴共玩、与伴共享、与伴共生"的教育主张。

第一节　共享游戏活动的价值定位

幼儿园共享游戏是在伙伴课程理念引领下,3～6岁不同年龄段幼儿自由选择活动内容、活动区域、活动材料,在与环境、材料、同伴与教师的互动中获得身心和谐发展的一种活动形式,它强调幼儿在不同场域内的自主体验、科学探究与同伴交往[1]。"共享"是一种游戏组织形式,是同龄和异龄幼儿间共同参与、共同享受、共同成长的过程。幼儿园共享游戏活动以区域游戏为重要载体,分为室内与户外两种形式,以满足不同年龄段幼儿的发展与同伴交往。在对共享游戏不断地摸索中,我园教师加深了对于共享游戏活动的教育价值的理解。

一、共享游戏活动能有效地促进幼儿言行的发展

不同年龄的幼儿一起游戏,为幼儿提供了更多观察学习他人的机会,尤其在言语和行为方面,幼儿观察到他人某种言行时,会产生强化的体验,并做出相应的反应。

对年幼幼儿而言,在游戏过程中,他们与年长幼儿交往与合作,观察学习乃至模仿年长幼儿的语言,然后按照自己的表达方式把语言信息加以改变和重新组合,形成自己的语言体系,从而提高他们的语言能力。年幼幼儿通过观察年长幼儿对人待事的态度和行为,也会逐渐模仿并习得这种态度和行为,有助于他们形成良好的行为习惯。

对年长幼儿而言,在游戏过程中,他们因自身的荣誉感和社会责任感等,会表现出较高水平的自觉性和意志行为,学会协调自己与他人的认识,学会理解和帮助他人,尤其是对年幼幼儿表示关心和提供帮助,通过纠正年幼幼儿的语言或行为的不当,也使其自身的语言、行为能力得到强化和发展。

二、共享游戏活动能更好地促进幼儿情感的发展

不同年龄的幼儿一起游戏,增强了游戏的复杂性和层次性,这种游戏环境为

---

[1] 赵丽君,刘云艳.混龄教育的理论基础及实践价值[J].幼儿教育,2006(2):4-5.

幼儿情感的发展提供了动力和源泉。在不同的游戏情境中，幼儿的情绪情感趋向丰富性、深入性与多样性，幼儿的自我意识更加明显。在游戏中遇到矛盾冲突时，能不断地将自己的消极情绪向积极情绪转化。

对年幼幼儿而言，他们体验到了对年长幼儿的尊重、敬畏，同时年长幼儿的积极行为为他们提供了正面的良好榜样，并由于年龄相近而更具有感染力。因而，年幼幼儿通过与年长幼儿的沟通，可逐步克服自己的消极情感，增强其对积极情感的灵敏性和对消极情感的承受能力，锻炼情感控制能力。

对年长幼儿而言，他们体验到了对年幼幼儿的爱护，同时年长幼儿也因榜样的自我心理作用，愿意在与年幼幼儿的沟通过程中自觉展现积极情感。教师通过对年长幼儿积极的监督和引导，帮助其增强对积极情感的认同和渴望。

三、共享游戏活动能更有效地提高幼儿的合作能力

不同年龄段的幼儿混合在一起游戏，宛如一个社会的小雏形，这无疑扩大了他们的交往范围。他们积极主动配合，通过分工合作，协商性地解决问题，从而确保活动顺利进行，这一过程也是强化幼儿的合作意识、提高幼儿的合作能力的过程。

对于年幼幼儿而言，由于向师性和榜样作用，他们更愿意和年长幼儿一起游戏，这使他们有更多的机会向年长幼儿学习，得到年长幼儿的帮助，减少了竞争的压力。通过游戏，他们发现与同伴分工合作能更有趣也更容易解决问题，这就使得他们乐意与他人合作，提高了合作交往的能力。

对于年长幼儿而言，在游戏过程中，他们带动和帮助年幼幼儿一起游戏，幼儿间有了真正的互动、合作，这也使他们感到特别快乐和自信。就这样，合作的意识与行动在不经意间自然地实现并得到巩固，合作能力也在不经意间自然地提高。

户外建构游戏：嗨！别太孤单

两名中班的哥哥和一名小班的弟弟相约在蓝天下一起玩户外建构游戏，他们兴趣高涨、心情愉悦。透着阳光的蓝顶帐篷下方有两筐满满当当的EPP积木、两筐纸盒积木、若干塑料杯子，它们在阳光的照射下，五颜六色，甚是好看。三名幼儿就这样愉快地开启了他们的"建筑之路"。

小小搬运工

小班弟弟正蹲着试图将几个正方形积木拼接起来，这样的动作持续了三分钟，他望了望四周的情形以及身边的哥哥，不假思索地站了起来，拿起刚才拼了一半的积木开始向远处抛接，自顾自地玩了起来，时不时还用脚去踢。此时，哥哥A回头对他说："喂，不要再玩啦。"话音刚落，一把将弟弟手中剩余的积木抱走，并说："我要搭一个大楼梯，你帮我拿正方形，可以吧？"弟弟听了哥哥A的话以后，停下了自己原本玩得不亦乐乎的小游戏，蹲下身组装地上的正方形积木，边做边说："我要把它变长。"接着，他便把自己组装好的一摞正方形积木运到哥哥的身边，一趟、两趟、三趟，"小小搬运工"一直在运（图3.1.1）。

图 3.1.1

齐心协力来修桥

哥哥A对他说道："好了，够了够了。"弟弟停了下来，回到原来的位置，又拼了几块长方形，自言自语："我要几块长方形，搭一个城堡。"此时，哥哥A听到了弟弟说的话，转头对弟弟说："你不要自己搭城堡，搭这边的。"哥哥A边说边指了指他们正在搭建的物体。就在这时，哥哥B身后的一处高的积木向后倾倒了，蹲在地上的弟弟见状开始放声大笑，边指着边对哥哥A说："哈哈哈，你们桥都断了。"哥哥A听了弟弟满是嬉笑的语气，对弟弟说："你可别小看那个哥哥，那个哥哥很厉害的。"而此时的弟弟还在重复着说："哈哈哈，桥都断了。"手中继续琢磨着自己的城堡。此时，哥哥A蹲下身直接抱过弟弟手中的长方形积木说："你别太单独好不好，我们必须要同心协力。"弟弟听了哥哥A的话，回答："那好吧，我来帮你，我可是修桥高手。"于是，开始在地上组装积木运给哥哥们（图3.1.2）。不一会儿，桥面修好了。

图 3.1.2

我为锄头来安家

眼看着"大房子"逐渐完工,弟弟独自一个人做了一个锄头,哥哥B说锄头只能用来破坏房子,不需要用到它,弟弟露出失落的神情,被哥哥A看到了,这时的哥哥A说:"我们可以做一块小田地放在房子里,让弟弟来种地。"于是,在他们大大的房子中心出现了一块正方形"田地"。参见图3.1.3。不仅如此,哥哥A还在大房子的一面墙壁上预留出了一个空白区域,刚好将弟弟做的锄头悬挂在上面,他亲切地对弟弟说:"这里是给你放锄头的地方,你不用的时候就可以挂在上面。"一旁的弟弟看见哥哥为自己的小锄头"安家落户",不禁开心地蹦了起来。

图 3.1.3

建构游戏本身就需要幼儿间相互配合、相互合作才能完成任务,而小班幼儿往往喜欢独自或平行游戏,这时需要一个偶然的"契机"引发他们的合作意识。年长幼儿的搭建技巧与空间构思能力高于年幼幼儿,当年幼幼儿出现需求时,年长幼儿主动提供帮助,在混龄建构过程中大帮小、大教小、小促大,大小幼儿积极地互动,有效促进幼儿团队意识的形成。

(案例提供:王莹)

四、共享游戏活动能有效地促进幼儿自我效能感的提升

自我效能感是"人们对自身完成既定行为目标所需的行动过程的组织和执行能力的判断"。幼儿园实施共享游戏活动,对幼儿尤其是年长幼儿的自我效能感的提高有很大意义。在共享游戏活动过程中,不同发展水平的幼儿都找到了适合自己的情境,依据自己的选择去进行游戏。此时,年长幼儿能全身心地投入到活动中去,并且能体验到成功的喜悦,而成就感又进一步提高了他们的自信

心,这种循序渐进的过程使得年长幼儿创造性和实践能力得到大大的发展。创造性的增强和实践经验的丰富,使他们更准确地去推测自己能否完成某项活动,并付诸行动完成活动。

我的姐姐有小情绪了

本周共享游戏的第四天,函函姐姐和小森弟弟再次像前几天一样,分别一前一后走到了泥工区中。

沉默的姐弟

函函先坐下,捧了捧圆圆的脸蛋说:"我要做一个跟我一样可爱的小姐姐。"然后轻声哼着欢快的旋律,动手做了起来。小森则是默默在函函旁边找了一个座位,挨着姐姐,一言不发盯着姐姐看(图 3.1.4)。

就这样过了 5 分钟,函函终于转头看向小森:"你怎么又不自己做?"小森闻言微微眨了一下眼睛。面对小森无言的反应,函函大声叹了一口气,说道:"你怎么什么都不会啊?你不要总看着我,你要自己去学怎么做。"小森乖巧地点点头,然后望向眼前的操作材料,似乎在思考着应该如何去做。

图 3.1.4

此时函函的娃娃已经完成了身体部分,正在进行装饰,而小森弟弟却握着手中的黏土,还停留在思考阶段。"老师你快看,我用纱布给娃娃裹了一层裙子,是不是很好看!"教师用力拍拍手,夸道:"函函你太有创意了,可真能干!但是今天和你一起来的弟弟,好像……"教师伸出一节手指指了指弟弟的方向,挤挤眼睛暗示函函去看看。函函读懂了教师的暗示,撅着小嘴巴扭头转向小森。

"破冰"之旅

只见小森捏出了一个小小的肉色的"单眼怪",它的身体五五分,脸上只有一个又大又黑的眼睛和比眼睛还大的橙色嘴巴。"单眼怪"的出生似乎超越了函函自身的审美认知,她大喊道:"弟弟你做了什么!这么丑!"小森轻声说:"是外星人。"见图 3.1.5。

函函用手扶额、仰头长叹了一句:"我的天哪!"然后深吸了一口气,继续说:"算了算了,我就勉强帮你一下好了,你喜欢什么颜色?"全程"冷漠脸"的弟弟,此时此刻嘴角微微上扬,开心地说:"外星人要很酷,用绿色吧。"

图 3.1.5

函函两只小手快速、灵活地做好了一串绿色的项链。"哇！函函你这个项链太好看了，弟弟你觉得呢？"教师转头问弟弟，弟弟坚定地回答："对！"听到了两个人一唱一和式的称赞，函函做得更起劲了，她还拿着弟弟捏的鼻子说："你的鼻子搓细一点，不然它都要跟我的项链一样粗了。"终于两个人的作品都完成了，函函和小淼小心翼翼地把它们摆放在展示架上。

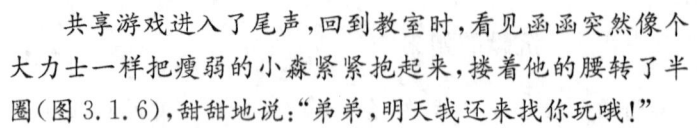

共享游戏进入了尾声，回到教室时，看见函函突然像个大力士一样把瘦弱的小淼紧紧抱起来，搂着他的腰转了半圈（图3.1.6），甜甜地说："弟弟，明天我还来找你玩哦！"

图 3.1.6

在和异龄伙伴的相互接触、共同游戏中，幼儿存在"自我中心"的倾向，在操作中他们的心理也发生着变化。在年长幼儿的带动下，年幼幼儿学会自己的事情自己做，增强独立性；在年幼幼儿的求助中，年长幼儿积极帮助同伴，增强责任感，不断丰富自己的社会性情感。

（案例提供：李想）

第二节 共享游戏活动的空间设置

空间,是与时间相联系的一种物质存在的客观形式,由长度、高度、宽度、大小表现出来。共享游戏活动空间的创设是间接影响儿童发展的途径之一,包括区域空间划分、精神环境创设及物质环境创设。我园的空间划分已经突破原有活动室的容纳量,多种学习功能区及室内外游戏区的设置保证了共享游戏活动有序、高效进行。

一、根据区域空间划分

我园共享游戏活动区域分为户外和室内空间。其中玩水区、玩沙区、运动区、丛林探险区、篮球区、小车区、写生区、大型建构、角色装扮区和生活区位于户外,而阅读区、表演区、泥塑区、七巧板区、机器人区位于幼儿园室内,以下为我园混龄共享区域场地分布图:

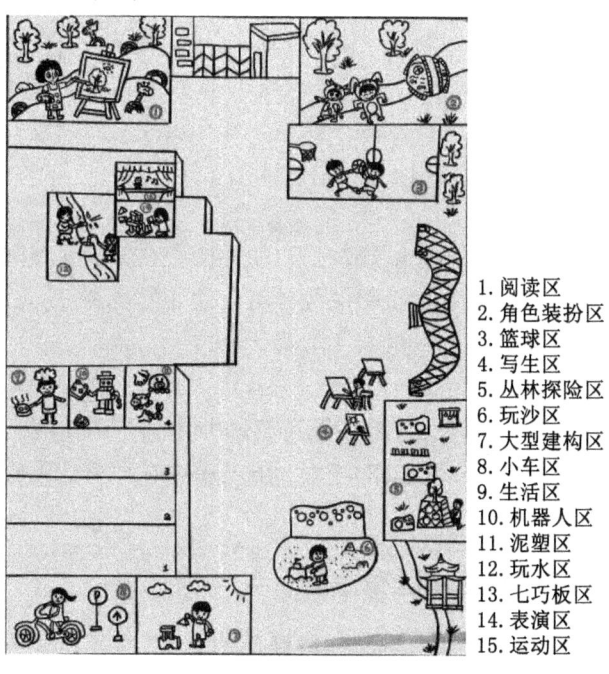

图 3.2.1 百幼混龄共享区域场地分布图

(一) 幼儿园户外共享游戏区域空间

户外共享游戏区是我园共享游戏空间设置中尤为重要的一环,游戏场地、游戏器械、游戏内容、游戏线路要符合幼儿的需求,提高幼儿的主动性、参与性和创造性。

1. 大面积活动场地

作为幼儿园的基础设施,主要有大型游戏器械、篮球场地、小车跑道,深受幼儿喜爱。在户外游戏场地,幼儿可以通过骑小车、打篮球、踢足球、玩彩带、追逐奔跑,促进身体动作的协调发展,为形成健康的体魄奠定基础。此空间作为户外共享游戏活动的主场地,具有宽阔性、无固定功能性的特点,幼儿可以从相应的材料放置区内选择材料自主游戏。

2. 出入口空间

主要用于满足幼儿进出室内和户外,是幼儿集中的交通要道,如大门口的玻璃门厅,其连接着户外篮球区和室内多功能活动室,内设有我园特色建筑物、园标、教师与幼儿活动照片墙,幼儿在区域内的活动剪影、计划以及表征等内容,是一个"与幼儿对话"的空间。

3. 绿化区域与边界空间

我园绿化以花草为主,乔灌木为辅,户外种植高大的乔木。幼儿在绿化区不仅可以进行一系列的科探类活动,也能避免阳光暴晒。幼儿在草地上奔跑、攀爬、躲藏,在林间穿梭嬉戏,在山坡上攀爬,在草坪上观察各类小昆虫……另外,幼儿园的空中平台也为幼儿提供了宽广的活动空间,缓解了城市用地的紧张。

我园在园内与园外的交界处种植了茂密的灌木丛,边界空间的利用扩大了幼儿的游戏空间,增强了整个游戏场的联系。如在边界空间设置"丛林探险区",既符合探险的特点,也充分利用了幼儿园的狭小空间。

4. 材料放置区

为了便于幼儿游戏时更好地取放材料,幼儿园会在相应区域附近的角落、过道、楼梯口放置移动材料箱。材料箱的设计符合幼儿的身高,幼儿可以自由取放材料,制定 6S 标签,加强了幼儿的自主管理。

5. 户外休息区

为了保证幼儿在户外游戏时能够得到充分的休息与调整,我园特在乔木树下设置临时座位。幼儿可自带水杯、汗巾、帽子、湿巾在此处休整,最大限度地满足幼儿的保育需求。

(二) 幼儿园室内共享游戏区域空间

室内游戏空间包括多功能游戏室,班级活动室,室内公共区域,与班级连接较近的走廊、墙裙、栏杆、过道等空间,以主体性和适宜性为创设原则,有效且巧妙地进行室内环境创设,使幼儿走进幼儿园便能感受到浓浓的游戏氛围,使其愿意参与到共享游戏中来。

1. 多功能游戏室

幼儿园多功能活动室既是一个有准备的、丰富的、精心设计的、有序的环境,又是一个开放的、变化的、有多种探索发现机会的环境。如,图书室,幼儿可以阅读绘本,对于其认知能力、观察能力、沟通能力、想象力等都有非常大的促进作用。如,科学发现室,所设内容以幼儿能够动手操作、演示为原则,有利于培养幼儿学习的主动性。

2. 班级活动室

幼儿园班级活动室是幼儿生活的具体环境,是幼儿在家庭之外最先接触的生活环境,也是幼儿学习和游戏的主要活动场所。活动室内供幼儿游戏的区角很多,区角的多样性大大调动了幼儿参与游戏的兴趣。班级活动室的游戏内容可以根据幼儿的兴趣、需要随时更换,是幼儿游戏的"主战场"。

3. 室内公共区域

幼儿园公共区域环境性质应该是开放性的,让幼儿在环境中能够与同伴玩耍,同时学会尊重与合作。我园在公共区域根据幼儿的需求和愿望来设置娃娃家、医院、超市等区角,打破幼儿年龄的界限,拓宽游戏的空间和范围,丰富了游戏的内容和形式,更扩大了幼儿的交往范围。

4. 走廊、墙裙、栏杆与过道等

我们将幼儿在共享游戏中行为表现良好的照片、计划与思考表征等内容,布置在公共的走廊、墙裙、楼梯栏杆及过道,供幼儿欣赏和交流作品,支持幼儿在潜移默化中去效仿、学习。

二、根据现实条件划分

我园是一所花园式园(所),地形平坦,园(所)外围由池塘、山坡、草丛、树林组合而成,环境优美,内有多种植物、动物、沙石、水资源。园内设有美工坊、科发室、图书室等功能室,满足幼儿的综合发展。

(一)因地形开拓的空间

幼儿园有较为宽阔的操场,通过与幼儿讨论,与老师协商,我们将操场作为户外运动游戏的主阵地。幼儿园有外围山坡,借助山坡地势,形成丛林探险区,并将丛林探险区分为大型钻网区、野战训练区及地雷战区。幼儿在高低不平的山坡上自由探索,过独木桥、钻山洞、爬网、挖地雷……他们踏着泥土与飘落的树叶,发出"滋滋啦啦"的声响,伴随幼儿的欢呼声,赋予了丛林探险区奇妙的吸引力。

（二）因资源开拓的空间

我园有较为丰富的蔬菜资源、树木资源、花卉资源、水资源和沙石资源,为了充分挖掘资源的教育价值,我园开拓了与之相关联的自然角、玩水区、玩沙区、泥塑区与写生区。"紫藤花"是我园较有特色的花卉资源,写生区便创设于紫藤花长廊下。幼儿喜欢背着画板,坐在长廊阴凉处,拿着画笔在白纸上描绘紫藤花的色彩与造型。春天,紫藤花香味扑鼻,引来了飞舞的蜜蜂和蝴蝶,这种景象无疑为写生区的作品增添了几分神韵。

玩水区是由原来的按压式水井与小池塘改造而成,利用旋转式抽水机将水循环使用。幼儿通过动手操作,感受水流的压力、漩涡及动能,自主开展了一系列的科探类共享游戏活动,如,浮力船、水中开花、沉与浮等。

好玩的压水井

玩水区以水为主要游戏载体,水蕴含着丰富的游戏价值与科探价值。幼儿通过与水游戏,如打水仗,亲自感知、亲身体验,充分感受玩水的乐趣;通过与水做实验,探知水的秘密,如结冰实验、浮力实验、流动实验等,从而提高了幼儿的探究能力;通过生活认知,探究水的作用,如浇花、洗涮,以游戏形式促进幼儿探究生活,感受水的魅力。如图3.2.2～图3.2.4所示。

幼儿1:"老师,这里怎么压不出水?"

幼儿1一直朝着压水井的出口处往里面看,她叫来旁边的几个小朋友,请他们帮忙。几个孩子围着四方压水井看了又看,有一个男生说:"下面这个盆子里没有水,我们需要先把它装满才行。"于是大家齐心协力地进行了运水……盆子里的水满了,四个人开心地使劲压水。

图3.2.2～图3.2.4 幼儿探究压水井的玩法

幼儿2:"中间的这个按钮用来干什么的?"然后他一按,水哗啦啦都流到下面的盆里了。

其余幼儿:"快看快看,这就像冲水马桶一样!这也太好玩了吧!我还想再来一次……"几个人轮流反复游戏多次,乐此不疲。

利用幼儿园现有的水资源以及相关材料,幼儿在这里与水亲密互动。幼儿天生就是自由者和探索者的角色,当他们和环境、和材料发生碰撞互动时,他们是在真正的学习,他们在接触自然生活事物中积累有益的直接经验和感性认识,能发现周围新奇有趣的事物或现象,共同寻找解决问题的方法。

(案例提供:王敏)

(三)因功能开拓的空间

我园结合不同区域的核心发展目标、园本资源以及教育功能共创设五大类共享游戏区域,分别为自然探索区、文艺体验区、益智与建构区、角色扮演区和户外运动区。五大区域又分割成不同数量的小功能区,以实现《指南》中教育目标的达成。

1. 自然探索区

包括玩沙区、玩水区和丛林探险区。幼儿对自然材料(沙、泥、水)感兴趣,有强烈的探究欲望,并渴望运用多种感官探索环境中的事物或现象。幼儿动手动脑,从不同角度观察、分析、思考问题或现象,并以此发展推理与迁移能力。

玩沙区:

(1)了解沙的特性,在与玩沙区的环境、材料、同伴有效的互动中,建构自己的学习空间,促进交往能力、动手建构能力的提升。

(2)愿意主动与同伴交往,包容同伴,分享材料,在游戏中能友好相处,游戏时能与同伴分工合作,遇到困难能一起克服。

(3)会运用自我介绍、交换玩具等简单技巧加入同伴游戏,愿意接受同伴的意见和建议。

玩水区:

(1)了解水的特性,能运用多种感官与玩水区环境、材料发生互动,动手动脑,探究问题。

(2)关注生活,愿意探究生活中水的作用,并乐意与同伴分享自己的感受。

(3)通过同伴间的游戏交往,增进同伴间伙伴互助与学习,发展自信、坚持、协调、自主等品格。

丛林探险区:

(1)探索丛林的奥秘,主动与不同年龄幼儿共同探究丛林中的生态现象。

(2)乐意记录、表征和表达自己的发现,尝试计划与分享经验。

(3)通过互相鼓励、互相分享、互相合作,体验挑战成功带来的快乐。

2. 文艺体验区

包括阅读区、表演区、写生区和泥塑区。幼儿选择自己感兴趣的方式(文字、绘画、图片或视频)记录并表征自己的情感与想象,能产生与作品主题相一致的感觉与情绪,并大胆表达。

阅读区:

(1) 能主动邀请小朋友一起选择喜欢的阅读材料,与同伴友好协商、合作。

(2) 能操作各种阅读材料,知道一页一页翻书,不损坏图书,阅读结束后能将材料摆放整齐。

(3) 尝试记录,体验与不同小朋友一起合作的快乐。

表演区:

(1) 尝试同伴间自主规划游戏计划,自主选择同伴和表演内容。

(2) 与同伴协商表演角色、组合队形、分配服装,大胆表述自己的想法。

(3) 感受和不同年龄、不同班级伙伴合作表演的成就感与合作游戏的愉快感。

写生区:

(1) 能够运用各种材料表达艺术的美,用色彩进行创意装饰。

(2) 对色彩搭配创意涂鸦感兴趣,大胆图画。

(3) 了解写生活动的基本规则,观察自己喜欢的一角并用画笔表达。

(4) 愿意在集体或小组中与同伴分享交流自己的作品与想法。

泥塑区:

(1) 通过观察、讨论,发现泥塑造型的特点,并愿意大胆表达。

(2) 能综合使用搓、按、压、团、卷、揉等技法,制作泥工造型。

(3) 知道泥塑的简单知识,喜欢泥塑活动,大胆创意。遇到困难时能够互相帮助,解决困难。

3. 益智与建构区

其中包括七巧板区、机器人区和大型建构区。幼儿在动手搭建之前能和同伴共同商议活动主题,制订计划表,尝试不同的建构技巧。在搭建过程中遇到困难,尝试与同伴共同解决,并能按照计划表进行建构。

七巧板区:

(1) 了解七巧板的组成,通过观察和操作,理解图形之间的简单关系。

(2) 尝试将平面几何图形无间隙拼搭组合,创造出各种图形图案。

(3) 在动手动脑的过程中提升与同伴的交往合作意识、创新意识,感受玩七巧板的乐趣。

机器人区:

(1) 能够和同伴分享玩具、友好相处,共同商量搭建主题。

(2) 认识各种形状的主材和辅材,知道简单的乐高搭建的方法。

(3) 通过和同伴合作搭建,锻炼手眼协调能力、语言表达能力、逻辑思维能力和创造力。

大型建构区：

（1）能够与来自不同班级的伙伴友好相处，遵守共同制订的建构规则，能够用一些交往技巧加入同伴的建构游戏，愿意在建构中出主意、想方法。

（2）能有目的、有主题地做计划，并按计划进行建构，能够依据不同的建构内容选择相应的材料，使用基本的建构技能（延伸、叠高、架空、围合、对称）进行综合建构。

（3）喜欢和不同伙伴合作建构，感受挑战成功的乐趣，为合作搭建成果感到高兴和自豪。

4. 角色扮演区

其中包括角色装扮区、生活区和交通区。幼儿选择自己感兴趣的角色进行扮演和表演，了解作品的主题思想，按照情节和人物对话、动作等进行创造性游戏，体会与同伴共同游戏的乐趣。

角色装扮区：

（1）尝试利用各种材料模仿大人生活，体验角色游戏的快乐。

（2）积极主动与同伴交往，在交往中互相配合，学习礼貌用语。

（3）能够多感官投入情境扮演中，大胆表达自己的想法与需求。

生活区：

（1）了解生活区与日常生活相关的劳动工具、食物制作材料及节日特色食物。

（2）尝试按季节和节日特点制作相关的食物，能适当参与活动前准备和活动后的整理工作。

（3）通过自己及与同伴学习、交流、互助完成食物的制作，体验制作过程中的不易与乐趣。

交通区：

（1）了解小车的种类，在游戏开展前能和同伴结对，有序拿取，游戏结束后知道按照"牌照"停放。

（2）能遵守道路规则，认识道路标志；能够进入情境与同伴积极互动，进行有趣的角色游戏。

（3）尝试不同形式的"车带人"，组建专属"车队"进行各类游戏，体会与同伴合作骑行的乐趣。

5. 户外运动区

其中包括足球区和篮球区。幼儿通过参与各种户外运动，积累运动经验，尝试更多基本的和创造性的运动方法，在活动中能遵守集体游戏规则，会选择自己喜欢的同伴共同参与竞赛类体育运动。

运动区：

（1）能够礼貌地发起或接受伙伴的邀请，感受同伴间游戏时的友好关系。

（2）培养对运动区游戏的兴趣，增强动作的协调性和灵活性，提高身体素质。

（3）在活动中合作、谦让、遵守规则，敢于克服困难。

（4）能心情愉悦地参与活动，感受游戏的乐趣。

篮球区：

（1）尝试单手拍球、伙伴间传球、学会双手投篮，了解篮球规则，尝试进行3v3篮球对抗。

（2）在与伙伴进行篮球游戏的过程中，学会交流与分析，沉浸在团队篮球的乐趣中。

（3）学会信任伙伴，包容伙伴的失误，鼓励伙伴进行团结游戏，在投篮等过程中收获自我的成就感和愉悦的游戏体验。

三、根据精神环境划分

幼儿园的精神环境主要指幼儿园的人际关系及一般的心理气氛，如教师与幼儿、幼儿与幼儿、教师与教师间的相互作用。《指南》提出："营造温暖、轻松的心理环境，让幼儿形成安全感与信赖感。"精神环境是隐形的，却直接影响着幼儿的情感、交往和个性的发展。创设精神环境主要包括创设良好的人际环境，以及形成良好的一般日常规则与行为标准。

1. 情绪角：游戏宣泄的空间

情绪情感在儿童心理发展中有着重要的作用。良好的情绪情感不仅有助于儿童积极的人格、个性品质的形成，还有助于激发儿童学习的兴趣与欲望，并为其良好的社会性交往提供动力基础。相反，消极的情绪，如紧张、恐惧、忧郁和烦恼等往往使儿童处于压抑之中，从而降低其学习的积极性和主动性，同时影响到同伴交往的质量。设置情绪角，幼儿可以在此处发泄自己的多余精力与消极情绪，通过运动、益智类活动平缓心情。如，在玩沙区，充分利用幼儿园的自然资源开辟出与自然和谐共生的角落，幼儿在与植物、动物、沙、水、石头等的互动中调节情绪。

2. 和平区：解决冲突的空间

幼儿在游戏时常常因为争抢玩具、意见不合产生冲突，这是幼儿人际交往发展的重要契机。当幼儿间发生矛盾或冲突时，应指导幼儿用协商、交换、轮流玩、合作的方式解决冲突，此刻便需要一个温馨且安静的空间，使幼儿能够独立处理好矛盾冲突。如，在足球区、小车区提供"空白椅"，当幼儿发生矛盾冲突时可坐下等待心情平复后商量解决问题的办法，再投入下一轮游戏中。

3. 耐心线：学会等待的空间

游戏中，无论是等待游戏，还是在学习新东西时克服沮丧感，这些随处可见的情境都在帮助幼儿培养耐心。幼儿的自我调节是对思维、行动和情绪有意识的控制。当幼儿掌握良好的自我调节能力,如,学会等待和延迟满足感,他们就能更好地控制自己一时的冲动反应。通过设置耐心线,能够延迟满足,使幼儿学会遵守游戏规则,提升自我控制能力。如,幼儿参与表演区游戏时,常常因为观众过多需要排队入场,由此会产生拥挤、推搡或插队的不良行为。为此可在人多的时候设置耐心线,既满足了有序排队,又能促进幼儿的自我管理。

4. 私话屋：秘密交流的空间

幼儿在成长过程中会产生各种心理需要：安全需要、独立需要、自主的需要、尊重的需要等。心理学家认为：五岁左右的幼儿开始有许多"小秘密",需要有自己的空间和世界。他们会非常希望暂时躲开成人的视线、摆脱成人的约束,说一些自己喜欢说的话、做一些自己想要做的事。因此,从幼儿的心理需要出发,我们尝试创设一个独立的、相对自由的、隐秘的私人空间,如在户外装扮区设置一个"伙伴共话屋",以满足幼儿的心理需求,促进幼儿心理的健康发展。

5. 自主圈：愉悦的心理空间

教师的态度和管理方式应有助于幼儿形成安全、温馨的心理环境。在共享游戏活动中,教师应充分尊重幼儿的主体地位,允许幼儿选择自己想玩的区域、材料、同伴进行游戏,教师应作为旁观者,将游戏的选择权、互动权、评价权交予幼儿。

Hello,"泥"好！

初探"陶泥"小人

童童和优优来到了泥塑区,童童说："优优,我们今天一起来捏一个吧?"优优说："我想捏一个小人。"于是她们开始分工合作,她俩分别从放陶土的水缸中拿了一袋陶土。优优用手抓出一大团陶泥,开始放在掌心,用两只手揉搓,差不多成圆后,把圆团放在陶土木板上,用手又揪出一小块的陶泥,放在板上,用后掌按压了几次后,把压扁的陶泥放在了刚才的圆团上,接着用同样的方法压扁了两块,一起轻轻地放在了圆团上,然后用大拇指和中指轻轻地摸、捏,慢慢地头发就出来了。

童童看见优优做了头后,对她说："那我就做身体吧。"优优同意地点点头。揪出一大块搓出粗粗的圆柱,然后又揪出小一点的陶泥,搓成细一些的长长的圆柱,把它们都放在板上,然后童童跑到旁边的桌子上找到了掏泥的工具,用手抓住一头,另一只手拿着工具一点一点地掏泥。突然另一头断了,她又重新揪出一点陶泥补了上去,就这样一边掏,一边用手捏出了袖子的模样。然后把袖子和身体黏在一起。

最后两人各自做的部分拼接在一起,却发现站不住,于是她们又再次添加了黏土,想要把身体做粗一些,但是发现站不稳,这时候优优提出来："底下不平,我们把底下抹平一些。"于是她们专注于把底座捏得更加稳固,并用小刀工具刻出眼睛、鼻子和嘴巴。

优优在做完之后,跑到了丛林处看别人用地上的叶子做装饰,于是她也摘了一些花卉植物,还叫上了童童一起摘,将叶子作为衣服,花朵当作夹子,这样,漂亮的陶泥小人就捏好了(图3.2.5~图3.2.7)。

图3.2.5~图3.2.7 制作漂亮的陶泥小人

制作"陶泥"爱心杯

大萌一来到泥塑区,就去拿陶土、制作板,按照之前在区域里尝试的方法,一步一步进行陶泥制作。她首先取泥开始团圆,然后找到擀面棍在圆上压扁,然后又取泥,在制作板上单手来回的搓成长条,将搓成的长条围在压扁的圆上,用大拇指和食指一点一点的把空隙捏密实。用同样的方法,大萌又搓出一个长条,这一次等到她准备继续往上捏紧的时候,她看到了底部有的地方已经裂开来了,她赶紧放下手中的长条,用手指继续去捏,可是她发现陶土已经干了,小手已经无法捏动它了。大萌这时转过身,对教师说:"老师,陶泥干了,我捏不起来了!"教师走了过去对她说:"干了可以怎样让它重新变软呢?"她低头想了一会:"可以用水。"教师点了点头。于是她去拿了喷水壶,往里面喷了些水后,发现陶泥重现变软了,她继续用小手捏了起来。

大萌发现捏陶土的过程中会出现这样的问题后,她会时不时往快要干的地方喷点水。最后大萌把搓好的长条变成了杯子的扶手,之后又给杯子添加立体的爱心装饰(图3.2.8~图3.2.9)。

图3.2.8~图3.2.9 制作陶泥爱心杯

泥塑区的挑战

"我们还可以做些什么呢?""老师,我还想做更难的。"孩子们在尝试泥塑的过程中积累了许多经验,并希望能挑战更难的作品,也提出了合作塑形的想法。根据幼儿的需求,教师在泥塑区投放了一些兵马俑泥塑作品的图片(图 3.2.10),鼓励幼儿在欣赏的同时也可以模仿其形态的构造。

若瑜来到陶土区后,看到这些照片说:"这个小人好可爱呀!和我们之前做的不一样。"于是她拿了一袋陶土,开始取泥,首先在制作木板上捏出简单的两个小人,正准备拿给教师看的时候,旁边的修玥说:"我们做一个饭桌吧,让他们在上面吃饭。"若瑜对她说:"好呀,那我来做饭桌。"修玥说:"那我做个板凳让他们坐在上面。"于是她们两个开始取泥,各自做自己的陶土,过了一会她们把自己做好的放在了桌子上。"还少些什么?"修玥说道。"我知道了,我们平时吃饭都有碗和水杯的。"

有了这样的对话,她们开始继续捏水杯、碗,还有椅子,若瑜取泥搓成了圆后,两只手的食指放在下端,两个大拇指从上方进入,把圆掏出了一个洞,然后把陶泥放在桌上,一只手扶着陶泥,一只手的食指一点点地抹开里面,让里面变得更加平滑。就这样一群小人"吃饭"的作品就完成了(图 3.2.11)。

图 3.2.10　兵马俑泥塑作品　　图 3.2.11　泥塑小人"吃饭"

在泥塑区,教师始终追随幼儿的步伐,当幼儿出现问题时,鼓励其自主探索,并采用语言引导、材料提供的方法满足其不断探索的内在需求。

(案例提供:黄志敏、叶娅楠)

第三节 共享游戏活动的行动线索

共享游戏的行动线索是实施共享游戏活动的形式与方法,是静态的活动计划、目标、准备等,与师幼共同参与动态活动的相互转化。共享游戏活动的主体是幼儿,因此共享游戏活动的行动线索是遵循幼儿思维逻辑特点和行动逻辑特点开展的。

小班幼儿(3~4岁)的思维特点是直接行动思维,这种思维方式有两个最突出的特点,一是离不开思维的对象,即物体不能离开,凭空不能思维;二是离不开操纵或摆弄实物的动作。中班幼儿(4~5岁)的思维特点是具体形象思维,此阶段的幼儿在思考和解决问题时可以摆脱动作和动作对象,他们能够做到这一点所依靠的工具叫表象。大班幼儿(5~6岁)的思维特点是以具体形象思维为主,初步出现抽象逻辑思维特征。幼儿在这个阶段能对因果关系的复杂性有自己的判断,能用语言下一定的结论,能进行一定的概括,且能用概念进行判断、推理。

幼儿的思维特点决定了幼儿行动逻辑——幼儿在活动前参与环境、材料准备,做活动计划准备;活动过程中明确活动目的,选择活动的方式方法,并在学习过程中进行自我监督;活动结束后能够回顾活动过程,获得经验的提升。放眼幼儿的和谐发展,我园在摸索、实践、总结、反思后,梳理出了在共享游戏活动前、中、后幼儿的行动线索。

一、共享游戏前,幼儿共同参与的准备

(一)前期经验准备

在游戏中,幼儿会按照自己的兴趣和愿望去接收外部环境的信息,并进行加工,促进认知的发展。共享游戏活动面向不同班级、不同年级的幼儿,他们的经验、兴趣各有不同,教师可通过调查问卷、谈话活动等方式,提前了解不同年龄段幼儿在日常活动中获得的已有认知经验和兴趣点,为后续的活动开展做铺垫,也使得共享游戏活动的开展更有抓手和方向。

如在户外建构区活动中,老师连续观察幼儿的建构活动,判断幼儿已经具备

的建构能力水平。同时发放调查问卷(见表3.3.1),调查幼儿心目中的户外建构区,以及幼儿在户外建构区里想玩什么游戏,需要增设什么材料,为建构主题的开展和材料的收集做准备。

表3.3.1 户外建构区搭建前期调查问卷

户外建构区搭建前期调查问卷		
幼儿姓名	你想在户外建构区里搭建什么?	你觉得户外建构区里需要哪些材料?

经过已有的建构经验调查,发现幼儿喜欢在户外建构区的主题主要集中在:1.城市——城堡、道路、桥梁、游乐场等(占比85%);2.动物世界——恐龙世界、动物园、森林音乐会等(占比48%);3.身边的建筑——我们的小区、北京天安门、摩天大楼等(占比43%)。(见图3.3.1)

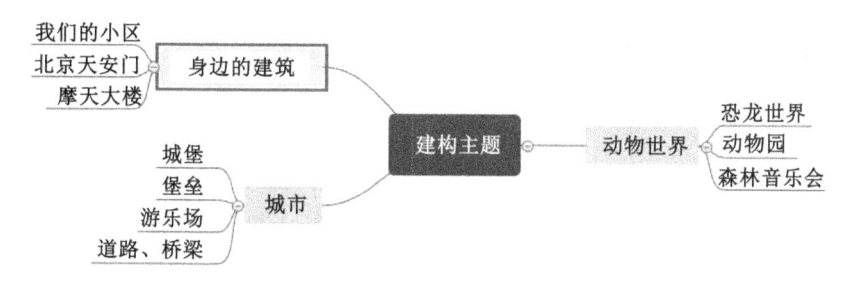

图3.3.1 户外建构区建构主题

幼儿想要增加的建构材料主要有:1.角色性材料——角色扮演服装、安全帽等;2.功能性材料——交通标识、瓶罐等辅助建构材料、花草树木;3.其他激励性材料——建构参考书、绘画笔、纸等。(见图3.3.2)

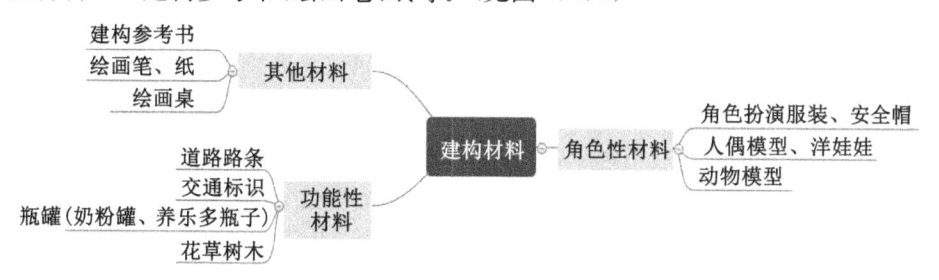

图3.3.2 户外建构区所需建构材料

(二)环境创设与材料准备

瑞士心理学家皮亚杰提出:儿童最好的学习状况来自积极地参与周围的环

境,环境对幼儿的认知具有激发性,使幼儿处于积极的探究状态。幼儿同伴群体是宝贵的教育资源,是环境创设的主人。幼儿在自由、宽松、愉快、平等的氛围中,在开放的交往中,获得情绪、情感的满足和社会性的发展。

游戏材料是共享游戏活动开展的物质基础,包括玩具、替代材料和辅助材料等。研究指出,当活动空间具有组织性时,幼儿有望自己决定怎样组织活动材料。幼儿根据游戏的需要,共同参与游戏材料的收集,既满足了幼儿参与游戏的主体地位,又激发了幼儿游戏的动机、促进幼儿游戏水平的提高。如,在玩水区中,在玩水活动之前,教师提前与幼儿进行谈话讨论:"玩水游戏时,可以用什么工具或玩具?"经过商讨,师幼共同搜集了多样化的玩水游戏材料:小班幼儿收集来小鸭子、水枪、船;中班幼儿收集水管、桶;大班幼儿收集竹片、水瓢等低结构、开放性的材料。幼儿参与材料收集,更能引发幼儿与材料间的互动。

所有材料除了要考虑到数量充足、安全卫生之外,还得考虑要放置在幼儿方便拿取的地方。同时,在游戏过程中,要根据幼儿的需求对材料进行适当调整和增减。

表 3.3.2

序号	材料种类	材料样式
1	喷水性材料	各式大小不一、长短不一的喷射性水枪、扳扣式水枪、喷壶式水枪等
2	容器类材料	水桶、水瓢、水盆、碗、瓶罐等
3	辅助性材料	雨衣、雨鞋、雨裤、雨伞、橡胶玩具、洗澡玩具、海洋球等

(三) 幼儿自主选择游戏

《指南》指出,幼儿具有自尊、自主、自信的表现,小班幼儿能根据自己的兴趣选择游戏或其他活动;中班幼儿能按自己的想法进行游戏和其他活动;大班幼儿能主动发起活动或在活动中出主意、想办法。幼儿自主选择共享游戏活动,体现了幼儿自由、自主的游戏精神。我们充分考虑班级幼儿人数、活动区域的数量以及每个区域的可容纳幼儿数,以保证幼儿活动的空间和密度。共享游戏开展前,教师会对接下来的游戏开展做好预告。幼儿利用入园自我服务时间段,根据自己的游戏需求和兴趣,以及标注可容纳人数的游戏牌选择游戏区域。若幼儿未能选到自己想要去的区域,教师一则引导幼儿选择第二喜欢或第三喜欢的区域,二则也可以通过伙伴班级幼儿的邀请,让幼儿参加其他区域游戏,体现游戏中规则与自主的统一。

二、共享游戏中，幼儿自主建构新经验

（一）认识新区域

在共享游戏开展之前，教师利用网络分享区域的视频、图片开展谈话活动，引导幼儿初步了解共享游戏活动各区域的名称、区域标识以及一些游戏材料。回班级后，伙伴交流分享话题"我知道的共享游戏活动区"，通过幼儿间的话题分享，整理幼儿经验。参见图3.3.3。

经过前期的关于游戏区域的标识、材料、玩法、地点、路线的铺垫，幼儿已经对幼儿园共享游戏活动区域分布有了一定的经验，大部分大班和中班的幼儿能够自行到自己选择的区域所在位置。幼儿进入共享游戏活动区域后，利用等待伙伴进入区域的时间，熟悉活动区域的空间布置、游戏材料以及来自不同班级和年级的伙伴。如，幼儿都进入区域后，教师和幼儿手拉手围成一个圆圈进行"结伴"，幼儿轮流介绍自己的姓名和班级，以便于大家相互认识。接着，采用"大带小"的形式，即高年龄段幼儿和低年龄段幼儿按照自己的意愿自由分组结伴，这样的结伴方式既能使幼儿认识本班伙伴之外的更多同伴，又能在"自然而然"的游戏中，发挥异龄同伴间的模仿和带领作用。在潜移默化中，满足了幼儿与不同年龄同伴交往的需要，也培养了幼儿的责任心和爱心。

图3.3.3 游戏开始前师幼关于区域场地的讨论

（二）制订游戏计划

中、大班的幼儿能在成人的帮助下，通过图画和其他符号记录、制订简单的计划并执行。教师组织幼儿游戏前的谈话，利用区域中的游戏展板或游戏话题介绍活动内容，如，游戏注意事项、游戏材料、前期伙伴作品及新授活动内容等（图3.3.4～图3.3.5）。之后，幼儿同伴在"大孩子"的引领下，进行小组成员分工，以及讨论和制订游戏主题和活动计划。由于不同区域的活动形式不一样，个

别区域可不做游戏计划。

图 3.3.4～图 3.3.5　师幼共同商讨游戏计划并进行表征

(三) 选择游戏伙伴

在共享游戏活动中,幼儿有对游戏支配和控制的权利和能力,幼儿按自己的方式进行游戏,选择合适的游戏材料和喜欢的游戏伙伴,在不受外界干扰的情况下自主、自由的操作;大胆地表达自己的意愿,获得同伴的认同;在与材料与伙伴的相互作用中,共同体验共享游戏活动带来的快乐,在游戏中增长知识和经验,获得综合能力的发展(图3.3.6～图3.3.7)。

图 3.3.6～图 3.3.7　幼儿选择游戏伙伴共同游戏

(四) 游戏经验分享

在共享游戏活动开展中途可依需进行 1～2 次关于问题探讨的经验分享。同伴之间的差异成为他们合作和学习的前提条件,这种差异的分享是幼儿间智慧的交流与碰撞、互补和再生的过程。如,当中班幼儿在建构过程中缺乏主动性、目的性,导致游戏无法继续进行时,大班同伴扮演着游戏"领导者"的角色,与中班弟弟妹妹分享自己的游戏经验(图 3.3.8)。

图 3.3.8　游戏后师友建构经验的分享

三、共享游戏后,幼儿分享游戏经验

(一) 自主收拾整理

著名教育家叶圣陶先生说过:"教育就是习惯的培养。"共享游戏活动结束后的收拾整理环节是共享游戏活动必不可少的一个环节,良好的收整习惯有利于培养幼儿的责任感,帮助幼儿养成爱整洁、生活有序、做事认真的良好生活习惯,以及自我管理和自我服务的意识。结合我园的"6S"管理理念,"有物必有家",所有材料都有相对应的标识和固定的位置。同时,我们提供了很多收整工具,如,拖车、箱子等,合作使用搬运工具能提高收整的效率。在共享游戏活动结束后,幼儿自主地收拾整理区域内的材料、器械,利用搬运工具将材料运输到材料架旁。部分大年龄段孩子和老师承担起归纳整理的任务,一起按照材料对应的标识,将材料归类摆放(图 3.3.9~图 3.3.10)。

图 3.3.9~图 3.3.10　游戏后幼儿自主收拾整理游戏材料

(二) 经验共享提升

活动后的分享环节非常重要，不仅有利于幼儿抒发游戏中的情绪体验，也能让其从零星的对话、讨论中，将所获得的零散经验系统化。幼儿的分享有现场分享和回班级分享两种方式。首先，现场分享。幼儿一起围坐到休息区，让身体得到放松。幼儿围绕教师抛出的话题，用言语表达的方式，情景再现式地讲述游戏中出现的趣事、问题、困难及解决方法。通过讨论交流游戏问题，幼儿自己建构了新的经验体系。其次，回班分享。幼儿安全回到班级后的这段时间，是幼儿之间相互学习的最佳时机，幼儿能够将在不同区域获得的游戏经验，和班级老师、同伴一起分享（图 3.3.11）。

图 3.3.11　幼儿游戏后的经验共享

(三) 共同制定公约

如何能让幼儿在遵守共享游戏活动规则的前提下，自由活动、自主选择，达到教师预期的教育成效，促使幼儿全面的发展呢？师幼共同制定游戏公约尤为重要。游戏公约是建立在尊重幼儿和自主的基础上的，大家商量后达成一致的约定。这个约定是有价值、有意义的。同时，这个约定是所有人都要遵守的约定，是循序渐进，可随着游戏的持续开展逐渐添加的。当然，游戏公约也是由幼儿完成的（图 3.3.12～图 3.3.13）。幼儿有能力通过语言表征，高年龄段幼儿还可用绘画表征来共同完成游戏公约。如，在户外运动区中，区域的负责教师在班级内与幼儿共同商讨户外运动区的游戏公约，其中"安全"是幼儿一致认为最为重要的,他们通过绘画的方式来表达"足球公约"(游戏人数、游戏规则以及何保护自己等)。

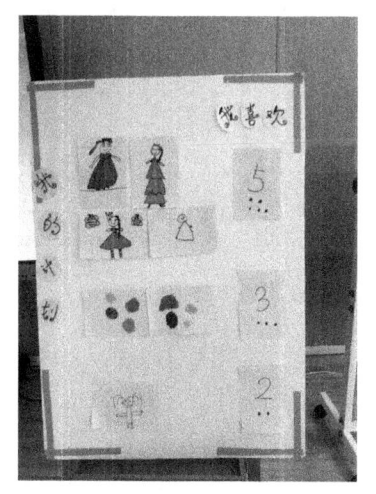

图 3.3.12～图 3.3.13　幼儿在游戏中制定公约

(四) 下一步游戏畅想

教师在共享游戏中,基于不同年龄段幼儿的关键经验制订游戏计划。根据幼儿每一次游戏中不同的行为表现、需求和存在的问题制订下一次的游戏计划。在幼儿的游戏中不断生成新的计划,游戏的开展具有延续性和推进性,更能满足幼儿的愿望和需求,避免游戏指导的盲目性和导演性。以玩水区为例,单一的喷水枪游戏使得幼儿感到疲倦,在下一次的游戏计划制订中,教师将引导幼儿探究周围材料,计划探索出更多有趣的游戏方式,若某些游戏区域间存在位置上的干扰,教师和幼儿会结合园内地理资源对游戏区域进行新的创设。

创设后的装扮区

基于对装扮区共享游戏中幼儿游戏现状的观察与分析,结合实际情况,教师将主动权还给幼儿,耐心倾听幼儿的想法,师幼共同商议关于装扮区创设的想法。最终,将活动地点由原来的幼儿园门卫室左侧小花园,延伸至幼儿园种植园走道。活动内容上,增加警察、医生、快递员等常见职业的服装道具,装扮氛围更浓郁。过家家游戏添置灶台、餐桌椅,情景更逼真。打击乐区提供多种低结构材料,方便幼儿自主选择、自制乐器。观赏区提供画纸、笔、幼儿相机,供幼儿自主游戏。(见图 3.3.14～图 3.3.15)

图 3.3.14～图 3.3.15　幼儿创设新的户外装扮区

创设后的混龄装扮区，各个游戏区域空间较大，相互不干扰，又可串联，幼儿活动范围得以延伸。游戏材料种类更丰富、层次性明显，使得幼儿选择性更多。同时，教师在活动之前会组织集体游戏，让幼儿之间相互熟悉。总之，创设后的装扮区提升了幼儿游戏兴趣，幼儿游戏积极性显著提高，不同年龄段幼儿之间语言、肢体动作交流增多，合作互动频率显著增加。

第四节 共享游戏活动中的教师作用

共享游戏活动中,教师起着什么样的作用呢?邱学青教授在《学前儿童游戏》一书中指出,教师在幼儿游戏的过程中主要有以下四个方面的作用[①]:

1. 为游戏的顺利开展做好准备工作,创设包括游戏经验、游戏时间、游戏环境等几方面的条件。
2. 观察游戏,了解游戏的发展情况。
3. 视游戏需要参与游戏,促进游戏的发展,参与介入的方式有平行式介入、交叉式介入、垂直式介入。
4. 根据游戏开展情况,引导幼儿分享、提升幼儿游戏经验,并为下次游戏做好准备。

我园共享游戏中,教师主要担任三个方面的角色:安全维护者、组织指导者、游戏评价者。

一、安全维护者

对教师而言,户外本就具有挑战,而共享游戏活动中,教师面对的是来自全园各个班级的幼儿。为保证安全,在游戏前教师需检查场地设施、材料的安全性能,合理划分区域,避免拥挤。游戏前检查设施设备的安全性,并进行注意事项讲解,如,户外建构区幼儿佩戴安全帽;丛林探险区幼儿有在土里挖地雷游戏,要佩戴护目镜、手套。在游戏过程中,教师间互相配合,定点观察,避免意外发生,如,交通区为了增加游戏难度,添置了木质斜坡,此处会有老师定点站位,以免小车从坡上掉落。结束游戏时,材料整理注意事项的讲解必不可少。经过每一位安全维护者的努力,力求杜绝安全隐患或将其负面影响压缩至最小范围内。

图 3.4.1

---

① 邱学青.学前儿童教育[M].南京:江苏凤凰教育出版社,2008.

二、组织指导者

在共享游戏中,教师是最主要的组织者和游戏的指导者,这里的组织指导可以是参与共玩、协助引导。教师作为活动的参与者,要想让游戏活动真正有效,并不只是创设游戏,还要及时参与其中,与幼儿互动。在活动开展前,教师需要与幼儿共同制订游戏计划、创设环境、提供丰富的材料支持。在活动开展中,教师要组织幼儿游戏,帮助幼儿了解或共同创设游戏环境、投放游戏材料以及商议游戏玩法,在与幼儿的交流、互动中应对幼儿的各种问题。在共享游戏结束后,教师会根据幼儿本次的游戏状况调整环境、材料,并做下一步游戏计划,为下一次的游戏活动开展做准备。教师在活动开展中有如下组织策略:

图 3.4.2

(一) 利用环境,隐性指导

教师将教育的意图渗透在环境中,来达到组织游戏的作用。如组织幼儿游戏时,用标识、示意图、照片等直观形象的示范,来规范行为、提示规则、示意步骤、丰富情节等,同时,也利于减少幼儿之间的矛盾和冲突。教师为游戏提供丰富、适宜的多种质地的低结构材料,满足不同年龄段幼儿获取丰富的感官刺激的需要,促进幼儿发散性思维能力的发展。

(二) 合作实践,共玩游戏

教育家杜威说:"在共同的游戏活动中,尽管幼儿没有完全体会到,但实际上,教师也是学习者,儿童也是教授者。"教师与区域内来自不同班级的异龄玩伴是平等的,他们不仅可以平等地对话,理解、宽容,更是合作实践、共玩游戏的伙伴。如,当游戏区内来自四个异龄班级的幼儿互相不交流时,教师加入幼儿的游戏,向幼儿介绍自己的班级、名字,和幼儿一起玩游戏、操作材料。

三、游戏评价者

在共享游戏活动中,评价能帮助幼儿提炼、总结游戏经验,通过自评、他评、互评的方式可以帮助幼儿提升游戏水平。教师的专业性赋予了教育评价权威性与影响力,共享游戏需要通过正确的教育评价及时调整不足,改善混龄共享的活动组织。教师的赞扬、认可、指导使得幼儿获得相应的成就感与反思力。教师在评价幼儿时往往会对幼儿个体进行有针对性的观察、分析与评价,评价的方面包括游戏计划、游戏材料的使用、游戏中同伴互动的频次、游戏的有效指导以及目标达成情况。

(一) 关注幼儿,观察先行

　　观察是指导幼儿进行共享游戏活动的基础、前提和保证。教师只有通过仔细观察,才能了解发现游戏当下,制订的游戏目标是否达成;投放的材料是否满足幼儿的兴趣和需要;幼儿游戏的精彩瞬间或存在的问题,如,游戏时间、空间够不够;经验的丰富程度和游戏水平,从而及时调整游戏的材料、场地,采用适宜的方法介入、参与儿童的游戏,并作出适宜的指导,避免用成人的看法去干涉幼儿的游戏。在共享游戏中,区域里参与游戏的幼儿来自各个班级,教师对这些幼儿的前期经验并不熟悉,部分幼儿遇到困难或问题时,不愿意甚至不敢寻求教师的帮助。因此,在共享游戏中,教师更是要耳听六路、眼观八方。

　　制订观察记录表能帮助教师在游戏活动中解决"如何观察""观察什么""怎么观察"等问题,以便于做好游戏前、中、后期评价。

　　1. 共享游戏个案观察分析表

　　个案观察分析指教师通过观察幼儿的个体行为表现,再现幼儿的游戏场景,结合专业知识予以分析与识别,并提出支持策略,促进幼儿在原有水平上的纵向发展。(见表 3.4.1)

表 3.4.1　南京市百家湖幼儿园共享游戏个案观察分析表

班级:　　　　　　　观察者:　　　　　　　观察日期:

观察时间	观察对象	观察内容
观察目的		分析与识别
实录		

(续表)

	你认为：教师还能做些什么以支持、促进幼儿的学习与发展？
回应	

2. 共享游戏材料使用情况观察记录表

教师亲身参与到幼儿共享游戏中，观察幼儿使用材料的整体情况，在活动中记录材料性质、使用频率以及实录分析，通过对材料的评价反思幼儿的游戏水平、教师需提供哪些帮助、游戏目标是否落实、游戏中材料对于游戏情节的推动作用等。在观察后，可梳理、筛选、去除幼儿不感兴趣的"无用"材料，增加幼儿使用频次较高、数量却不够的材料，让观察更有价值。（见表3.4.2）

表3.4.2　南京市百家湖幼儿园共享游戏材料使用情况观察记录表

班级：　　　　　观察者：　　　　　　　观察日期：

观察时间	观察对象	观察内容

游戏环境与材料投放情况

材料名称	材料统计				使用情况		材料分析
	来源	材质	性质	数量	频率(正字)	实录(文字记录)	
	A 成品 B 自制		A 主材 B 辅材				
	A 成品 B 自制		A 主材 B 辅材				
	A 成品 B 自制		A 主材 B 辅材				

分析与识别（环境布置、主材、辅材）

(续表)

回应与支持措施

3. 共享游戏发展检核表

发展检核表是一种观察记录表格,教师列出所要观察的表现指标及项目标准,为幼儿的观察与记录提供框架。发展检核表的建构是依据幼儿的发展规律,契合教师观察目标而定。在应用中,教师要熟悉发展核检表内容,结合不同情境定期观察,在一阶段内分析幼儿学习与发展的最新状态,并与之前的水平相比较。共享游戏发展检核表作为家园共育的媒介,在"亲子开放日""家长助教"等开放活动中,作为教师和家长评价幼儿游戏水平的依据。(见表3.4.3～表3.4.5)

表3.4.3 南京市百家湖幼儿园混龄共享社会游戏和社会化发展检核表

幼儿班级： 幼儿姓名： 观察日期： 观察时间：

社会游戏和社会化:学前儿童			
第Ⅲ阶段(大约3岁)	需引导	有进步	熟练
1. 从事单独游戏			
2. 从事平行游戏			
3. 和同伴短时间游戏			
4. 了解别人的需求			
5. 表现出对别人的同情心			
6. 参与一个活动10～15分钟			
7. 唱简单的歌曲			

幼儿班级： 幼儿姓名： 观察日期： 观察时间：

社会游戏和社会化:学前儿童			
第Ⅳ阶段(大约4岁)	需引导	有进步	熟练
1. 容易离开妈妈			

(续表)

社会游戏和社会化:学前儿童			
2. 能与其他儿童沟通			
3. 能与成人沟通			
4. 能与同伴一起游戏			
5. 遵守教室常规			
6. 交流与分享			
7. 使用器材后能放回原处			
8. 保管自己的物品			
9. 爱惜别人的物品			
10. 参与一个活动15～20分钟			
11. 参与团体活动			
12. 与团体一起唱歌			
13. 能了解欣赏和批评			

幼儿班级： 幼儿姓名： 观察日期： 观察时间：

社会游戏和社会化:学前儿童			
第Ⅴ阶段(大约5岁)	需引导	有进步	熟练
1. 完成大部分自发计划			
2. 在很少的监督下工作和游戏			
3. 参与合作游戏			
4. 倾听同伴意见			
5. 遵循多种和延迟的指示			
6. 负责特别任务,如喂养动物			
7. 倾听并遵循成人的建议			
8. 喜欢和成人交谈			
9. 为了不同责任,可维持一段专注时间			
10. 评估自己的工作,并建议改善之处			

(二) 记录学习,解读需要

为创设更加有吸引力、符合幼儿发展水平的游戏环境,真实记录幼儿的学习过程,精准解读幼儿的游戏兴趣、经验和需求,教师会用到手机、相机等拍摄设备,采用"学习故事"的形式记录幼儿游戏过程,并撰写学习故事或案例。以下为一次建构游戏中,教师记录一位中班幼儿的游戏情况:

注意:今天的共享游戏,果儿选择了户外建构区。果儿拉着我介绍他的建构作品说:"看,这是北京雄伟的天安门。"(见图 3.4.3)接下来,他用了不同形状大小的积木,用对称、架高、架空的方法建构了天安门的门头,用纸筒对称地摆放在路两边做天安门门口的路灯。最后,他用长条形积木当路条,把他建构的天安门和其他小朋友的作品相连接。在每一处拐角,他搭建了一座城门。建构完成后,他坐到写画区,把他建构的"天安门"画下来(见图 3.4.4)。游戏分享环节时,他和区域内的其他小朋友分享介绍了自己的设计作品。收拾整理材料时,果儿把他绘画的"天安门"用双面胶贴在了建构区的展示板上(见图 3.4.5)。

识别:在观察果儿建构的过程中,不难发现,他的积木建构处于命名建构物与早期象征阶段,有明确的建构主题——天安门,他建构注意力集中,目的性和稳定性强,并且能延伸建构出天安门边的路灯、城门、马路等建筑。他能够根据建构物体的特性选择材料,用多种辅材进行装饰、以物代物,并且掌握了基本的平衡、对称、架高、架空、装饰等建构技能,以架空为主。果儿对自己的作品满意且有成就感,能够自发地用绘画的方式来表征自己的建构作品,并且绘画还原作品的水平高。果儿语言表达能力较强,能大胆地在所有同伴面前介绍自己的建构过程和设计方法,并且获得了他们的称赞。但是,在建构游戏中,他与异龄同伴的互动合作较少,对建构主题的延伸只局限在路条、路灯和城门,无法进行综合性主题建构。

图 3.4.3　分享建构经验　　图 3.4.4　表征建构作品　　图 3.4.5　分享建构过程

下一步支持策略:

1. 提供适合幼儿建构的低结构材料,如大小不同的罐类、纸砖、自然物、建构书籍等,丰富幼儿的搭建经验,激发幼儿的搭建创造性,满足不同幼儿的设计需要。

2. 鼓励异龄同伴组成建构小组(3~4人),引导幼儿共同讨论、制订方案、进行分工、友好合作地开展游戏。

3. 鼓励幼儿设计建构方案,学习根据建构方案有目的地选取建构材料,并利用绘画表征建构作品的形式,引导幼儿学习看简单的平面结构图。

(案例提供:谭翠)

(三)适时介入,个性发展

研究表明,成人参与和介入儿童游戏能提高儿童的游戏能力。教师在观察的基础上,决定是否介入以及选择适合的介入方法,以适时帮助儿童发展并延伸游戏。如,当幼儿并不能投入自己想象或虚构的游戏时;当幼儿难以与其他同伴一起游戏时;当幼儿一再重复自己玩过的情节,或游戏难以延续下去时,教师可以介入游戏。介入游戏的方式有:平行介入法、交叉介入法、垂直介入法。教师介入幼儿游戏,需要对幼儿的游戏行为做具体指导,主要运用语言和行为指导,在随机谈话中运用询问式、建议式、澄清式、鼓励式、邀请式、角色式语言来指导。

玩水区的新玩法

经历了几天的水管搭建,幼儿对于单纯的搭建游戏兴趣有降低的趋势,于是教师再次与孩子们进行了讨论:我们的水道游戏还可以怎么玩呢?

爱笑:"我们可以放些小玩具在水道,看看它们的速度。"

蜜桃:"我想知道水流速度,什么时候快什么时候慢?"

教师:"你们知道船在水上飘,有时速度快,有时速度慢,是为什么吗?"

万万立马站起来:"那我们折只小船去玩水区试一试吧。"

于是,教师利用闲暇时间带着幼儿折纸船,准备在玩水区实验。万万说:"老师,我把纸船放在水里。"孩子们发现纸船移动的距离不大。万万:"纸船不怎么动,是因为水不动吗?"茜茜自告奋勇地去压水井,让水动起来,万万再次把纸船放在水流动处,发现水流动得越快,船只跑得就越快。教师鼓励其他幼儿去试试看,还有什么原因影响船的速度。万万猜测道:"应该还有风,风力越大,船只跑得越快。"孩子们继续尝试着。见图3.4.6~图3.4.7。

教师:"玩水区还可以怎么玩?还可以玩哪些材料呢?"

一一:"我觉得可以有一个大大的充气的游泳池,我们可以游泳。"

希希:"游乐园这个可好玩了,里面还要有海洋球。"

妍妍:"我还玩过钓鱼的游戏,我们可以钓小鱼。"

从交谈中,教师发现幼儿对充气游泳池很感兴趣,于是教师决定增添这个新玩具。见图3.4.8~图3.4.9。

新玩具到了,幼儿换上了泳衣,开始了与水的零距离接触。

图 3.4.6～图 3.4.7　纸船实验

图 3.4.8～图 3.4.9　泳池派对

教师在幼儿游戏难以深入下去时适时介入，采用询问和鼓励式的语言来解决困难。案例中教师不仅采用语言介入，更提供更多的材料供幼儿大胆创造，如师幼共同制作一些手工玩具，或者把晨锻的轮胎、梯子等运用到玩水区，供幼儿尝试多种玩法。

（案例提供：张艳）

第五节　共享游戏活动中的幼儿经验分享

在游戏中,幼儿可通过自己的表情(心情)、语言、动作、角色扮演以及与材料的互动传递、交流、分享经验。根据教师介入游戏的方式,我们对此梳理、思考,并形成幼儿间的经验分享新形势。幼儿一般采用以下三种方式直接或者间接地传递自己的游戏理念。

一、平行式经验分享

幼儿在操作材料时,虽无过多的语言和动作互动,但他们在无意中相互模仿,间接获得游戏经验。如,幼儿在户外沙池建构中,两三名幼儿同时挖沙,幼儿间互相学习挖沙经验,当其中一名幼儿选择合适的方式挖沙成功后,其他幼儿则产生模仿性学习。

沙堡成功记

小崧(黄色衣服)蹲在地上用双手团着沙子,旁边的小岳(绿色衣服)也在挖沙,但他发现沙子还是不够紧,双手在沙堆里抓来抓去,突然他说道:"老师说干沙子不能团起来,不成型,那我们的沙子可能有点干,再加一点水呀。"说干就干,小崧用蓝色桶打了一桶水,并把水倒进沙池里,一旁的昊昊(蓝色衣服)站在一旁,双手握住粉色铲子,弯腰,开始和沙子,小岳看到后也加入了和沙子的队伍,整个和沙子的过程持续约20秒钟。和完沙子后,小岳蹲下来,铲沙,然后按照小崧之前的操作步骤把沙子放进模具,并用铲子把沙子按按实,小岳把模具倒放,三个小伙伴围在一起,都想看看按照小崧的方式,沙子会不会散掉。小岳用右手在模具上方轻轻拍了两下,然后双手分别放在模具的两边,他轻轻地往上一提,这次沙子没有散掉,沙子的造型也很完整,他们成功了。(图3.5.1～图3.5.4)

二、交叉式经验分享

当幼儿有同伴参与的需要或者需丰富游戏情节时,由幼儿邀请同伴参与到

图 3.5.1～图 3.5.4　幼儿挖沙、和沙、围观学习并尝试使用道具

游戏中,担任某一个角色或者某一项工作,通过有效互动,分享彼此的经验。在这一过程中,幼儿大多会用语言来表达自己的需求,促进了幼儿语言的发展。当游戏情节单一,无法继续或无法吸引幼儿兴趣时,幼儿会自发生成新的游戏,并拉着周围的同伴参与到游戏中来。如,在户外装扮区,当幼儿沉迷于"烧饭""做菜"中导致游戏缺乏趣味性时,幼儿会结合手中的娃娃产生新的游戏契机,如"娃娃生病了""我们带娃娃去看戏吧""菜不够了,我们去买点吧"等。

一起来做饭

装扮区的幼儿在手臂上贴着黄绿两色贴纸,黄色代表大班,绿色代表中班。图中贴黄色贴纸、穿粉白衣服的女生最先拿好餐具,并坐着搅拌手中的锅具。边搅拌边说:"我得多做一些,不然一会不够吃。"这时路过两个贴绿色贴纸的女生,两人驻足观看,红衣服女生指着锅里的树叶说:"你看,她用树叶做饭,真搞笑!"说完伸手拿起一片树叶看了看。黑衣服女生回道:"好像不够哎,这么多碗呢!"粉白衣服的女生接着补充:"不够就再买一点呗。"于是,贴绿色贴纸的两个女生就去"买"树叶了,随即生成了新的"购物游戏"。只见两名女生对粉白衣服女生说:"这里的菜多少钱?新不新鲜啊?给我们打个折呗!"(图 3.5.5～图 3.5.6)

图 3.5.5～图 3.5.6　在装扮区幼儿尝试用树叶做游戏

三、垂直式经验分享

当幼儿在游戏时出现严重违反游戏规则，甚至出现攻击或者危险行为时，幼儿直接通过语言和动作表明自己的看法，对其他幼儿的行为予以干涉，一般出现在争抢玩具、角色分配不合理的情景中。幼儿间通过直接操作材料展示自己的游戏经验，通常采用询问式、建议式、澄清式、指令式等不同的语言表达形式。

大家一起想办法

玩水游戏时，中庭院中间的小树下放置了一个大盆，里面没有水，无人问津。几个小朋友几次走到大盆的旁边，蹲下身用手摸池塘里的水。一个大班的哥哥站在一旁说："快看，大盆里面有小树叶飘起来了，可是水不够多，怎么办？"这时，威廉在不远处听见了，迅速冲了过来，大喊："我来想办法。"

威廉在大盆的四周看了一下，立刻把大盆提起来，拖走了，他把盆拖到了小水池的旁边，然后，指着管道最末端的一个接水的容器，对旁边的姐姐说："姐姐，你帮我把这个转过来。"小姐姐帮助了他，把它转向了小水池，可是，水既流不到小水池里，也流不到下面的大盆里，两人开始有些犯难了，接着他们一起探索，不断地转动着这个可以活动的容器，尝试在不同的位置接水。姐姐说："我们把盆移近一点看看，靠近压水井水正好落进去。"他们把盆移到了管道的最后一段，稍微转动一下容器，水"哗哗哗"地流到大盆里了。（图 3.5.7～图 3.5.10）

图 3.5.7～图 3.5.10　幼儿在玩水区的探究行为

第六节　共享游戏活动案例分享

我园共享游戏开展三年有余，期间产生很多有趣的师幼对话与精彩案例，以"户外建构区域"为例，体现教师对于本区域幼儿游戏、交往、动手操作能力的注意、识别以及有效回应，促进共享游戏活动进一步朝着自主、愉悦、创造的方向发展。

一、共享游戏思路

户外建构游戏是为了增强幼儿之间的互动与交流，促进幼儿身心健康与发展而开展的创造性游戏。户外建构以充足的材料、充裕的时间和开放的空间等优势条件，促进了同伴之间的相互合作，发展了幼儿的创造及想象力，成为幼儿游戏中不可或缺的一部分。

跨龄共享和同龄共享这两种游戏形式，在教师对幼儿的观察、材料的跟进和游戏的支持等方面对幼儿的发展有较大的区别。因此，教师在户外建构区对这两种游戏组织形式做了对比研究，发现它们在发展幼儿的学习品质、社会交往、数理逻辑能力等方面都有不同的作用，且各有优越之处。

二、共享游戏目标

1. 发展空间思维、数理逻辑以及平衡稳定的能力。
2. 运用多种感官与建构区环境、材料发生互动，动手动脑，探究问题。
3. 在户外建构游戏中学会理解关心他人，有效控制自己的情绪。
4. 通过同伴间的游戏交往，增进同伴间的互助与学习，发展自信、坚持、协调、自主等品格。见图 3.6.1。

三、户外混龄活动网络

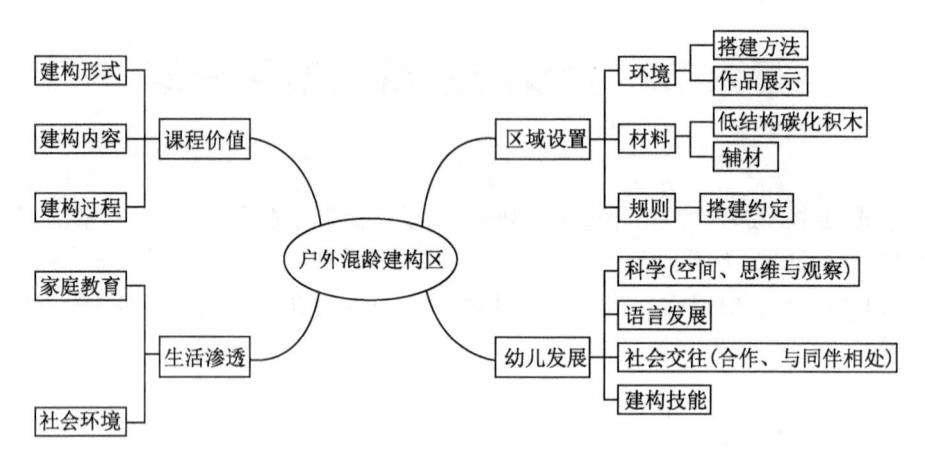

```
建构形式 ─┐                              ┌─ 搭建方法
建构内容 ─┼─ 课程价值        环境 ─┤
建构过程 ─┘                              └─ 作品展示
                                            ┌─ 低结构碳化积木
                   区域设置 ─ 材料 ─┤
                                            └─ 辅材
          户外混龄建构区         规则 ─ 搭建约定

家庭教育 ─┐                              ┌─ 科学(空间、思维与观察)
          ├─ 生活渗透        幼儿发展 ─┤─ 语言发展
社会环境 ─┘                              ├─ 社会交往(合作、与同伴相处)
                                            └─ 建构技能
```

图 3.6.1

四、主要活动过程实录

活动一：跨龄幼儿第一次搭建

（一）活动由来

瑞士教育心理学家皮亚杰提出：儿童摆弄各种不同结构的材料，是以此来反映现实生活中物体的一种表现。我园在"十三五"课题"大家一起玩：幼儿园伙伴课程的深化研究"的背景下，开展了中大班共享游戏，其中户外建构游戏是共享游戏的其中之一。本章节中选取四篇观察记录进行分析，其中两篇为不固定班级跨龄共享建构游戏记录，两篇为固定同龄同班跟踪观察建构游戏记录。通过两种不同形式的建构游戏来分析幼儿的游戏行为，以及幼儿的学习与发展。

（二）核心经验

1. 愿意参与混龄建构游戏，能与同伴友好相处。
2. 熟悉建构材料，会用低结构主材与辅材共同建构。
3. 能主动帮助有困难的弟弟妹妹，有意识地和弟弟妹妹共同完成游戏活动，具有初步的责任意识。

（三）环境与材料

地点：户外共享建构区。

材料：各种碳化积木。

（四）活动观察与支持指导

观察对象：红色迷彩羽绒服男孩(A)、牛仔上衣男孩(B)、梅红上衣女孩(C)、黑白条纹棒球服男孩(D)、宝蓝色上衣男孩(E)、黄色条纹上衣男孩(F)(中大班幼儿)。

观察实录：

游戏开始后，A、D、E、F形成另一个建构小组，他们用一些四单元块积木在地上拼接出了一条长长的车道，并用砖块积木在两边围合。(图3.6.2)

图 3.6.2

在车道旁边的两个圆柱上面，幼儿D放一个三角形积木，搭了一个房子的造型。A从积木车里找来了一个砖块积木，他将积木举过头顶说："看，我找到了一辆车。"将砖块积木放在车道上，当"车"在车道移动遇到阻碍时，他将同伴搭建在车道上的条形台柱拿开。(图3.6.3~图3.6.4)

图 3.6.3　　　　　　　　　图 3.6.4

E搬来了四单元积木，D用同样的方法在车道上移，嘴里发出了"嘀嘀"的声音，在车道的一端，D和另一组同伴将车道分成了两边，并用一些半圆柱和半圆叠加，其余幼儿在车道的两边，用条形台柱和其他形状积木进行装饰。(图3.6.5~图3.6.6)

图 3.6.5 　　　　　　　　　　　　图 3.6.6

（五）反思与跟进

实录分析：

1. 在本次建构游戏中，幼儿能自由组合合作搭建；建构中以平铺为主，有简单的围合和架空的技能运用；建构技能不突出。

2. 在材料不能满足幼儿的建构需要时，幼儿自创汽车道情境，能用砖块积木以物替物进行游戏，同伴有模仿行为出现（四单元积木做汽车）。

3. 此游戏行为易出现在低年龄段，幼儿的游戏水平不高。

回应：

1. 本次建构活动为中大班跨龄共享建构游戏，但在游戏中，教师不能清楚地分辨不同年龄的幼儿，只是依据幼儿的游戏行为进行猜测。

2. 依据幼儿建构作品分析，大年龄的幼儿在本次游戏中，并没有给小年龄幼儿带来帮助，幼儿呈现出来的作品比较单一，没有明确的建构目的，并没有体现出大班幼儿的建构能力和技能。根据本次搭建的案例分析，教师对幼儿的第二次搭建进行了三项调整：

（1）为了更好地区分不同年龄段的幼儿，教师提供了挂牌，黄色为大班，粉色为中班。这样在游戏中，教师能清晰区分幼儿的年龄特征。并在游戏开始前采用"自我介绍"的方式，让不同年龄、不同班级的幼儿相互了解，为游戏中的互动合作做准备。（图 3.6.7～图 3.6.8）

图 3.6.7 　　　　　　　　　　　　图 3.6.8

（2）本次搭建案例中，出现幼儿以物替物的现象，也反映了游戏中辅材种类不够多的情况,教师在原有主材碳化积木的基础上,增加了奶粉罐、纸盒、饼干盒等干净的废旧材料为辅材。(图 3.6.9~图 3.6.11)

图 3.6.9 　　　　　　　图 3.6.10 　　　　　　　图 3.6.11

(3) 案例中幼儿表现出无目的搭建,整体建构水平不高。研究者用拍照记录的方式,在开阔的户外建构场地,利用可移动小屏风,展示前期幼儿搭建的作品,以及难度较高的作品及规则示意图,方便幼儿的观察探索,以便幼儿自主学习。小屏风方便幼儿收拾整理,可根据幼儿的需要随时移动位置,高度也适合幼儿观察。(图 3.6.12~图 3.6.14)

图 3.6.12 　　　　　　　图 3.6.13 　　　　　　　图 3.6.14

活动二:跨龄幼儿第二次搭建

(一) 活动由来

单一的碳化积木,会让幼儿在一定时间内产生疲倦。增加各种辅材,利用屏风创设户外建构环境,给幼儿在跨龄建构游戏时发挥创造性提供了更多的可能。教师用标识牌区分大班、中班幼儿,更有利于观察与指导不同年龄段幼儿。

(二) 核心经验

1. 在跨龄建构游戏中遇到问题时能开动脑筋,尝试寻求哥哥姐姐帮助,并共同寻找解决的办法。
2. 在游戏中哥哥姐姐给予弟弟妹妹鼓励,有共同搭建的意愿。

(三) 环境与材料

地点：户外共享建构区。

材料：各种碳化积木、纸盒、饼干盒、纸筒、奶粉罐、标识牌、展示架、规则图片、搭建参考图片等。

(四) 活动观察与支持指导

观察对象：A(白上衣男生)、B(条纹上衣男生)、C(短发女生)(ABC 为大班幼儿)、D(格子裙女生)、E(红裤子男生)(DE 为中班幼儿)。

观察实录：

游戏开始后，A、B、C 各用条形台柱和四单元块积木搭了一个门。A 说："这已经是一扇门了。"(图 3.6.15)

图 3.6.15

教师说："想一想，怎么样让你们的门变得更结实一点？"B 说："哦，我想到了。"边说边和 A 在门的旁边用条形台柱进行加固。C 搬来条形台柱说："张晨(A)，材料好像有点不够了。"转头看材料车，继续说："张晨，材料没有了。"

图 3.6.16　　　　图 3.6.17

A 说："我知道，我们还是把它松开吧，不然材料都没有了。"D、E 在一边用四单元积木和条形台柱搭了一个"椅子"，转头看向正在搭门的 A、B、C 说："我们把椅子搭好了。"A、B、C 用四个垒高的条形台柱和四块四单元积木搭出了一个有顶的正方体"房子"，D、E 也参与了房顶的搭建。(图 3.6.16～图 3.6.17)

图 3.6.18　　　　　　　　　图 3.6.19

B、C 在房顶上用同样的方法进行第二层的搭建。A、D、E 用纸盒在房子的一面进行垒高砌墙,封顶时找来了椅子,并请教师帮忙。教师说:"这个有点长,要不要去换一个?"在教师的帮助下封顶完成。(图 3.6.18~图 3.6.20)

图 3.6.20　　　　　　　　　图 3.6.21

A、B、C、D、E 在二层的中间用条形台柱、半圆柱、三角形和饼干盒进行门的建构。教师提醒:"上面不能再加了,可能会倒。"E 思考片刻对教师说:"越高越好,只要不会倒就行了,越重越牢固。"接着,又在二层的房子里加了两块积木作为室内的装饰,二层小洋房建成。(图 3.6.21~图 3.6.23)

图 3.6.22　　　　　　　　　图 3.6.23

(五) 反思与跟进

实录分析:

1. 经过调整后,不难发现本次游戏中,既有中班幼儿的加入,也有大班幼儿的参与合作。

2. 穿白色衣服的大班男孩,在游戏中起到了"领头人"的作用,带动着中班幼儿自由分组搭建。

3. 在整个建构过程中,大班幼儿都在努力尝试,不放弃,体现了良好的学习品质,更能隐形地带动中班的幼儿参与活动,起到了榜样的作用。

回应:

1. 本次搭建的作品在技能上远远超过第一次的作品,在游戏前,先玩"介绍自己"的小游戏起到了很大的作用。

2. 让混龄幼儿能很快认识彼此,进行合作游戏。流动屏风上提供了一些大型架空的建构作品图片,让幼儿在建构经验方面得到了借鉴。

活动三：同龄同班幼儿的搭建

(一) 活动由来

同龄同班的户外建构是幼儿比较期待的,孩子们平时都以跨龄建构居多,于是尝试同龄户外建构,从中发现同龄与跨龄建构的区别所在。

(二) 核心经验

1. 尝试搭建自己想搭建的作品,并和同伴合作搭建。
2. 在探索中有新发现时能感到兴奋和满足。

(三) 环境与材料

地点:户外共享建构区。

材料:各种碳化积木、纸盒、饼干盒、纸筒、奶粉罐、标识牌、展示架、规则图片、搭建参考图片等。

(四) 活动观察与支持指导

观察对象:A(黑白条纹男生)、B(军绿上衣男生)、C(红蓝上衣男生)、D(红白藏青上衣男生)、E(白色上衣女生)、F(粉色上衣女生)、J(咖啡上衣女生)、H(白上衣男生)

观察实录:

游戏开始后,A、B、E分成了一组,C、F、H、J为第二组,D为第三组。

一组幼儿搬来了一些条形台柱和圆柱以及两块长板放在地上,分别将两块条形台柱对称放齐,在对面用对称的方法一样搭建,上面放上了两块四单元块积木形成立体长方形,在地面使用二单元块积木,周围则用砖块积木进行搭建围合。(图3.6.24)

第二组幼儿用一些柱形积木摆放成"L"形并在每个柱形上用四单元块积木连接,形成了"L"形的高架桥。第三组只有D一个小朋友,在条形台柱上放双单

图 3.6.24

元块积木围合成正方形,在中间放置三个圆柱和一个三角形,又使用两个条形台柱进行垒高,对称拼搭,随后使用三角形做房顶。(图 3.6.24～图 3.6.26)

图 3.6.25 　　　　　　　　　　图 3.6.26

第二组 H 在桥的一段用两个正三角形,中间用一个倒三角形,拼成一条直线,但拼好就倒下了。教师说:"你用两个三角形拼在一起试一试呢?"这时 J 加入了第三组 D 的搭建,在 D 的周围,他向二组一样用柱形做根基,上面用长板架空进行高架桥的搭建。C 在二组的"L"形高架桥中间用很多的砖块积木,使之对称并连接在一起,上面用砖块积木覆盖,形成一个长方形的"隧道"。(图 3.6.27～图 3.6.30)

图 3.6.27 　　　　　　　　　　图 3.6.28

图 3.6.29 　　　　　　　　　　图 3.6.30

A、B、E在"房子"的上面用砖块进行围合，用柱形和三角形做房顶，并在周围用双单元块和四单元块进行平铺围合。C在拐弯接口处，将H正搭建的三角形分开，放在了所拿取的四单元块积木两边，并将二组的高架桥和一组的房子首尾相连。B对D说："朱君睿，看我们的连接。"D没有说话，继续用三角形装饰他的"房子"。（图3.6.31～图3.6.32）

图3.6.31 　　　　　　　　　　图3.6.32

教师说："朱君睿，你的房子要和他们连接吗？"D点头，B、C、J用双单元块和四单元块首尾相连，用平铺的方法将二组和三组进行了连接，并在三组的周围用双单元块进行斜坡的拼接。B、C、D在其中一段不停地调整着连接处的双单元块。教师说："现在只有这一条路可以通，如果堵车了怎么办？"A在条形台柱上面架空双单元块，进行另一条"高架桥"的连接，C、H加入搭建，B、D在后面的地面上用双单元块和四单元块进行围合搭建"隧道"。（图3.6.33～图3.6.36）

图3.6.33 　　　　　　　　　　图3.6.34

图3.6.35 　　　　　　　　　　图3.6.36

(五) 反思与跟进

实录分析:

1. 游戏中,幼儿自由分成了三组,分别进行不同作品的搭建,有两座不同的房子、桥梁和马路,其中马路在建构游戏中都有不同的体现。

2. 桥梁以架空为主,两座房子有垒高和简单的建构技能的穿插。但整个搭建过程中,对于大班幼儿来说,幼儿的建构水平并不算太高。

回应:

1. 由于是同班幼儿搭建,整个游戏过程中讨论问题的现象几乎没有,幼儿之间都比较熟识,都是在凭借自己的经验和兴趣搭建,最后进行了作品的组合。

2. 游戏结束环节的师幼互动中,教师加入提问,如,"你觉得你的作品怎么样?如果还有时间,你想再怎么搭?还需要什么材料?"为第二次游戏活动调整做好准备。

在通过观察和幼儿自述建构需求后,研究者对游戏进行以下调整:

(1) 根据幼儿的第一次建构情况,幼儿提出了需要增添交通标志、汽车、马路等建筑辅材。(图 3.6.37~图 3.6.38)

图 3.6.37　　　　　　图 3.6.38

(2) 教师观察到幼儿在游戏中缺乏目的性和整体规划能力。两次活动前一天,幼儿进行了设计图的构思,并在班级和其他同伴面前进行了反馈,达到共同学习的目的。(图 3.6.39~图 3.6.40)

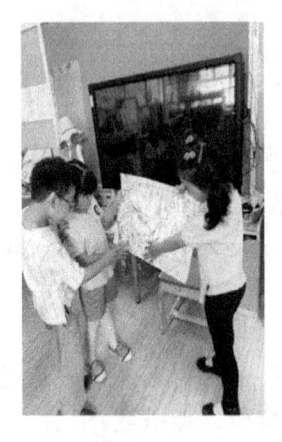

图 3.6.39 　　　　　　　图 3.6.40

（3）在幼儿游戏经验比较缺乏的基础上，利用屏风展示其他幼儿的作品，拓展幼儿的建构经验，提高建构水平。（图 3.6.41～图 3.6.43）

图 3.6.41 　　　　　图 3.6.42 　　　　　图 3.6.43

活动四：同龄幼儿的搭建续进

（一）活动由来

在第一次搭建的基础上，幼儿确定了搭建主题，也发现了搭建中存在的问题。搭建时间不够是什么原因造成的，应该怎么办？搭建前是不是应该和同伴一起商量，规划搭建设计图纸？在主题建构中需要什么样的材料？这些都是第二次搭建的基础。

（二）核心经验

1. 学会看建构设计图纸进行搭建，选择合适的辅材参与建构。
2. 同伴间能分工与合作搭建作品的不同部分，最后进行连接。

（三）环境与材料

地点：户外共享建构区。

材料：各种碳化积木、自制马路、自制马路标识牌、各种小汽车、展示架、规则图片、搭建参考图片等。

（四）活动观察与支持指导

观察对象：A（条纹上衣男生）、B（黄裙女生）、C（眼镜男生）、D（蓝色短袖男生）、E（红上衣女生）、F（粉上衣男生）、J（灰裤子男生）、H（粉上衣女生）

观察实录：

C、D、E、A、B、F 分成了一组，C、F 用砖块对称摆放并首尾相连地搭隧道。D、E、A、B 搬来条形台柱分距对称放、并拢放。上面用半圆柱作为顶来将两根柱子连在一起搭房子。A 说："老师，这个倒了。"一边的辅材被风吹倒，教师说："今天的风比较大，想想怎样让你的房子变得更结实？"（图 3.6.44）

J、H 在另一边组合成了第二组，用四个条形台柱和双单元块和四单元块进行了对称的两组高架桥的拼接，中间用柱形积木垒高，用三角形做顶，在条形台柱的周围用砖块积木进行了围合、垒高。（图 3.6.45）

图 3.6.44 　　　　　　　　图 3.6.45

B、E、D 在一组的两个柱子中间放上了辅材马路，并放上了各种小汽车，C 在旁边放上了一些交通标志，来搭建隧道。（图 3.6.46）

A 在"房子"的前面和 F 尝试着用双单元块和单元块拼成了一个正方形的"农场"，并说："这个是农场。"A、F 又拿来了很多的条形台柱在正方形的"农场"周围进行围合，并在条形台柱上放上半圆柱。（图 3.6.47）

图 3.6.46 　　　　　　　　图 3.6.47

A 搬来了四单元块说："搭座桥，农场这应该是有桥的，还有路。"又和 F 一起搬来了四单元块积木，首尾相连，从后面一直接到了二组高架桥处。A、F、C

在一组、二组的连接处用条形台柱和四单元块拼出了高架桥，J 在前面的路上摆放了一些交通标志。A 在高架桥处横向用四个条形台柱垒高，对称放上四单元块，上面放上了条形台柱作为桥头装饰。（图 3.6.48～图 3.6.49）

图 3.6.48　　　　　　　　　　　　图 3.6.49

（六）反思与跟进

实录分析：

1. 在前一天设计的基础上，幼儿的建构作品有了一些变化，如能搭出以前从来没有出现的农场，幼儿之间的合作有一定的默契。

2. 在建构过程中，幼儿的经验有一定的迁移。

回应：

1. 教师根据幼儿上一次游戏的需要提供了小汽车，在搭建中出现小车可以通过的小隧道，幼儿能合理利用辅材。

2. 在搭建农场时，幼儿尝试用"试误"的方法来铺地板，不怕困难最终取得成功，提升了幼儿的学习品质。

3. 在建构中，幼儿的默契度比较高，能看"图"施工，注重每一组作品之间的融合连接，做到了建构技能中最高质量的组合搭建。

五、共享游戏活动的反思与调整

（一）跨龄共享与同龄共享建构对比观察试析（详见表 3.6.1）

表 3.6.1

	跨龄共享	同龄共享
科学学习	1. 幼儿学习了材料的属性、稳定性与平衡。 2. 建构经验的积累，能让幼儿正确判断不同积木的作用（如搭建小汽车、小洋房）。 3. 学会使用因果方法，并推测出由于重力引起建筑物各个部分之间的结构压力（越重越好）。	1. 建构经验的积累，能让幼儿正确判断不同积木的作用（如搭建高架桥、农场）。 2. 建构马路、高架桥并将它们与玩具车放一起玩，尝试运用动力和运力。

(续表)

	跨龄共享	同龄共享
社会情感	1. 在建构中不同年龄段的幼儿与同伴协商、互动及合作。 2. 在同伴指导时,他们互相会提供非言语的提示并示范,选择正确的积木递给对方等,体现出团结互助。	1. 在建构中同伴协商、互动及合作。 2. 在同伴指导时,他们互相间会提供非言语的提示并示范(如搭建高架桥)。 3. 设置场景,将自己设为场景中的一员。
数学能力	1. 幼儿数感得到发展(男孩带动女孩)。 2. 楼房建构促进儿童空间技能的发展。学会了方位词"上方、下方、旁边"等(搭建小洋房)。	1. 幼儿的数感得到发展(男孩带动女孩)。 2. 投入空间设计,设计出自己想要搭的建筑形象。设计图让幼儿深层次体验与思考,加深了对形状的理解。
学习品质	1. 游戏中几名幼儿非常的投入,积极寻找材料,认真且专注地进行搭建游戏。 2. 遇到困难时,不怕困难,敢于探究和尝试,主动想办法解决(小洋房的搭建中,第二层搭不到,幼儿主动找老师和椅子帮忙,最大限度地反映了幼儿主动学习的过程)。	1. 游戏中几名幼儿非常的投入,积极寻找材料,认真且专注地进行搭建游戏。 2. 遇到困难时,不怕困难,敢于探究和尝试,主动想办法解决(建农场的过程中,不断地用不同的单元块来尽力将地面铺成完整的正方形)。
读写能力	1. 幼儿通过取放积木和用不同大小、形状的积木搭建时,他们用视觉分辨力帮助建构楼房中的对称结构。 2. 幼儿合作搭建有很多口语表达的现象。 3. 幼儿在建构装饰楼房时,他们练习了小肌肉运动,动作协调能力得到发展。	1. 幼儿通过取放积木和用不同大小、形状的积木搭建时,他们用视觉分辨力帮助建构楼房中的对称结构。 2. 教师投放了图片、纸、笔,幼儿在做计划时真正练习了读写能力。
符号象征能力	建构初期,幼儿用积木替代实物,呈现出符号象征能力(如使用小汽车、纸盒当墙砖)。	幼儿有目的地展示他们对各种建构的想法与概念,并考虑各种建构之间的异同之处,考虑建构的目的(每组幼儿建构不同建筑,并连接在一起)。

(二) 基于分析后的思考

通过本章节的撰写,研究者发现,不管是跨龄共享还是同龄共享,对幼儿的发展都是非常有利的。其中《0～8岁儿童学习环境创设》一书中提道:积木建构游戏为儿童提供了丰富的学习与发展的机会,例如发展数学能力、运用象征符号的能力、实践科学技能、运用读写能力、展示社会情感技能、呈现审美意识与情趣并应用地理知识等。两种形式的游戏给予幼儿的发展没有优劣可言,只是给予幼儿发展的重点有所不同,两者相辅相成,在建构游戏中起到了取长补短的作用。

1. 跨龄共享

（1）交流的信息量更广泛：幼儿们之间建构经验不一样，所以在游戏中跨龄幼儿每次的建构作品都有所不同，难易程度变化也比较大。在搭建过程中，幼儿不仅分享伙伴的经验，也将自己的经验贡献给伙伴，在参与中感受自己的主体性。

（2）共同组织活动能力提升：不同年龄不同班级的幼儿为了共同的游戏，主动自由结合在一起，通过沟通、协调、联合与合作，发展了目标意识、合作意识、沟通能力、自我控制与调节能力。混龄跨班游戏中大带小的意识更明显，在大年龄幼儿带动着小年龄幼儿的游戏中，潜移默化地提升小年龄幼儿的活动组织能力。

（3）具有良好的社会适应能力：打破班级的界限，帮助幼儿适应不同的社会群体，使得幼儿的心理和行为都有所转变，并有意识地理解混龄关系，主动变换角色，调节行为，让自己和伙伴之间建立和谐的关系。

2. 同龄共享

同龄幼儿之间的建构，作品变化不太明显，比较单一。但幼儿之前的配合比较默契，语言交流也相对丰富。另外，教师熟悉每个幼儿的发展需要，能较好地进行游戏的调整和连续指导。

在共享游戏活动中，每次参与游戏的幼儿可能会不一样，教师指导难度就相对较大。后继研究者将继续对户外建构区进行研究，让两种游戏形式之间的"利"最大化地影响幼儿。

（案例提供：解敏）

第四章

小组项目活动

　　项目活动强调幼儿是与生俱来的探索者,关注幼儿的探索欲望及兴趣,促进幼儿与教师的共同成长,从而吸引许多幼儿教师的关注。小组项目活动作为伙伴课程中"1+N"主题项目的实施方式之一,逐渐形成了具有"伙伴"特色的活动实施样态。本章节从小组项目活动的主要特征、实施路径、教师支持以及幼儿同伴间的合作等方面,结合具体的活动实例,生动地展示我园小组项目活动的实施概况。

第一节　小组项目活动的主要特征

项目活动,最早被称为方案教学。美国幼教专家丽莲·凯茨(Lilian)认为,方案教学是以某一主题为核心向四周扩散编制主题网络,制作主题网络程序,然后根据儿童的兴趣、需要让儿童对主题网络中的不同子题进行探索、研究的教学活动[1]。项目活动在我园指的是:围绕幼儿感兴趣的事、物或话题、问题引发有教育价值的活动,采用小组活动的形式,以同伴、教师等伙伴为资源,采用分工与合作、操作与探究、认同与质疑、验证与对话、表征与展示等方法开展连续性学习活动,实现认识、共纳、经验建构,发展儿童的主动探索、自由创造、共享、对美的事物的敏感性等方面的情感与态度品质,以小组为单位的项目活动是幼儿最喜欢的活动之一。

裘迪·哈里斯·赫尔姆与丽莲·凯茨认为:"小组项目活动的主要特征就是由幼儿或师幼共同引发的对有价值的问题或内容进行持续性的深入探究活动。"在我园,小组项目活动或单独生成,或在某个主题背景下生成,是"1+N"的主题项目活动中"N"的重要组成,其反映的各班基于儿童兴趣、问题需求下灵活产生的随机小组活动,展示了部分儿童间为同一目标而努力的活动。小组项目活动开展以来,结合现有的活动经验发现,在活动内容的选择、活动目标的设置以及实施方式等方面存在着较为明显的共性特征。

一、内容的选择上体现兴趣性

小组项目活动的内容选择首先来源于幼儿的兴趣与问题,幼儿在园的一日活动中,总会对未知的现象或事件萌发探究兴趣,教师善于捕捉有价值的"灵动瞬间",依据幼儿的兴趣和问题引发深入探究。以小组项目活动"百家姓"为例,在进行"春到百家湖"主题时,幼儿们对百家湖的形成有了深刻的认知。

散步时间,小泽问老师:"老师,百家湖周围住着百户人家,这些人的姓氏一样吗?"

---

[1] 屠美如.向瑞吉欧学什么——《儿童的一百种语言》解读[M].北京:教育科学出版社,2002.

豆包:"他们的姓氏如果都是一样的那就是一家人了,就不是百户了。"

小仪:"你看我们班是一个大大的家,我们班有45个小朋友和3个老师,我们班有一样的姓氏,也有不一样的姓氏。"

大家你一言我一语地说着,显然他们对"姓氏"产生了兴趣。

针对姓氏,教师与幼儿进行了讨论:"你想了解姓氏的什么?"教师将幼儿的问题进行聚焦,幼儿的问题主要有以下四个方面:

1. 姓氏的数量有多少?有45%的幼儿对此感兴趣。
2. 姓氏来源是什么?有20%的幼儿对此感兴趣。
3. 我们的姓氏跟谁姓?有15%的幼儿对此感兴趣。
4. 我们姓氏代表的意义是什么?有20%的幼儿对此感兴趣。

可见多数幼儿对姓氏的数量很感兴趣。见图4.1.1。

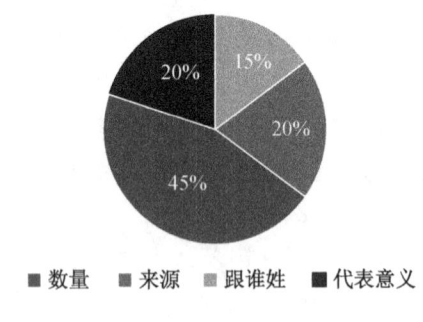

图 4.1.1　大二班"姓氏"统计表

二、目标的设定上遵循动态性

小组项目活动是一个动态开发的过程。有时候我们在思考,给予幼儿自主发现和探究的机会与预设的目标是不是矛盾的呢?显然不是,漫无目的地开展项目实践对于幼儿的发展提升确实有限,只有正确地处理预设目标与生成目标之间的关系,找到两者之间的平衡点,让目标的生成过程来源于儿童且追随儿童的兴趣与需求不断变化、调整,这样共同生发的状态才能使小组项目活动迸发源源不断的教育价值。

在小组项目活动"百家姓"中,教师了解到幼儿的已有兴趣和经验:1. 知道自己的姓氏,会书写自己的姓氏;2. 与家庭成员的交流,了解一些关于姓氏的知识;3. 与周围同伴的交流,知道周围同伴的姓氏;4. 通过网络平台,了解到关于姓氏的由来。初次在调查"家人的姓氏"后,教师将目标定位为"获得调查的方法,了解家人姓氏相同与不同及渊源";二次调查"读音相同字不同的姓氏",目标定位为"了解姓氏的奥秘,发现姓氏的不同之处";三次调查"我们班的姓氏有多少",目标定位为"了解班级中不同的姓氏以及人数,获得统计的方法与经验";四次调查"幼儿园的姓氏有多少",目标定位为"知道幼儿园是个大家庭,我们每个人的姓氏有一样的也有不一样的,但大家都生活在百家湖幼儿园"。

三、过程的实施上注重探究性

在小组项目活动中,驱动性问题贯穿始终,因此要求项目活动开展之前产生的问题必须要具备可探究的空间,需要幼儿经过多方搜集信息、多次尝试以及深度探究才能够解决。在探究的过程中需要幼儿去发现已有信息、梳理经验,同时大胆猜测、验证、发挥想象力与创造力,获得不怕困难、不怕失败、愿意主动结对、与同伴合作探究的良好学习品质。

在大班小组项目活动"楼梯有多高"中,测量前6名幼儿开始讨论。

金妍:"我们的办法是用那个绳子从楼梯上面接下来,我在下面接,鹭然在上面扔,子芮来记录,珠珠、佳芮、梓悦在旁边想。"金妍一边说,一边用右手手心朝上指向对应幼儿。佳芮说:"就是用大尺子,可是没有那么大的尺子。"佳芮又建议:"那我们把所有的尺子都连在一起,然后量啊!"可是楼梯是斜的,不好测量。最后大家讨论的方法是:"先用绳子量,最后用尺子量绳子,量出多少就是多少米。"

开始测量楼梯时,艳馨、鹭然蹲在楼梯口的两个铁栏杆间往下放绳子,子芮站在楼梯中间扶手旁看着上边和下边,金妍在楼梯下面拉绳子,一边拉一边喊:"够不着,够不着,再往下!"花边绳着地时,金妍右手比"yeah"的姿势大喊:"OK,剪吧,剪!"鹭然剪断了花边绳子,几个人一起拿着花边绳子下楼梯来到了班级里的空地测量绳子的长度。"绳子这么长,怎么测量呢?""这个好办,用很多个尺子啊。"有人拉直绳子,有人把尺子摆好,遇到绳子弯曲时,又把它拉直,最后测得有8个小尺子的长度。

小组讨论时,大家又遇到了新问题:"8个小尺子,每个小尺子上都有15,到底是多长啊?"教师将问题抛给幼儿们,金妍第一个举手说:"数几个10。"鹭然、子芮一起数了起来:"10、20、30……80。""可是每把尺子里面都是15啊,还剩下什么呢?""还剩下8个5就用5+5=10,再+5=15,再+……一共是120。"除此之外,幼儿还想出用数雪花片的方式,每个人用15个雪花片,然后15、15地加起来数。

在探究过程中,幼儿围绕一个目标即"探究楼梯有多高",自主形成探究小组、制订测量计划、选择测量物、测量材料并记录测量过程,不断发现新的问题,引发新一轮的探究。见图4.1.2。

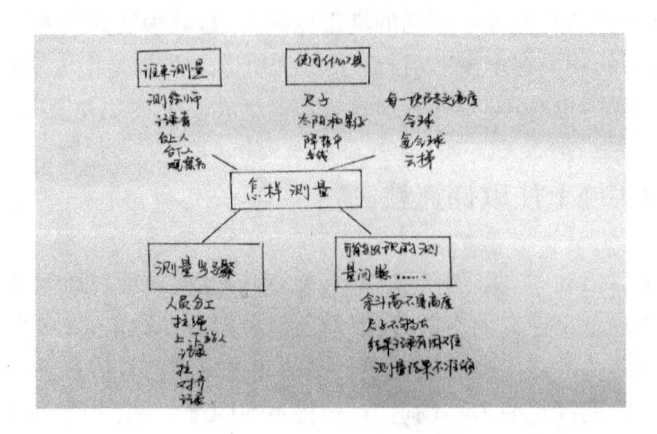

图 4.1.2　幼儿分享测量经验

四、资源的运用上考虑适宜性

在小组项目活动中，多元且适宜的资源得以让项目课程开展得有声有色，发挥其应有的教育价值。资源如何选择，如何有效利用，还是要回归于主体幼儿，体现来源于幼儿身边的人、事、物等，要更多地以幼儿的问题，兴趣和目标需要为出发点，选择适合的资源，来实现小组项目活动，以下案例体现在探究树洞的过程中促进幼儿多种能力的发展。

探究背景：以"树洞"的探究为例，10 月 10 日第一次探究，目标为"能对树洞进行观察比较，发现树洞的相同之处与不同之处"。

幼儿在教室门前的银杏树上发现了树洞，其他树上会不会有树洞呢？带着疑问，他先在幼儿园寻找了树洞，发现桃树和桂花树都有树洞，而且形状还是不一样的。在周末的时候，幼儿和爸爸妈妈一起到户外去寻找树洞。通过寻找树洞，发现每一个树洞的形状都不一样，而且出现的部位也不一样。他将自己寻找到的树洞，记录下来。有的说树洞像人的鼻孔，有的说树洞像圆圆的肚脐，还有的说树洞像小嘴巴……

探究目标：10 月 15 日，探究目标为"能大胆猜测，说出自己对于树洞的猜想和问题，并用表征的方式展现"。

幼儿用表征的方式表现有关于树洞的问题，并投票统计确定幼儿想了解的、有关于树洞的核心问题，最终有三个问题是幼儿最想关注的：1. 树洞里面有什么？2. 树洞究竟有多深？3. 树洞是如何形成的？于是我们决定从这三个问题出发开始对树洞进行探索。

资源运用：幼儿同伴经验差异资源，探究中的资源为园内的树木资源。联系家长带幼儿到郊外寻找树洞。见图 4.1.3 及图 4.1.4。

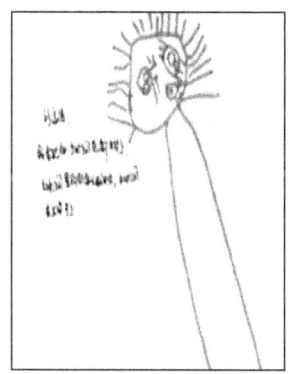

图 4.1.3　幼儿在户外寻找并表征树洞

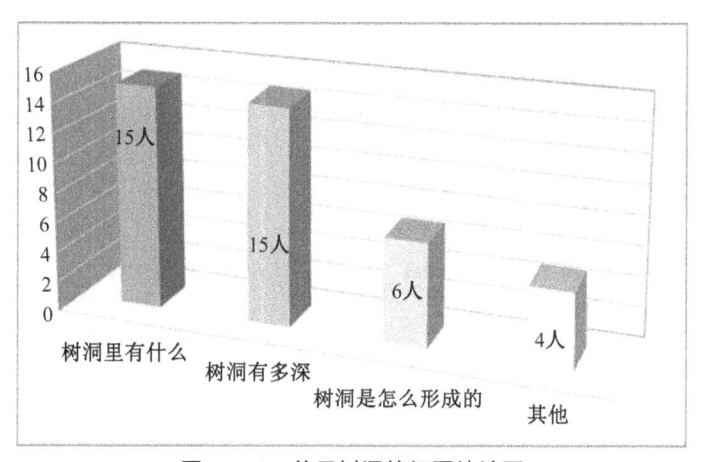

图 4.1.4　关于树洞的问题统计图

探究目标：10 月 20 日，目标为"积极动手动脑参与探索树洞，并能用较完整语言表达，并乐在其中；愿意用图画和符号表达自己的愿望和想法"。

探究资源：幼儿经验差异资源、材料工具。

幼儿自由猜想树洞里有什么，并尝试将猜想用表征记录下来。他们认为树洞里面可能会有壁虎或者毛毛虫，甚至有的认为会有螃蟹或者是龙虾等等。见图 4.1.5。

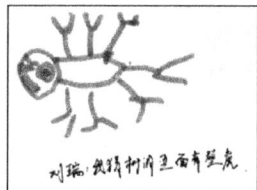

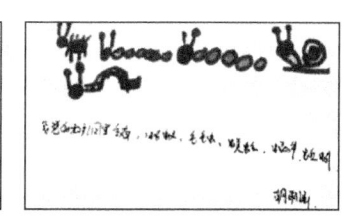

图 4.1.5　幼儿表征树洞里可能存在的东西

幼儿讨论用什么方法和工具来验证自己的猜想:

乐乐:"用眼睛去看一看。"奇奇:"用放大镜和眼镜一起看会比较清楚。""用手电筒,对着树洞里照,树洞里很黑,看不清楚,因为树洞比较小。"幼儿的设想需要进一步的验证支持。老师和幼儿共同收集了他们在猜想中需要的工具,验证猜想和现实是否一样。然而在探索的过程当中,用放大镜能将洞口放大,但是看不到里面。用手电筒可以看到里面一点点,但是最里面还是看不到,而手电筒和放大镜一起配合使用,是最看不清楚的。

探究目标:10月28日,目标为"通过讨论主动寻找测量树洞的工具"。

探究资源:材料工具,幼儿经验差异资源。他们在画纸上用绘画的方式表现出了可以量树洞的工具,有火腿肠、毛根、铅笔、尺子等等。随后师幼共同准备了各种测量树洞的工具(尺子、毛根、树枝等),测量很有趣,幼儿也特别投入与专注。图4.1.6是他们测量树洞时的统计记录。

图4.1.6 测量树洞时的统计

随后相继开展了"树洞里有什么""树洞有多深""树洞如何形成"的探索。见图4.1.7。

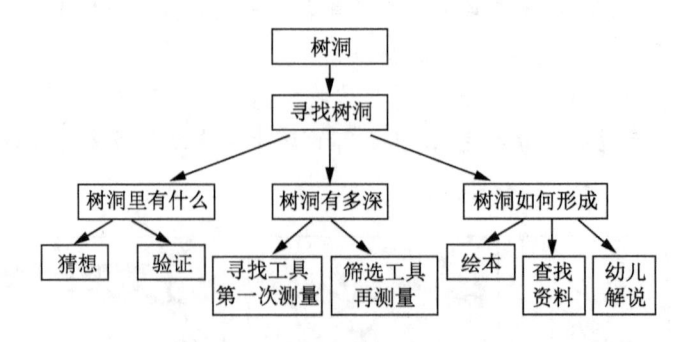

图4.1.7 关于树洞的探索网络图

案例"树洞"中,从幼儿在园内发现树洞而引发"我们发现的树洞是在银杏树上的,其他树上有吗?"这样的问题,于是将资源扩大到全园的树木,进行排查。

发现其他树上有的有洞、有的没有洞,丁是运用家长资源,周末带幼儿在周边的小区、公园等有树木的地方寻找树洞,并记录自己找到的树洞。后续的探究活动中,教师作为幼儿的伙伴资源,和幼儿共同解决他们的疑问,重点围绕"树洞里有什么?树洞有多深?树洞如何形成的?"进行探究。图4.1.8为本次探究过程中综合运用多种资源的网络图。

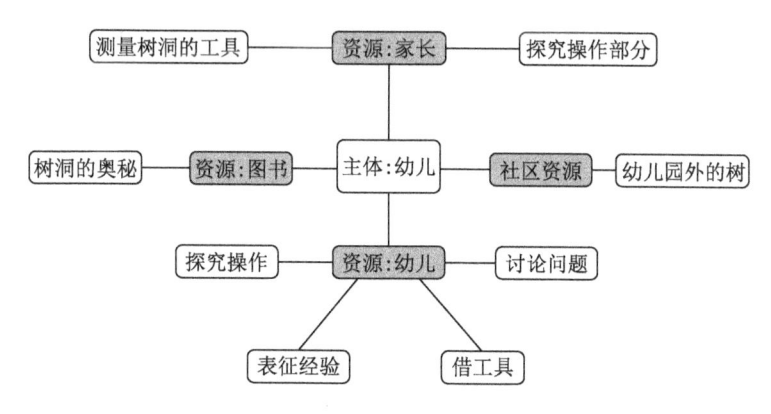

图 4.1.8　探究树洞资源网络图

在"树洞"伙伴小组项目活动探究过程中,幼儿为主体,幼儿、家长为第一资源,在此基础上辐射到对物的资源利用,合理促进幼儿往高一阶段发展。

五、幼儿的发展上体现整体性

《指南》中提到"关注幼儿学习与发展的整体性"。伙伴之间的小组学习是整合的、相互渗透的,区别于单项领域的学习目标,是以促进幼儿全面发展为最终目的。这也契合了《指南》中提到的"帮助幼儿逐步养成积极主动、认真专注、不怕困难、敢于探究和尝试、乐于想象和创造等良好学习品质"。表4.1.1是教师在开展项目活动"树洞"前期结合《指南》精神制订的发展目标。

表 4.1.1　"树洞"项目探究活动中幼儿发展目标

领域	《指南》目标	"树洞"小组项目活动目标
语言	愿意讲话并能清楚地表达	愿意与他人交谈,喜欢谈论自己感兴趣的话题 讲述比较连贯
	具有书面表达的愿望和初步技能	愿意用图画和符号表达自己的愿望和想法
社会	能与同伴友好相处	活动时愿意接受同伴的意见和建议
	具有自尊、自信、自主的表现	能按自己的想法进行游戏或其他活动 敢于尝试有一定难度的活动和任务

(续表)

领域	《指南》目标	"树洞"小组项目活动目标
科学	亲近自然，喜欢探究	常常动手动脑探索物体和材料，并乐在其中
科学	具有初步的探究能力	能对事物或现象进行观察比较，发现其相同与不同 能根据观察结果提出问题，并大胆猜测答案 能通过简单的调查收集信息 能用图画或其他符号进行记录
科学	感知和理解数、量及数量关系	能感知和区分物体的粗细、厚薄、轻重等量方面的特点，并能用相应的词语描述 能通过数数比较两组物体的多少
艺术	喜欢自然界与生活中美的事物	在欣赏自然界和生活环境中美的事物时，关注其色彩、形态等特征
艺术	喜欢进行艺术活动并大胆表现	经常用绘画、捏泥、手工制作等多种方式表现自己的所见所想

在"树洞"小组项目活动中，从《指南》《纲要》引领下的发展目标梳理可以看出，幼儿在活动中得到了语言、社会、科学、艺术等方面的全面发展。教师制订小组项目活动目标，更是注重幼儿动手操作、观察思考、解决问题的能力等良好学习品质的发展。

（案例提供：解敏）

第二节　小组项目活动的实施路径

我园在项目选择与实施的过程中，以儿童兴趣、需求与发展为依据，充分运用园内外资源，支持幼儿伙伴式学习，促进师幼的共同发展，逐渐形成了具有"伙伴"特色的小组项目活动实施样态。在我园，项目活动建构，主要经历以下几个阶段。

一、阶段一：问题的产生

马拉古奇曾经说过：最理想的情况是当成人的兴趣与幼儿的兴趣恰好相同时，教师就能很容易支援幼儿的动机与学习乐趣。问题的产生其实是项目活动的开端，问题的产生，源于幼儿的兴趣与问题，教师需要对幼儿探索的问题有更多的判断与筛选，如是否对幼儿有长期的吸引力？是否与幼儿的生活相关？是否基于幼儿已有经验？能否提升幼儿的知识与技能，促进幼儿之间的互动与交往？是否有利于幼儿的主动发展？家长中是否有可利用资源？……

如，小组项目活动"测量凤凰台"，幼儿在参观完凤凰台后自发聊天："你们看见没？凤凰台上的地砖都是各种各样的凤凰，真好看。""是哦，顶上的那只红色凤凰造型真独特。"小玉提出新发现："你们有没有数台阶啊？你们知道有多少级台阶吗？"幼儿们都摇摇头。阿泽跑过来："我觉得凤凰台很高，有那么高！（做了个比画的动作）"其他幼儿也都好奇极了，问道："那么高是多高呢？"幼儿七嘴八舌说开了："高度可以测量""使用尺子测量吗？太高了""那怎么测量？"显然，参观凤凰台后，幼儿们产生了一系列问题，而这些问题中又以"凤凰台有多高？有多少级台阶？测量的方法有哪些？"最能引起幼儿兴趣和共鸣，同时也富有价值。

教师敏感捕捉到幼儿的困惑——高度、测量。在项目活动问题产生过程中，教师能够及时抓住幼儿交流中的兴趣点以及关键所在；同时也发现"问题"是发生在幼儿生活中的事，是幼儿熟悉的。幼儿根据自身的认知经验提出问题，设定探索的范围，投入真实的探索，并得以胜任。

二、阶段二：可能的方向与目标预设

在小组项目活动的进行中，设立目标并评估幼儿与项目相关的知识和兴趣是非常重要的一步。在幼儿尚未正式开始进行项目之前，教师们要先讨论关于案例的各种可能性、假设及方案可能进行的方向。

首先，提出启发性问题与幼儿一起讨论。如，测量的工具是什么？测量的步骤有哪些？接着，搜集谈话的内容，了解与评估幼儿测量的知识等初步的认识程度。进而，鼓励幼儿，以使他们产生观察、提问、建议与假设的欲望，同时让幼儿设定活动的初步方向。

通常情况下，幼儿的问题、假设与探究的方向产生后，教师会依据幼儿已有经验以及《指南》，对幼儿发展做出目标预设。当幼儿对"测量凤凰台"产生兴趣、有话题时，教师结合《指南》和幼儿已有经验，预设幼儿活动目标为：能在成人的帮助下制定简单的测量计划并执行；用简单的记录表、统计表、图表示简单的数量关系。通过目标，可以看出本次项目活动目标聚焦测量、记录与分享成果。预设目标为小组项目活动开展奠定了基本方向，也为师幼进一步开展资源搜集、活动筛选提供依据。但预设的目标也会随着幼儿兴趣转变、探究重点调整在活动过程中进行调整。

三、阶段三：资源的梳理

资源的梳理可以理解为物质资源与幼儿经验的同步梳理。通过拟定网络来明确项目探索的范围，梳理资源。网络的编制往往是由师幼共同完成，通常情况下，首先由教师根据幼儿讨论产生的问题或者是幼儿的经验初步拟定网络图，初步拟定时尽可能收集多于实际活动所需的想法和子问题，预设可能产生的活动，然后在实际实施中根据儿童经验、认知进行调整和补充。如进行"测量凤凰台"的活动中，教师以"怎样测量"为核心概念，向四周做放射性的子问题："谁来测量""使用什么工具""测量步骤""可能出现的测量问题""我们可以得到的帮助"依照每一个子问题，再一次生发，如"谁来测量"可以生发"测量师""记录者""观察者"等子问题，"我们可以得到的帮助"则是对资源的梳理，幼儿在讨论、思考、探访后生发出"会测量的家长""幼儿园已有测量工具"等。

资源梳理是伴随小组项目活动开展的持续动态过程，项目网络放大到什么程度，项目进行多长时间，主要以幼儿的兴趣为转移，同时也要以预设目标为依据。如果幼儿兴趣持续不减，就可以一直持续下去。"凤凰台"的活动起源于测量凤凰台，后期又有对凤凰台文化、艺术性的探究，活动持续一个多月，网络图的编织也是在原先基础上依据幼儿兴趣和需要不断进行扩充。

四、阶段四：支持实践探究

小组项目活动的探究是"提出问题—解决问题—产生新问题—解决新问题—展示与交流"的过程，下面我们以完整的"测量凤凰台"为例，简单介绍项目活动的展开过程以及教师的支持行为：

1. 开展问题讨论。问题的产生可以引发幼儿深度的探索，因此在项目活动开始时，教师并不希望幼儿毫无目的地探索，而是期待幼儿带着问题有方向地大胆尝试。教师在过程中不过多表达自己的观点，而是在幼儿出现矛盾、无法调节、背离探索目标的情况下，提供给幼儿合理的建议。活动伊始，幼儿围绕"测量凤凰台"提出了一系列问题，如：凤凰台这么大，我们怎么分配？选择什么样的测量工具最合适？测量过程中如何进行有效分工与合作？幼儿要做哪些事情？

2. 自主组合"伙伴共同体"。小组项目活动是幼儿在教师的支持、鼓励与帮助下，将某个大家感兴趣的或适宜的问题或事项作为项目进行深入探究，通过小组合作等方式，发现相关知识，建构相关经验。项目活动的第一步是建立有小组长、组员在内的小组。教师的作用就是激励每位幼儿竭尽所能投入小组的探索活动，进而从中获得成长。如在"测量凤凰台"的准备阶段，幼儿们根据自己不同的问题，分成了测量台阶组、测量栏杆组、测量记录组、分层测量台体组。

3. 探究并解决问题。解决与探究问题的过程，是幼儿探索能力、交往技能、解决问题的能力以及其他优质学习品质得以发展的关键过程。在探究并解决问题的过程中，幼儿往往会借助相关途径，如：

（1）调查收集"相关资源"。凤凰台活动推进过程中，幼儿的经验和认知还存在不足，因此教师发起一项讨论，询问幼儿从什么地方可以获取凤凰台的相关资料。这一讨论引起幼儿思考，他们表示可以从网络、也可以从图书馆，同时也有幼儿表示："以前住在百家湖附近的人应该了解凤凰台，我们可以去采访。"教师便鼓励幼儿实践自己的想法，有的打印相关网络资料，有的从图书馆借阅了文献，还有幼儿带着采访附近居民的记录，这些资料都摆放在班级，幼儿会从中查找自己不清楚的疑问，弄清答案。

（2）共同设计"探究计划"。每个项目研究小组的幼儿初步明晰自己的研究计划，他们通过与同伴讨论、交流，表达自己的意见和想法。以下是幼儿即将去凤凰台现场研究时，分组制订的选物计划。我们发现幼儿使用了箭头图（图4.2.1）、序号图（图4.2.2）、以及方框流程图（图4.2.3）来列计划。教师并没有给出统一要求，教师所要做的便是为幼儿提供便捷的可操作材料，允许幼儿有自己的尝试，并且当幼儿在设计过程中无法继续时，启发幼儿通过查阅书籍、询问有经验的家长等途径,攻破难关。

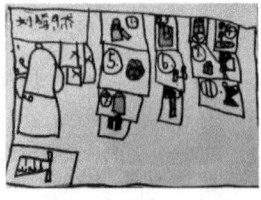

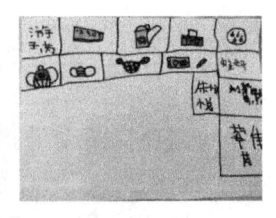

图 4.2.1　　　　　　　图 4.2.2　　　　　　　图 4.2.3

（3）合作探索"问题点"。问题的解决,是通过小组进行的。面对初期测量如何开展、测量工具怎么选择的问题,幼儿进行合作探究。幼儿把自己按计划带来的所有工具放到了一起,最后拿了气球、毛线、卷尺、记录本和勾线笔到凤凰台前。通过一一尝试的方法,幼儿发现大距离测量时,长度足够长的皮尺特别适合。同时幼儿进行分组测量,每一小组测量凤凰台的一层,并且每一测量小组配一个记录小组。教师发现,幼儿在解决问题的过程中,是有许多策略的,例如测量第二层的小组成员蔡拿气球站在草地平台上,游和朱在两层之间的楼梯上观望,宋、刘在第二层栏杆处往下放皮尺,蔡喊道:"好了!"蔡其实就是一个指挥者。幼儿通常不知道整理与分享自己的方法,因此教师在整个过程中就是拍摄者、记录者和观察者。收集相关资料,便于为幼儿后期分享提供素材。

（4）质疑新问题、解决新困难。在项目活动实施的过程中,幼儿不断地进行争论与猜测,引发探究和验证,保证了学习具有一定的深入性与连贯性。在"测量凤凰台"中,小组成员不断围绕"测量斜高还是垂直高度？尺子的长度不够,怎么办？测量总量如何计算？"等新问题,持续深度探究。

4. 共同分享"差异经验"。幼儿因生长环境等不同,其经验也存在着差异,而正是这种差异经验丰实了幼儿的学习,教师要在项目活动中观察幼儿的差异经验,鼓励并提供机会提升新经验。

在测量前,教师问道:"凤凰台那么高！经过昨天的调查,我们可以用什么方法测量呢？"育育说:"用大尺子。"几位小朋友纷纷说:"不行不行,尺子不够长的。"珺瑶说:"用毛线一根一根接起来。"彤彤:"在最高处有一个人放线下去,最下面站一个人拉直,然后用尺子一点一点量,最后加起来。"墨墨:"太阳可以照出影子,测量影子的长度就可以知道凤凰台多高了。"彤彤说:"不行不行,太阳有角度,影子有时长有时短,不准的。"用卷尺从上往下量,在气球上面绑绳子然后把绳子抓手里测量,等等,幼儿分享自己调查获取的经验。

5. 分享展示"新经验"。幼儿不仅是探索家,更是分享家。分享过程是幼儿对自己探索问题的过程回顾、经验总结的过程,也是伙伴间实现经验共享的过程。在"测量凤凰台"分享展示中,幼儿首先通过参观展览、共同讨论的形式确定展会内容。如，骜然说："我想把我们组的测量故事画出来制作成小书,这样其他小朋友就可以知道我们的测量发生的事情了"；俊泽说："但是我想自己给大家说我们组的测量故事,还有我们做的计划就可以拿着给大家看,然后我的组员也可以一起说。"经过讨论最终确定了"我的项目故事""项目小组分享测量故事"等展会名。在测量中幼儿又延伸出对凤凰台花纹的美感体验,开展幼儿艺术作品展览活动。并且幼儿在老师帮助下,确定了走廊、美工区、建构区三个分享展示点,幼儿通过绘画自制故事书,将设计好的凤凰台封面贴在图书表面,通过图书,展示测量过程中的故事以及过程。同时,通过搭建、泥塑、绘画等形式,开展艺术作品展。

五、阶段五：反馈评价

反馈评价的主体是幼儿,他们在活动过程中,通过讨论、协商以及展示的多种形式,表达自己的理解以及活动中的感受。同时教师也是反馈与评价者,反馈评价是贯穿在整个项目实施过程之中的,从早期问题产生时教师做出的价值判断,到目标预设时教师做出的价值选择,以及在活动中教师的观察记录、对幼儿的分析,都是对活动的反馈与评价。简而言之,小组项目活动评价贯穿在活动始末,既有对幼儿的观察评价,又有活动结束后的反思与调整,就如"测量凤凰台"活动结束后,教师反过来思考：课程实施是否达到预期目标与效果？实施效果的追因分析是否建立在幼儿的基础上？资源运用是否追随幼儿需求,实现幼儿发展？运用哪些策略支持幼儿经验主动建构？如何开展发展性评价？

第三节　小组项目活动中的教师支持

根据小组项目活动实施的不同阶段，教师需要不断地关注幼儿的需要，完善"支持者"的角色定位，在恰当的时机以适宜的方式给予幼儿必要的帮助，推进项目活动的持续发展。通过在小组项目活动进程中的观察，结合形成的相关经验，阐述小组项目活动初始、实施、总结阶段教师的支持策略。

一、小组项目活动初始阶段教师的支持

在小组项目活动的初始阶段，教师经常会思考这样一个问题："如何从幼儿想要探究的问题中选出恰当的适合幼儿探究的主题呢？"这也是本阶段的核心，教师需要从项目活动内容的选择以及向前推进的方式进行深入地思考。

（一）把握幼儿的关键问题

《指南》指出："成人要善于发现和保护幼儿的好奇心，充分利用自然和实际生活机会，引导幼儿通过观察、比较、操作、实验等方法，学习发现问题、分析问题和解决问题，帮助幼儿不断积累经验。"幼儿在与同伴、环境互动的过程中总是会在不经意间关注到自己感兴趣的"闪光点"，进而引发他们对于想要探究的问题的不竭动力。这个关键问题能够让幼儿在真实的情境中自主参与，为了完成目标幼儿愿意不断地接受挑战，充满探究的热情，迸发源源不断的学习内驱力。以小组项目活动"最佳拍档"为例：

在中班小组项目活动"最佳拍档"中，幼儿在欣赏主题墙上家乡美景时，除了看照片的内容外，还在讨论照片是怎么拍出来的，萌发拍照的想法。教师及时捕捉到了幼儿的兴趣点，给予支持——提供相机，和幼儿讨论，在班级共同筹备"照相馆"的游戏区域。随着幼儿游戏的深入，教师不断追随幼儿的探究脚步，从最初的相机支持，逐步转为提供场景、设备、技术等的支持，为角色区"最佳拍档"游戏的诞生奠定基础，幼儿的拍照技能技巧也得到了提升。

（二）拓展幼儿的共同经验

教师可在小组项目活动实施前利用各种途径，丰富幼儿的共同经验。如发

放调查表促使幼儿和家长一起去了解项目活动中关注的问题;在图书区放置相关书籍,幼儿能通过阅读图书来获取关于探究内容的有益经验,进一步激发探究兴趣;关注幼儿经验的个体差异,创设自主的交流机会,促进幼儿间经验的共享。如,在"乌龟探秘"项目活动中幼儿经过讨论、自主探究习得新经验。

在中班小组项目活动"乌龟探秘"中,实施初期,我们的探索从乌龟的外形出发,了解乌龟身体的主要构造。教师为幼儿提供相关的学习资源,如乌龟生长过程图及更加鲜活的影音资料,阅读区的绘本《猜猜蛋里住着谁》,益智区、自然角的放大镜、观察记录等。和以往的观察不同,我们将乌龟放置在相对自由的空间中,这样幼儿与乌龟的距离得以无限靠近,在与乌龟的近距离互动和长期观察中,得到了关于乌龟的共同经验。随着小组项目活动的深入进行,幼儿逐渐关注更加深层次的问题。

(三) 恰当地运用网络图

运用网络图可帮助教师更加清晰地了解探究的项目方向,呈现幼儿可能探究兴趣点及问题,直观地展现项目活动的具体价值方向。随着项目活动的不断推进,网络图也在不断地丰实调整中,不断加入幼儿想要探究的内容,进行筛选、归纳和总结,使整个项目活动的走向更加清晰。如,大班小组项目活动"一棵桂花树"的问题网络线索,见图 4.3.1。

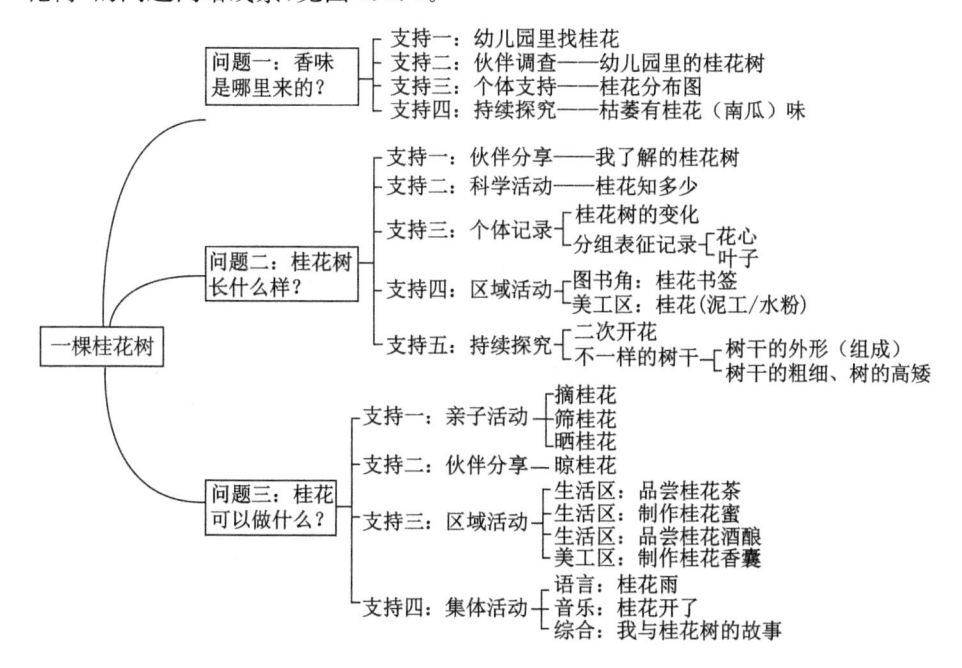

图 4.3.1　大班小组项目活动"一棵桂花树"网络图

二、小组项目活动推进阶段教师的支持

在小组项目活动推进阶段,难免会遇到各种各样的问题:如何处理教师预设与幼儿生成之间的关系?如何将资源运用得更加适宜有效?如何才能让教师的支持契合幼儿的需要?在与教师的访谈及小组项目活动实施过程中积累的经验如下:

(一)及时发现新的探究空间

小组项目活动的实施过程体现幼儿探究的自由与自主,但是这并不等于忽视教师的作用。幼儿的探究经验与能力受年龄所限,他们获得直接经验一般是表面的、零散的,这个时候教师的作用就显得尤为重要,教师通过观察幼儿的活动,发现幼儿的兴趣所在,适时地助推项目活动的发展。大班项目活动"探秘桃胶"中在初入果园时,幼儿与教师之间的互动行为能够体现教师在捕捉新的探索点中的教育智慧。见图4.3.2。

大班小组项目活动"探秘桃胶"中教师的观察与支持

教师观察: 第一次进入果园时,幼儿并未有一致的聚焦,有的在寻找散落在地上的石榴和橘子,有的聚集在桃树周围指指点点讨论着地上的桃胶,时不时用手去地上摸一摸、树上摸一摸。果果说:"我发现橘子树的树叶少了,颜色变黄了,还有橘子掉落在地上。"琪琪捡到了落到地上的两个小橘子,高兴地与同伴交流着。卡卡说:"我发现桃树上有很多桃胶。我的问题是,桃胶能不能做成胶水?"

图4.3.2 探寻桃胶的秘密

卡卡的话题引起了同伴的兴趣,引发幼儿们现场的对话。航航说:"做个试验就知道了。"

锦锦说:"我知道这个实验,这个桃胶不能做胶水。"教师摊开双手,故作无知:"我也不知道,你们说怎么办?"小羽说:"那我们只能靠实验来证明了。"

教师思考:幼儿关注桃胶已经不是第一次,在前期散步的时候,他们就已经注意到了这个物体,也有过一些零星的经验。当再次来到果园,大部分幼儿仍把视点聚焦在桃胶上,兴趣使然,才能让幼儿的探究更为专注和投入。同时,桃胶的探秘中蕴含着《指南》中提到的"对自己感兴趣的事情总能刨根问底""能觉察到植物的外形特征、习性与生存环境的适应关系""能用一定的方法验证自己的猜测"等众多教育价值,因此和幼儿一起探秘桃胶,势在必行。

教师支持:

1. 开放空间,允许按照自己想法探究。第一次进入果园,不要限制幼儿的思维与想象,也不要指挥幼儿"要做什么"或者"不要做什么",更多地是把幼儿放入果园这一空间中,允许幼儿自主选择探究的对象,无论是橘子树、桃子树或是其他果树,皆可。

2. 持续观察,适时抛回问题。此时教师做什么?当幼儿专注、投入时,教师更多地是观察幼儿的探究行为,倾听幼儿间的对话,从中捕捉有价值的教育点,轻易不要介入幼儿的探究,不经过允许的介入可能会打断他们原有深入探究的思绪。当幼儿有问题时,也不要急于给出答案,把幼儿的问题抛回去,把动脑筋思考与尝试的机会留给幼儿,相信过程中他们能收获积极与主动。

(二) 提供适宜的活动资源

《纲要》中指出:"环境是重要的教育资源,应通过环境的创设和利用,有效地促进幼儿的发展。"这里的环境不仅仅指空间、材料、设施等物质环境,同时还包括家长资源、同伴资源、社会资源以及有利于幼儿发展的其他资源。小组项目活动的开展势必需要依靠幼儿周边丰富的各类资源,"用什么?怎样用?"成为最需要解决的问题。我们认为"筛选""整合""运用"应该成为伙伴课程资源运用的关键词。首先,伙伴课程的实施涉及众多的资源种类及具体内容,需要从中筛选符合不同小组项目活动特点的资源。其次是资源的整合,整合不等于盲目叠加,而是寻求相关课程资源的整体建构和综合运用。梳理的小组项目活动资源应用情况中可知,园内与园外资源、教师与家长资源、幼儿伙伴间资源以及其他资源相互融合,共同推动小组项目活动的开展。由大班小组项目活动"桥,我们发现"的思路预设表中可以清楚地看到资源在小组项目活动实施各个阶段的运用。见表4.3.1。

表 4.3.1 "桥,我们发现"思路预设表

资源有什么(事实资源)	幼儿有什么(兴趣、经验)	提供什么(有价值、可利用资源)		做什么、如何做(活动内容、组织方式、评价,支持幼儿主动建构经验)			幼儿获得什么
		环境、材料	活动	前	中	后	
百家湖上的四座桥,幼儿有相关认知经验。	幼儿有亲身体验的经验,知道白龙桥的明显特征。	家长可带幼儿实地观察;网络资料。	区角活动:建构白龙桥。观察活动:填写观察记录表。测量活动:测量白龙桥的长度。	了解幼儿对白龙桥的已有认知经验。	组织幼儿进行有目的的实地观察活动,在原有的基础之上提升幼儿的认知水平。	小组分享、集体交流幼儿的新发现,教师总结提炼帮助幼儿建构对白龙桥的经验。	在本活动中幼儿自主选择合适的方式测量到桥面的长度,两侧栏杆的高度,栏杆上花纹的排列规律等。
南京市其他地方的桥。如长江大桥、大胜关大桥、玻璃桥、斜拉桥等。	幼儿在外出或旅游时见过各种各样的桥。	不同的桥之间的异同是拓展思维最有利的物质条件。幼儿节假日,可以跟随父母去了解自己感兴趣的桥并拍摄视频。	集体分享:幼儿分享自己去过的桥,介绍的外形特征,桥长,桥的名称以及特殊的意义。	除了百家湖上的桥你还见过哪些壮观的桥?了解幼儿的前期经验。	家长带幼儿实地观察拍摄视频,并查阅桥的相关资料介绍。	幼儿分享之后,教师将介绍过的图片和文字制作成一本《桥手册》放到阅读区。	幼儿通过本次活动了解到不同桥的设计造型、空间结构、数字信息以及特殊的意义,提升幼儿对桥的认识。

(三) 关注幼儿的记录与表达

幼儿对周围世界的感知和理解各不相同,他们对于周遭事物的记录与表达也呈现出多样化的特点。在小组项目活动实施过程中记录与表达是幼儿展现自身真实想法、呈现学习成果的重要途径。教师要为幼儿创设良好的环境、情景,便于他们在愉悦的环境中更真实地表现自己,提升幼儿的记录与表达能力。这

一点在小组项目活动中得到充分的展现,以大班小组项目活动"走,去百家湖"为例,在实地走湖后,幼儿会用自己喜欢的方式记录下自己的发现、印象深刻的事物,并和同伴进行交流,幼儿的记录水平让我们非常惊叹。活动中,幼儿的交流无处不在,如,有小组讨论交流,有走湖过程中随机的、自由的、看到就说的即兴交流,小组视频交流时,拿着自己的记录单在集体面前介绍式的交流,也有老师引导的、个人发表意见的交流,还有和不同人群的交流——园林工人伯伯、路上的行人等,他们用绘画的方式将自己关于百家湖的印象记录下来。见图4.3.3。

小组项目活动"走,去百家湖"分享性记录

幼儿在探究百家湖的过程中,用绘画的方式,将自己关于百家湖的印象记录下来。阳阳说:"我画的百家湖有蓝蓝的湖水,湖里面有荷叶还有小青蛙在呱呱叫。"包包说:"我画了白龙桥,桥是白色的,很长很长,还有好多弯弯的桥洞,桥上的灯有两种,是不一样的,还有一个小船在湖面上漂啊漂。我还画了湖旁边的草地,很大很大,周围有很多树。"教师提问:"你的树为什么有不同的颜色和形状?"包包解释说:"因为草地旁边的树很多,是不一样的。"俊俊还进行了添画:"我画的是百家湖,还有杨柳树,湖上面有白龙桥。"佳佳说:"我画了1912的风光,沙滩的大门还有椰子树,还有高楼。"

图4.3.3 幼儿绘画表征:我看到的百家湖

(四)提供可持续性发展的探究材料

小组项目活动开展是一个动态的、不断变化的过程,在进行探究的过程中,幼儿遇到问题时会通过自主讨论进行"思维风暴",确定接下来的操作要点,随之而来的便是提出自己还需要哪些材料、哪些工具,因此,教师需要对于材料进行初步的甄别,也可将幼儿所需要的材料通过多种渠道(采购、家长收集等)汇聚,允许幼儿一一尝试,最后选择更加适宜的材料助力自身的探究过程。

三、小组项目活动总结阶段教师的支持

从小组项目活动实施的初期,以观察记录和成长档案册作为最常使用的评

价方式。如何丰富评价形式，让更多的主体真正参与到课程评价过程中，需要在小组项目活动实施中不断摸索实践，如，幼儿成长故事、教师的活动后自主审议、家长的调研等，让小组项目活动的实施获得更具价值的经验。

（一）让幼儿的成长看得见

在小组项目活动开展过程中，教师利用电子设备抓拍到幼儿的操作过程，通过图片、文字、绘画的形式进行线索整合，成为生动有趣的"幼儿故事"，张贴在教室，让幼儿随时随地"看到"自己在项目活动中的探究过程，成为一日活动中的"话题中心"，有助于幼儿进行下一步的思考，并感受项目活动探究的乐趣与自豪感。

（二）挖掘项目活动后审议资源

在小组项目活动开展中途或一阶段后，班级教师可围绕当前小组项目活动实施情况进行分享性讨论，结合活动中产生的问题、解决办法、创新之处、改进方法以及接下来的探究要点进行讨论与经验分享，可由教师记录，也可由幼儿自主记录，形成头脑风暴式思维导图，挖掘项目活动可持续发展的新资源。如，中五班幼儿在进行"舌尖上的茶香"项目活动时，幼儿已围绕"茶叶的用途"进行多次尝试，找到了煮茶叶蛋和做焦糖奶茶的方法，在反思阶段，可结合幼儿园的"山茶花"进行新的项目活动探索，探究两种植物之间的区别，并和自然角种植活动密切联系，尝试种植坡地茶叶，并创建"茶园"这一游戏区域。

（三）家园沟通探究小组项目活动新思路

小组项目活动开展前，教师向家长分发调查问卷，了解家长对于此活动的认识，以及能够提供的资源，为活动的顺利开展做好资源保障；在活动开展中，教师通过及时上传视频、照片以及文字描述介绍项目活动开展的现状、问题以及幼儿的尝试，帮助家长更好地从活动中认识幼儿的能力，为其提供科学且专业的家庭教育指导；在活动结束后，教师通过"项目小结"的形式，采用视频、ppt向家长汇报本次项目活动的实施，并征求家长的有效建议，引导其提供延伸性的活动，也可为新的项目活动探究提供新思路。

小组项目活动评价中，我们不但需要关注幼儿显性经验、能力的发展，同时也要关注幼儿在小组项目活动中获得的自我认知、专注、合作、坚持等隐性学习品质的发展，所以我园不断地完善传统的成长档案评价的内容，在项目活动中融入幼儿自我评价、同伴评价，教师自我的实践反思等内容，凝练项目活动实施后的幼儿成长。

第四节　小组项目活动中的幼儿合作

小组项目活动中,教师为幼儿提供了宽松、自由的学习生活环境;幼儿间有自主交往的空间,伙伴间用不同的方式方法,借助于不同的材料进行自由表现与表达,在愉悦的互动氛围中获得成功的体验,在互相合作的过程中体验伙伴式学习,获得到充分和谐的发展。小组项目活动中的伙伴式学习主要体现在以下方面。

一、共同发现问题,迸发探究动力

小组项目活动以问题为驱动,激发幼儿探索的欲望,让幼儿有充分探索与学习的空间,在不断发现问题、解决问题的过程中产生深度学习的可能。幼儿针对自己感兴趣的问题,总有数不尽的奇思妙想,在同伴间形成"热点"问题,他们自主分组,引发深入的思考与探究。

大班小组项目活动"送你一朵山茶花"中,幼儿在对山茶花初步认知的基础上,产生关于它们的各种疑问,如"山茶花什么时候开?山茶花的叶子为什么和别的叶子不一样?别的树叶都黄了,它怎么还是绿色的?"不过幼儿们的兴趣各不相同,孩子们记录了自己的问题,根据他们的问题,自然而然分成了小项目组。教师支持幼儿自我满足,鼓励他们自主选择,自由结伴。幼儿们分为花儿组与叶子组。花儿组围绕"怎样才可以让山茶花顺利开花",叶子组围绕"为什么山茶花叶子上有那么多的锯齿",对自己感兴趣的问题进行分类探讨,及时记录了自己的发现并和小伙伴互相分享。

二、共享差异资源,协商面对困难

幼儿生活在不同家庭中,其生活经验也存在着差异,这些差异经验让小组项目活动更加生动。同伴间的互学远远比教师的说教有效,用好伙伴之间的差异经验资源,用幼儿的方法解决幼儿的问题,同时引入实验操作促进幼儿深度探究。

大班项目活动"探秘桃胶"中,幼儿进入果园继续收集桃胶,他们在树上、地上找了很多,除此之外在紫叶李树上也发现了一些树胶。带着收集来的桃胶,幼儿讨论着如何让桃胶变干,然后制作胶水。他们共同商讨各种方法并进行大胆尝试,分工带来需要的物品,有的带来了吹风机,有的带来了酒精灯、小镊子。孩子们根据自己的想法制作胶水。关于制作桃胶胶水的实验,幼儿们商议着分成两组,第一组采用晒干(吹干)桃胶的方法做胶水实验;第二组不用晒干桃胶,用其他黏性树胶与桃胶混合制作,并讨论确定需要的工具和材料。

其中第二组幼儿带来了昨天找的紫叶李的树胶,打算把它和桃胶混合在一起,然后晾晒。他们还做了详细的计划,第一步:找一个502之类的胶水参考,看看这些胶是怎样的。第二步:找一些不一样的树胶。第三步:看看这些树胶有没有黏性。第四步:把树胶和桃胶放在一起。第五步:进行搅拌。第六步:包装在瓶子里。第一组幼儿则带来了电吹风,用电吹风给桃胶吹风,成功"提取"到桃胶。过程中幼儿充分利用自身的优势资源,为桃胶的揭秘助力。见图4.4.1。

图 4.4.1 幼儿探秘桃胶的黏性

三、分工合作探究,交流分享经验

项目活动中幼儿可以尝试通过小组成员的分工、协作、交流和讨论,运用多种方式表达自己对所学内容的理解,提出自己通过实践得出的观点,向他人展示自己的学习与探究成果,在分享、争论中汲取他人的成功或是失败的经验,共同了解问题中的核心点,提升探究能力,获得成功体验。

在小组项目活动"凤凰台的台阶"中,5个探究的幼儿自成一组,在初次和二次统计时,每位幼儿分别采用目测、点数的方法统计台阶数量,呈现各不相同的数据。问题产生了:"为什么我们每一次数的都不一样?"于是,梓墨提出新方法:"我们合作吧,梓皓统计第一段、俊泽统计第二段、博宇统计第三段、彤彤第四段,我来记录。"5个人达成一致后,开始行动。数完后,梓皓、俊泽、博宇分别把数据报给梓墨,分别为10、15、25、8。

"每一层加起来到底有多少,你会算吗?"多个数字相加,超出幼儿计算的能力范围。第二次合作,梓墨:"我们带来小棒,数数小棒吧。"其他4名幼儿拿出小棒,数出和每层台阶相等的数量,然后把所有的小棒合在一起,在老师的建议下10个一组摆放,数出总量58个。

在统计后,幼儿又出现了争议,彤彤说:"凤凰台不是三个通道,有四个通道。"俊泽说:"就是三个,我们数了三个。"到底是三个通道还是四个通道? 第三次合作,"数数凤凰台有几个通道?"因为凤凰台是圆形,给统计带来了困难,刚数过的通道,转了一圈又数了一次。博宇提议:"我们做标记吧,数过的地方放上一个树叶。""可是树叶会被风吹走,上面再压个石头。"由于通道之间有一定的距离,数着走着聊着就忘记了前面到底是第几个,于是他们又一次分工,有人负责从原点开始再数一次,有人继续向前做标记。最后发现,一共四个通道。图4.4.2为大五班户外远足来到凤凰台进行测量活动。

图 4.4.2　大五班户外远足来到凤凰台进行测量活动

三次合作,有幼儿自发组织的,也有教师提议的,幼儿根据三次不同的探究目的进行分工、协作,第一次分工数台阶、第二次分工统计数量、第三次合作数通道数量,在每次分工合作后及时与同伴交流分享自己的经验,并在合作中不断获取新经验。

第五节　小组项目活动案例分享

我园教师综合运用园内植物资源、动物资源、社区文化资源,基于幼儿的兴趣、需要与已有认知经验开展了一系列生动有趣的小组项目活动。

小组项目活动:百家湖行走地图

一、项目活动思路预设

(一) 幼儿兴趣与已有经验调查

1. 课程缘起:想画地图

在进入"春到百家湖"线索二"百家湖我知道……"时,一幅百家湖地图引起了我班的幼儿的兴趣,他们在这张图片停留了很长时间。

他们谈论着地图上的颜色、标记等。

幼儿A:"老师,那片蓝色的是大海还是什么?"

幼儿B:"我发现地图上有很多不一样的标记!"

幼儿C:"我也看到了,有刀叉的地方是餐厅吗?"

幼儿D:"老师,摩天轮标志的地方是1912,我去过!"

幼儿E:"我看不懂地图。"

幼儿F:"我家住在1912附近,我可以把地图画出来给你们看!"

…………

2. 课程准备:

通过访谈,我们发现:原来幼儿希望通过地图来更全面地记录自己感兴趣的地标等;地图还有引路的作用,能让没来过百家湖广场的游客更加便捷地找到他们想要去的地方。

那幼儿到底对地图有哪些前期经验呢?

① 知道地图是什么(35人)

② 知道怎么绘制地图(10人)

③ 知道绘制地图的准备工作(12人)

访谈中,幼儿交流最多的是有关地图的话题,主要聚焦在:地图是什么?怎么绘制地图?绘制地图要准备什么?根据对话信息及时进行记录、分析,挖掘幼儿话题背后隐含的教育信息——幼儿对地图是感兴趣的,并且有绘制地图的愿望。同时也发现地图贴近幼儿生活,其画面上存有标记、方位等符号,有一定的教育意义,在幼儿生活中也发挥着较大作用。

3. 课程聚焦:

任何项目活动的进行必须先设立目标并评估幼儿与项目相关的知识和兴趣,这是非常重要的一步。

于是我们依据前期了解到的幼儿兴趣经验与地图教育价值,同时对照年龄特点与《指南》确定了本次小组项目活动的目标与线索。见图4.5.1。

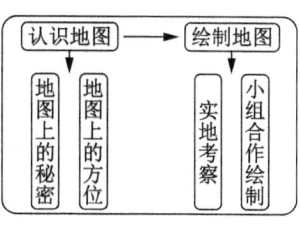

图 4.5.1 活动线索图

(二) 年龄特点与《指南》《纲要》引领下的对应发展目标

1. 对自己感兴趣的问题总是刨根问底,能动手动脑寻找问题答案。
2. 喜欢探究,并能通过数字、图画、图表或其他符号记录、保留和积累有趣的探索和发现。
3. 能积极参与小组讨论等方式,培养合作学习的意识和能力,学习用多种方式表现、交流、分享探究过程和结果。

(三) 伙伴项目活动的目标

1. 认识地图以及地图上的颜色、符号、数字等元素所表达的意义,了解地图的作用。
2. 能以自主探究、小组合作等方式,将实地考察到的地形、地貌,运用绘画、记录等方式表征。
3. 能积极参与小组讨论等方式,交流分享探究经验,建立良好的学习态度与品质。

二、项目活动实施路径

(一) 初次绘制地图

1. 认识地图

幼儿是如何认识地图的呢?幼儿通过墙面随处可见的地图认识各种各样的

地图，从而延展了地图的经验。幼儿自发地观察地图、画地图，画出了自己心中的地图，进而有了继续绘制地图的愿望。幼儿以小组为单位探索了地图上的秘密，并用自己的方式记录发现。幼儿通过生活，在生活中实践尝试理解地图上的方位，并将个体的经验在同伴间进行了分享，将个体经验变成集体共同的经验。

幼儿在这个过程获得了新的经验，获得了第一次的成长：幼儿在前期经验总结和经验分享过程中，以小组为单位进行了交互式、自发的学习；在活动过程中，幼儿以同伴为教师进行了经验的交流，进行了同伴互学。见图4.5.2。

图 4.5.2　幼儿认识地图

2. 绘制地图的准备

幼儿有画地形图的意愿和想法，但是怎么样才能画出完整的地图呢？绘制地图的准备工作如何开展呢？

① 实地调查：如何让幼儿自主获得百家湖广场建筑物等资源？我们决定对百家湖广场进行实地考察。教师与幼儿共同漫步白龙广场，整体感知广场风景及位置，观察其中的风景、标志性建筑等，并交流自己的发现。梳理、总结、建构经验对学习来说也很重要，教师鼓励幼儿尝试对建筑物等重要信息用写生的方式进行记录，为绘制百家湖广场地图做好充分准备。

② 网络调查：百家湖广场在江宁非常有名，在南京也有一定的影响力，网络上有很多有价值的信息，我们鼓励幼儿与家长一起动起来，在网络上调查百家湖广场的相关信息。

③ 寻访调查：我们班的幼儿大多数住在百家湖周边，爷爷奶奶对百家湖广场都非常了解。成立寻访小分队，去找一找更多关于百家湖广场的相关信息。

3. 初次绘制

幼儿在实地考察、网络调查、寻访调查之后，对百家湖广场有了更清楚的认识后，萌发了绘画地图的想法，于是他们以小组为单位，初次进行了地图的尝试。从幼儿绘制的地图来看，他们已经画出百家湖广场大致的地图样子了。他们的作品中有主要建筑物、有植物、有地图路线，还有表示方位的东南西北。见图4.5.3。

图 4.5.3　幼儿初次绘画的地图

（二）第二次绘制地图

1. 发现问题

在第一次绘制地图后，幼儿出现以下问题：

奇奇："老师，我还是搞不清楚位置，为什么我的总是倒的？"

琪琪："老师，我们不如把建筑物到底有多少确定好，这样大家就不会漏掉了！"

教师与幼儿共同观察"白龙广场"电子地图，讨论地图上呈现的信息，并进行整理。师幼共同进行总结：百家湖广场的地图上要有桥、凤凰台、百家湖、树木、草坪、卫生间、地铁一号线等。

其实在伙伴课程中，教师一直都是幼儿学习的共同伙伴。通过第一次尝试绘制的地图，教师发现幼儿对方位了解不够，为了帮助幼儿更好地对地图上的方位进行认知，教师引导幼儿参照电子地图、调动远足回忆等，与幼儿一起利用建筑区的积木、益智区插塑玩具进行了百家湖广场立体地图的摆放，让地图更加科学、更加合理化。见图 4.5.4。

图 4.5.4　师幼共同理解方位

2. 再次尝试绘制地图

我们准备与幼儿第二次绘画白龙广场的地图，尝试完整地绘制地图信息，准确地表现地理位置，集体讨论怎么修改我们的地图。幼儿自主绘画"白龙广场地图"，教师巡回，回应幼儿在绘制地图中出现的问题，师幼共同讨论地图绘制中的要点。教师关注幼儿地图中绘画的建筑物方位是否正确，关注幼儿地图上呈现的信息是否完整。活动后几位幼儿介绍自己绘画的地图，同伴之间进行评价，并评选出大家认为最好的地图的样子。

幼儿第二次探索画的百家湖地图，相较于第一次有了很大提升。这一次幼儿的作品中呈现了更多的信息，不仅画出来之前统计的10种建筑物，还添加了人行横道、湖边的草坪等等，建筑的方位也比之前更加准确了。见图4.5.5。

图 4.5.5　幼儿第二次绘制地图

（三）自主绘制地图

幼儿自发形成了小组，他们决定用画画、积木、插塑的形式分别表现百家湖广场的地图，并先制订出了计划表。见图4.5.6。

图 4.5.6　幼儿自主绘制地图计划表

幼儿分小组进行合作游戏，教师巡回关注幼儿在合作中的分工以及合作的方式，鼓励幼儿个性化地进行地图的呈现，有效运用主材和辅材。每小组选一名代表发言，介绍本组作品，其他同伴进行评价。鼓励幼儿大胆表达，尝试完整的讲述，讲述中使用一些方位词；鼓励幼儿肯定同伴的作品，发现同伴的优点。

幼儿能够根据设计图，小组合作进行"百家湖广场地图"多样化的呈现，同时我们保存幼儿的作品，展示在教室的一角。见图4.5.7。

图 4.5.7　幼儿小组合作进行"白龙广场地图"多样化的呈现

他们自发组成小组，在这个小组中，有"领头"的幼儿，有画画能力强的幼儿，有逻辑思维强的幼儿，这在伙伴学习过程中本身就是一种经验的互补。幼儿通过交流、沟通，尝试了退让、分享。在这个过程中，不断进行调整，和同伴共生，和教师共生。

(四) 按图行走

以百家湖广场行走地图为一个小点,幼儿已经关注到了生活,学会绘制各种各样的行走地图,于是有了"我家的行走地图""我去过的公园行走地图""我老家的行走地图"等。见图4.5.8。

教师鼓励幼儿在爸爸妈妈的陪伴下,利用周末的时间跟着地图"按图行走"。

图4.5.8 幼儿自主设计行走地图

幼儿不仅是探索家,更是分享家。分享过程是幼儿对自己探索问题回顾的过程、经验总结的过程,也是伙伴间实现经验共享的过程。

在师幼共同探索百家湖行走地图的过程中,大家一起体验,共同探索,同生共长。

三、项目活动资源梳理

资源梳理是伴随项目活动开展的持续动态过程,项目网络放大到什么程度,项目进行多长时间,主要以儿童的兴趣为转移,同时也要以预设目标为依据。

从最初的活动线索图,到现在的活动脉络图,再到幼儿的关键经验,我们看到幼儿项目活动的探究是经历"提出问题—解决问题—产生新问题—解决新问题—展示与交流"的过程。

1. 活动脉络图

概述:幼儿想画地图,那怎样才能画出完整的地形图呢?为此幼儿给出了很多的答案,在这些童言稚语中,教师捕捉和挑选适合幼儿年龄特点的内容。这些内容最大限度地接近幼儿最近发展区,能够生成使幼儿获得关键经验的探究活动。幼儿为了成功地画出完整的地图,将会经历"认识地图、建筑物有多少、路通向哪里、特别的地图"等多个探究活动。在开展这些活动的过程中,幼儿始终处于主动地位,在直接感知、亲身体验和实际操作中自主获得了初步的科学经验、知识与技能,在一定程度上发展了其科学探究的能力。见图 4.5.9。

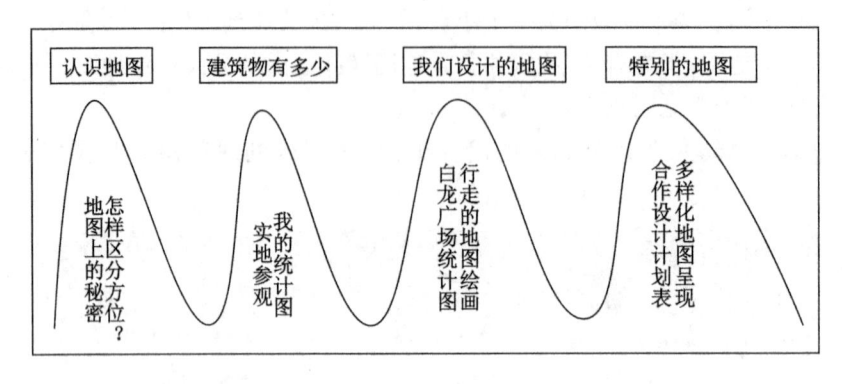

图 4.5.9

2. 关键经验图。见图 4.5.10。

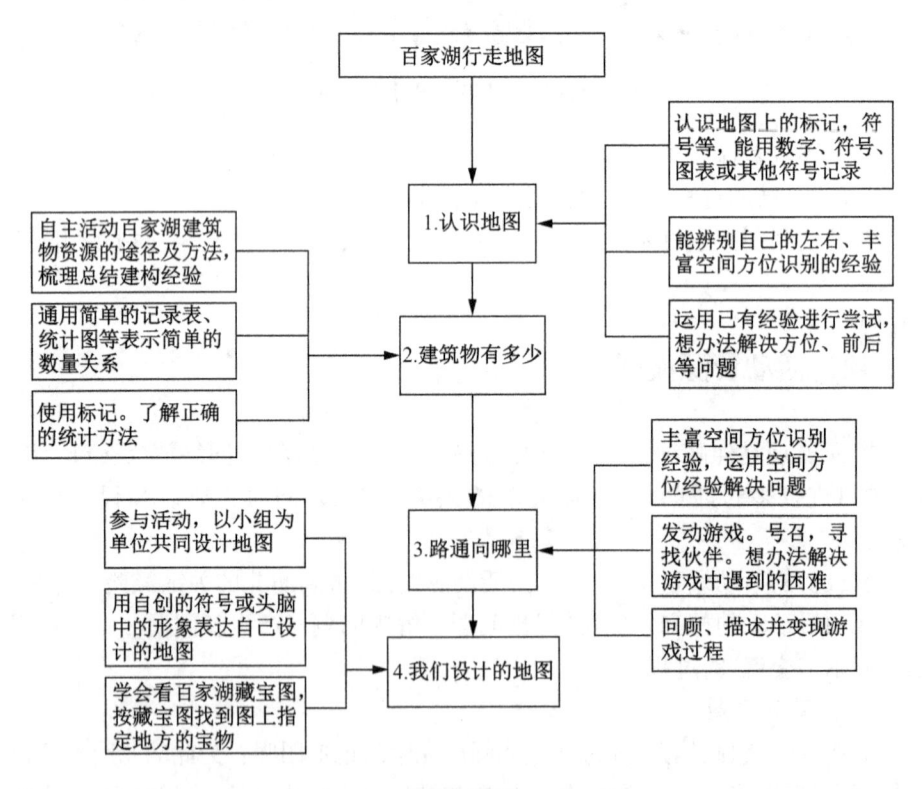

图 4.5.10

四、项目活动反思

家乡的山、家乡的水是幼儿成长的摇篮。我们生活在百家湖,一幅百家湖地图吸引了我们班的幼儿的兴趣,在这张图片上我们停留了很长时间。为此,我们与幼儿共同进行了与地图相关的项目活动。幼儿为了成功地画出完整的地图,经历了"认识地图""建筑物有多少""我们设计的地图""特别的地图"等多个探究活动。

1. 教师支持:

① 我们跟随着孩子的脚步,产生了:观察、比较、探究、记录、调查、绘画、制作、歌唱、游戏、阅读、交流、交往……

② 顺应幼儿的兴趣,幼儿的想法、愿望和需要在这里都得到了尊重。

③ 观察幼儿的发展,及时调整与帮助。

2. 幼儿的发展:

① 幼儿"带领"教师开展了一次探索之旅。

② 了解地图是什么、地图上有什么、如何绘制百家湖地图,丰富空间方位识别经验。

③ 幼儿对自己居住的生活环境有了进一步的了解,喜欢百家湖的建筑物、风景、文化,积极与同伴合作。

幼儿的兴趣还在继续,项目活动还没有完全终止,下一步,我们将鼓励幼儿和家长利用周末走一走从幼儿园到白龙广场的路线,扩大地图版块,绘制更大、内容更多的地图。

小组项目活动:石头记

小组项目活动"石头记"是在中班开展的,中班幼儿的年龄层次在4~5岁,该年龄段的幼儿主要是通过感知觉以及各种操作活动认识周围世界。此时他们对事物的认识虽然是直接、简单和表面化的,但他们对事物的操作感知活动是其积累认知经验的重要方式,这些经验的获得将是幼儿今后进一步理解周围事物及相互关系的基础。而小组项目活动的特点也恰恰与之相符。

此小组项目活动的开始源于幼儿一次偶然的发现及兴趣。在某天的午饭散步后,教师和幼儿来到了小菜园,教师预想带幼儿观察青菜、发现变化,从而进行种植课程。但幼儿对青菜并没有太大兴趣,只是过眼一看,却驻足菜地边的小石头旁,不时捡起与同伴分享。很显然,幼儿对于石头产生了兴趣,并有想要探究的欲望,与幼儿讨论后,教师成立了三个项目小组分别从石头的大小、颜色形状、作用进行探究,本案例将重点呈现测量组小组的探究过程。

阶段一:课程开始

该项目活动的主题是由幼儿自主引发。幼儿园北边围栏边有一排小菜园,那是幼儿散步经常经过的地方。在一天的午后散步时,一幼儿在小菜园发现了石头,起初是一名幼儿,蹲下并捡起了小菜地旁边的白色小石子,他兴奋地向身边的同伴展示,他们的交流引来了更多幼儿的驻足、下蹲、拾起、讨论。回班时,幼儿将自己拾起的石头放进了自己的物品格里。这是幼儿第一次发现石头并对它产生兴趣。在往后的几天里,幼儿并没有消退对石头的关注,不论是散步、户外游戏或是早操,他们在幼儿园的不同地方发现了不同的石头。对于幼儿们几天连续的对石头的关注,我们与幼儿进行了一次分享和交流,在讨论中,幼儿表达出了他们的发现,如石头有大有小,石头有不同形状,石头有不同的颜色、花纹,石头做成了不同的东西。在表达的同时,幼儿也进行了记录。见图 4.5.11 至图 4.5.14。

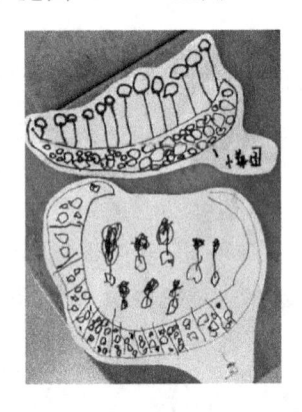

图 4.5.11

图 4.5.12

图 4.5.13

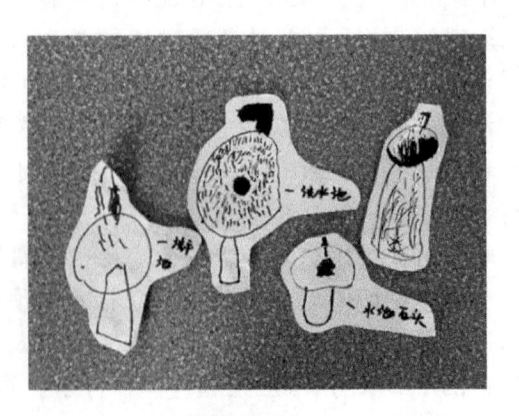

图 4.5.14

对于幼儿交流的兴致以及他们所表达的发现,我们进行了反思:幼儿现有的经验是什么?石头是否有探究的价值?在探究的过程中幼儿可能会获得哪些新的经验?教师又应该如何给予支持?对这几个问题进行反思后梳理得到表4.5.1:

表 4.5.1

资源有什么（事实资源）	幼儿有什么（兴趣、经验）	提供什么（有价值、可利用资源）		做什么、如何做（活动内容、组织方式、评价,支持幼儿主动建构经验）			幼儿获得什么
		环境、材料	活动	前	中	后	
幼儿园里有各种各样的石头	幼儿对于菜园旁边的石头首先产生了兴趣,后在园内不同区域如小鱼池、"丛林探险"、小亭子、小花园等处发现了大小不一、形状各异的石头	纸、笔进行记录;放大镜等便于幼儿观察、探索的工具	科学:石头大发现	静心陪伴,观察幼儿在探索发现的过程中的行为表现,找幼儿们想要探索的点,并提供相应的支持	支持幼儿的探索活动,并观察,做好记录,提供探究石头所需要的材料,并提问引导从而帮助幼儿将探索继续	分享、交流此次探索活动的收获及感受	喜欢探究、坚持等良好的学习品质 有关石头的认知。 绘画、测量等能力
生活社区、公园等都有石头	幼儿在家的周边或出游时也发现了许多的石头,并能观察石头的外形特征等	家长进行拍照,调查问卷	谈话:我身边的石头	引导幼儿观察家周边的石头,并拍照记录	分享交流自己发现家周边的石头	交流自己的收获 分享自己的收获	知道生活中石头的用途

191

(续表)

资源有什么（事实资源）	幼儿有什么（兴趣、经验）	提供什么（有价值、可利用资源）		做什么、如何做（活动内容、组织方式、评价，支持幼儿主动建构经验）			幼儿获得什么
		环境、材料	活动	前	中	后	
博物馆内有石头	幼儿在博物馆内会了解到石头的发展、石头的欣赏价值以及陨石、化石等具有科学价值的内容	记录单	科学：石头博物馆	引导幼儿参观博物馆，发现博物馆里的石头，进行记录	分享交流自己在博物馆所了解到的石头	总结博物馆里的石头的特点、种类等等	认识、了解陨石、化石等石头

同时，梳理石头探究价值网络，见图4.5.15：

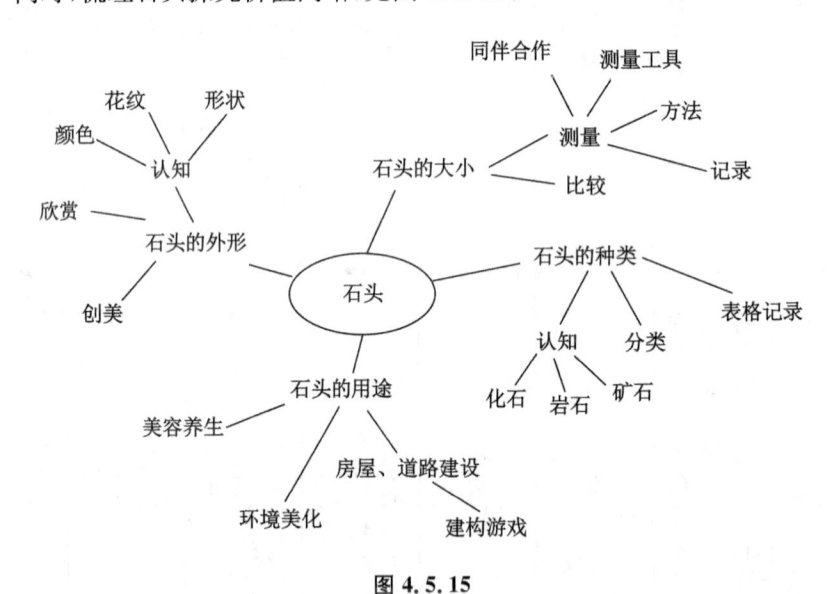

图4.5.15

在阶段一中，了解幼儿的兴趣、幼儿的已有经验，并对此进行了反思、分析、预设。对石头本身进行了价值判断，并罗列出石头的资源、可以进行哪些可开展的活动、从中幼儿可以获得什么等，幼儿通过自己的观察发现了石头的大小、形状、作用等几个关键特征，这些都是来源于他们的对话、问题：石头有的大有的小，我想知道幼儿园里哪个石头最大？石头的形状一样吗？颜色也不一样，有的有花纹,还有字,为什么会有花纹呢？花纹有多少种？石头还可以干什么呢？放在小菜园旁边是干什么的呢？

阶段二：持续探究

在第一阶段与幼儿讨论、碰撞后,发现围绕石头可以开展的活动有很多,包括研究石头的种类、石头对我们生活的作用、石头的外形等,但不确定幼儿要研究什么。为了进一步了解幼儿的需求,与幼儿进行谈话及调查,在谈话中我们发现,很多幼儿对于石头的大小非常感兴趣,他们迫切想知道幼儿园这么多石头中哪个是最大的"石头王"。当然还有部分幼儿对于石头的艺术感比如石头的形状、颜色、花纹等等很感兴趣,最终通过投票,产生了三个项目小组,分别为：测量组、颜色形状组、作用组。

测量组成立后,幼儿便迫不及待地进行了第一次探究——寻找幼儿园里最大的石头。幼儿商量运用目测、记录的方式进行。他们带上纸和笔,从幼儿园最西边攀岩墙那里出发,沿路一直进行目测和记录,过程中幼儿会互相商议,最终,他们对于幼儿园东门口左右两边一个小鱼池里的石头、一个花园的石头产生了严重分歧。"一定是小鱼池里的大,你看那么高!""才不是呢,花园里的大!""我也觉得花园里的大!"两种观点僵持不下,最终,幼儿决定用测量的方式进行比较,得出结论。决定好要去测量石头了,于是在测量前我们进行了思考和准备：到底用什么测量？幼儿立刻就在班级寻找起了测量工具,包括：线绳及T型尺。幼儿甚至觉得这两个工具不够,他们又从家里搜集来了垃圾袋、丝带、卷尺、皮尺、直尺。

第一次测量：幼儿首先进行了测量和记录的分工,他们第一个使用的工具是T型尺,将T型尺的一端放在地上,测量石头的高度,记录了尺子的刻度,为100 cm,接着准备测量长度,在测量长度时发生了问题。"我还需要一个人帮我一起!""我来!"于是两名幼儿开始合作测量,此时T型尺已经不能满足长度的测量。随后他们相继使用了直尺、皮尺、丝带、垃圾袋,但这些工具都不够长。最终使用了卷尺,幼儿惊喜地发现卷尺又长又有数字,是目前为止最为适宜的工具。但尝试了几次,每次的结果都不一样,相差甚远,这是怎么回事？我们鼓励幼儿观察尺子的刻度"0",并且从"0"开始重新进行了测量,最终量得花园的石头高是100 cm,宽是195 cm。找到了测量工具、掌握了测量方法,并帮助幼儿测得小鱼池中间的石头高214 cm,宽94 cm。见图4.5.16至图4.5.19。

测量结束我们进行了讨论,幼儿比较两组数据。讨论后得出结论：从高矮维度比较是鱼池的大,从宽窄维度比较是小花园的大。

反思：在幼儿的第一次测量中,教师给予了幼儿大量自主的空间,自主分组、寻找工具、自己分工、解决问题、完成测量。在这个过程中,幼儿在情感、品质、经验、能力等方面得到了不同程度的发展。幼儿能够发现问题,通过观察、对比等方法进行持续探究,获得测量的相关经验,包括测量工具、测量方式,以及结果记

图 4.5.16　幼儿目测、记录

图 4.5.17　幼儿收集的测量工具

图 4.5.18　幼儿在测量花园石头

图 4.5.19　幼儿测量小鱼池里石头遇到困难

录。而此次测量结束后,我们进行了再一次的反思:为什么教师要做主代替幼儿们测量小鱼池里的石头呢,如果不帮助,幼儿会用什么样的方式去测量呢?带着这个疑问,教师与幼儿又一次谈话,幼儿表达了自己的观点:"可找其他人帮忙!""我们测量不到是因为够不到,因为有水。""可以划船,划船就能过去。""我们可以找潘爷爷。"

最终决定:寻求潘爷爷的帮助,让潘爷爷把水池里的水抽掉以便于幼儿下到水池中测量石头。幼儿自发来到潘爷爷的工作室,表达了自己的想法,潘爷爷也表示下周清洗水池时可以去测量。

终于到了这一天,幼儿跑到鱼池边,鱼池的水真的抽干了,幼儿纷纷下到小鱼池。见图 4.5.20 至图 4.5.22。

站在小鱼池,幼儿发现,根本够不到石头。"我们去搬个梯子吧!"一名幼儿提议,并得到了大家的响应,从操场搬来了梯子,把梯子直接放在了石头的侧面,

图 4.5.20　教师与幼儿讨论

一名幼儿爬上梯子,伸长手臂,但只能够到石头较矮的那边,够不到石头的最顶端。潘爷爷主动帮助幼儿调整了梯子的方位后另两名幼儿分别从梯子的两侧往上爬,其中一名幼儿发现需要爬到梯子最上面一层才能够到,他便指着顶端对另一名说:"肉肉,你要够到这个尖尖的地方哦!"交代完,他便下去了,一名幼儿继续向上爬,爬到梯子最上层时,她拿过尺子,但仍够不到顶端:"是我太矮了,要换个高的!"于是,一名较高的幼儿接替进行测量。最终,在大家的合作下,测量得出石头高为 217 cm。见图 4.5.23 至图 4.5.24。测量结束,下午活动时我们与幼儿进行了分享,幼儿纷纷表达了自己的观点:"我觉得我们很厉害!""我们自己也可以做到,太开心了!""我发现了,上次是 214,这次是 217,怎么不一样呢?"

图 4.5.23　幼儿合作搬梯子

大家一起玩：幼儿园伙伴课程的架构与实施

图 4.5.24　幼儿合作测量

最终我们发现，测量的结果在不同的测量下会存在一定的误差。对比第一次幼儿测量小鱼池里的石头，这一次的测量完全交给了幼儿，幼儿从疑惑怎么进入水池到最终测量得到结果，充满了幼儿的智慧。第三阶段将两次的经验进行对比。

阶段三：活动回顾与反思

在活动结束阶段，幼儿为潘爷爷制作了感谢信，亲手送给了潘爷爷并对他的帮助表示了感谢。幼儿在上一个探究阶段中习得了测量的经验，包括：能够根据探究需要选择最适宜的测量工具；习得测量的方式，从"零"点开始，对齐一端，读取数据。所有的测量结果需根据不同维度，均等比较。最终，幼儿爱上的不是"测量石头"这件事情，而是测量本身。能够看到在后面的时间里，幼儿不仅测量了两个大石头，还对幼儿园中其他的石头也进行了测量，并进行了记录。见表 4.5.2。

表 4.5.2

自己测量前后幼儿经验的变化			
幼儿原有经验	幼儿自己测量行为	教师支持	获得新经验
教师帮助，直接知道结果，读取数据。	1. 谈话找到其他测量办法。 2. 找到下到水池中的办法。 3. 借助梯子解决够不到的问题。 4. 通过调整梯子的方位找到测量合适位置。 5. 发现高度差异，同伴合作，最终完成测量	1. 与幼儿对话，了解幼儿需求，解决幼儿问题。 2. 在幼儿能够独立解决问题的情况下尽量少干预。 3. 发现身高不够问题时教师介入，引导。 4. 总结、回顾与分享	1. 学习品质的体现：发现问题、解决问题、持续探究。 2. 同伴合作、互助。 3. 感知高度的差异。 4. 感知方位，不同方位与石头的关系

教师反思:

1. 追随儿童:在石头这一项目开展前,教师是有预设的,教师的预设在于青菜——种植课程,而幼儿的兴趣点落脚于石头,于是将青菜与石头对比后,教师做出了追随儿童的选择。对石头的价值进行了筛选和判断。在明确了石头这一主题后,教师同样进行了预设,预设的方向为引导幼儿深入了解石头的种类、作用等,偏向认知。而观察幼儿后发现,他们并不想知道陨石、化石,而是对于石头的大小、形状这些具象的东西更加感兴趣,当然这也符合了他们具体形象思维的特点。因此,在小组项目活动实施的过程中,教师也在追随幼儿,跟在幼儿身后一同探究了大小、颜色、形状等。

2. 实现发展:在小组项目活动的开展中,需要追随幼儿,但也不能盲目追随。教师要对这一项目进行价值判断,开展这一活动,幼儿会有哪些发展?如果开展测量幼儿会有哪些获得?对此教师也进行了反思:

* 能够根据探究需要选择最适宜的测量工具。

* 习得测量的方式,包括从"零"点开始,对齐一端,读取数据。

* 所有的测量结果需根据不同维度,均等比较。

* 在测量中同伴协作、互助。

所以,开展测量是有价值的,幼儿也是有发展的。因此,追随着幼儿进行了测量活动的开展。

3. 全力支持:在小组项目活动的开展中,教师始终是观察者、支持者、引导者的角色。当发现幼儿对于石头感兴趣时,教师支持;当发现目测无法确定时,与幼儿讨论、给予幼儿测量的支持;当发现小鱼池里的石头无法测量时,教师先是帮助,而后又进行了反思,与幼儿共同探索其他路径。在这个过程中,教师静心陪伴、悉心观察、用心解读,帮助幼儿将探究持续进行下去。

(案例提供:孔繁蕴、胡丁木)

第五章

定制主题活动

"伙伴"一词源于古时魏国,元魏时军人以十人为火,共灶炊食,故称同火者为火伴(引申为同伴)。后多写"伙伴"为同伴,在现代字典中伙伴多指共同参加某种组织或从事某种活动的人。我国在江苏省教育科学研究所原所长成尚荣、南京师范大学虞永平教授等专家指导下,构建了伙伴课程体系,力求引导幼儿建立"平等、包容、交往、共生"的伙伴关系。其中,定制主题活动作为伙伴课程重要组成部分以及实施路径,在构建伙伴关系、深化师生关系中有着举足轻重的作用。

第一节 定制主题活动价值定位

定制主题活动是我园伙伴课程改革的一种大胆尝试,是结合我园园本特色、教师资源、幼儿发展需求与兴趣的特色化研究。从园(所)顶层结构架构直到各班级个性化实践,逐步走向以儿童为中心、伙伴为核心的园(所)文化建设与班级特色建设。具体来说,定制主题活动的价值主要体现在以下三个方面。

一、满足幼儿自主建构经验的需求

《指南》指出:幼儿的学习是以直接经验为基础,在游戏和日常生活中进行的。而幼儿又是在与环境的相互作用中主动建构经验的。因此,在定制主题活动中构建宽松、自主、愉悦、交往的环境,支持幼儿在环境中与多项资源互动,借助教师、伙伴的力量,支持幼儿在游戏和日常生活中自主学习、自主探究,构建以正向情绪体验为特征的师幼关系、幼幼关系,使幼儿充分认知自我、感知自我,在课程中自主建构经验,获得成长与发展。

二、构建新型多样的伙伴共学关系

定制主题活动是伙伴课程主要实施路径之一,主题活动有系统的培育目标与活动方案,旨在帮助师幼理解:什么是伙伴关系?如何建立伙伴关系?建立什么样的伙伴关系?通过主题活动实施,师幼、幼幼共同建立"平等、包容、交往、共生"的新型伙伴关系,进一步理解定制主题活动内涵所在,为师幼共同活动、生活构建了更加适宜的伙伴关系,促进师幼共同发展。

三、彰显课程特色促进幼儿个性发展

定制主题活动是彰显伙伴课程特色的活动,是基于幼儿共生共长的需求而构建的系统活动。它不仅在实施伙伴课程中起着至关重要的作用,而且能促进幼儿个性发展。在定制主题活动中,教师、幼儿、家长等互为伙伴、互相学习,幼儿在活动中大胆表现自己的个性特点,展示自己的经验与特长,同时习得他人经验,积累新经验,最大化地获得个性发展。

第二节 定制主题活动审议

课程审议是指课程开发主体对具体教育实践情境中的问题反复讨论权衡，以获得一致性的理解与解释，最终做出恰当、一致的课程变革的决定及相应的策略。[①] 幼儿园课程审议特指以幼儿园课程开发为目的的课程审议，它是幼儿园课程开发的重要途径和方法。

一、定制主题活动审议概述

定制主题活动审议主要指向我园园本化主题活动设计方案、实施过程和以其为载体进行的试点实践。主题课程审议是通过集体智慧对主题中的问题进行商议并作出选择和决策的过程。我园的定制主题活动审议包括前审议、中审议、后审议，其中前审议是我园定制主题活动开发的起始和开展的依据，教师通过前审议确定行使课程设计权，充分了解幼儿的经验、兴趣需求，依据《指南》《纲要》精神，调动园内外各类资源，确定主题核心价值、开展内容以及实施策略。中审议是定制主题活动实施过程中的调整环节，教师通过分享、交流，将课程班本化，对主题实施中的问题和困惑进行调整。后审议是针对主题活动实施效果、幼儿发展现状进行的评价型审议，对课程下一步发展与深入做理性思考、设想。

（一）审议目的

1. 定义课程宗旨，意在解决实际问题

主题活动是指在一段时间内围绕一个中心内容（即主题）来组织活动的教育教学实践。其特点是打破幼儿园各领域之间的界限，将各领域学习内容围绕一个中心有机连接起来，让幼儿通过该单元的活动，获得与"中心"有关的较为完整的经验；其选材贴近日常生活，更具系统性、综合性和灵活性，幼儿兴趣高、参与率高，包含主题活动的设计开发、组织实施和评价管理等方面；其设计凸显儿童中心，关注儿童行动的过程，关注儿童的发展。

---

① 张华.课程与教学论[M].北京:教育科学出版社,2000.

我园研讨主题活动内容，以讨论、分享、交流、辨析等形式，组织教师阐述自己的见解，在倾听他人意见的同时不断完善自己的理解，修正自己对课程的态度与看法，最终形成统一的认知。

2. 确定审议价值，意在达成共同认识

主题活动审议无论是对我园伙伴课程建设还是对教师专业发展都有重要意义，主题活动审议不是简单地说课，主要是分析主题背景的合理性，判断主题价值、目标与线索的准确性，主题内容、资源选择、实施方法的适宜性，并站在实操层面，思考教师可能遇到的困惑，共同探讨解决之策，就主题活动内容、框架以及实施途径等达成共识。

我园通过经验回顾、导读推介的方式，阅读《成尚荣：认识与发现儿童是教师的大智慧》，在思维碰撞中充分认识审议的重要性。我们一致认为：主题活动审议是我园伙伴课程建设过程中必不可少的一项重要工作。定制主题活动审议是教师深入了解幼儿的过程，是熟悉《指南》《纲要》中教育要求的过程，是教师开启智慧、分享理念的过程，是探讨、抉择、拿出教育策略的过程。审议以幼儿为本，从幼儿的兴趣、需求出发去思考和设计主题活动。在此过程中教师获得专业成长，我园伙伴课程更加具有儿童性、科学性、系统性、可实施性……为伙伴课程文化建设奠定了良好的基础。

（二）审议的群体

我们认为幼儿园因其课程实践对象、方式的特殊性，审议的主体最好是课程的实施者——班级教师。在每一个班级的教育现场，对幼儿最了解的是教师，对课程的每一个走向最有决定权的也是教师，对课程实施中幼儿的学习与发展情况最为清楚的还是教师。因此，教师作为审议主体，要从"做什么？为什么做？怎么做？"的角度理解和思考主题活动。

在定制主题审议中教师"人人都是审议者"，互为伙伴。我园成立园级审议核心小组和级组审议小组，通过调查、访谈等了解幼儿的兴趣、基础与需求；通过解读《指南》，找出发展目标；通过教师集中对话，对内容作出分解，使得伙伴课程充分追随幼儿的经验与发展；通过讲述幼儿发展的故事，在故事中看见儿童、看见儿童的发展、看见教师的支持，用故事反推课程的质量，及时做出班本化调整。

（三）审议的方式

为提高定制主题活动质量，我园根据幼儿、教师以及周边资源现状等，以"伙伴理念"为指导，开展伙伴课程的三审议，即思考儿童、教师、课程。

审议儿童：关注儿童社会情感、交往、自主、身体、心理与个性等发展。

审议教师：追随儿童的发展，逐步成长为反思性实践者。

审议课程：以促进伙伴交往，发展社会情感为主要宗旨的主题活动课程。

在审议中我园顺应幼儿兴趣，打造系列主题活动；尊重幼儿主体，调整主题线索；优化教学"课例"，共促伙伴学习。我们采用展开性审议、论证性审议、判断性审议等审议方式，通过问题分享、聚焦冲突、观点解释与转变等步骤进行审议，且各个审议步骤之间互相联系、层层推进。

二、定制主题活动审议的实施策略

（一）通过多种途径，了解幼儿经验基础

定制主题活动的前审议是我园伙伴课程开展的一项重要工作，教师通过前审议发现问题、分析问题，并通过思想碰撞、策略筛选等解决课程实施中存在的问题。在课程前审议的过程中，教师秉着平等协作、分享智慧、澄清错误的课程认知，形成了科学的课程理念，发展了专业能力，推动着伙伴课程的发展。通过对原主题活动方案进行适宜性审议并改造，教师形成新的主题活动方案，力求让本班主题活动更加贴近幼儿经验、满足幼儿发展需求、符合教育发展目标。幼儿兴趣、需要是课程建构的重要元素，是课程的人文因素。定制主题活动作为伙伴课程的重要实施途径之一，应明确幼儿发展的核心经验，为推动课程实施与幼儿发展提供支持。

1. 根植《指南》，多方讨论形成发展预设

《指南》是践行课程的标尺，我们认为主题目标应包括幼儿发展目标与学科目标，因此我们在课程前审议中立足《指南》中五个领域下幼儿发展目标以及教育意见，通过头脑风暴集思广益，初步预设主题活动中幼儿发展目标；结合主题设计意图以及核心领域，以网络图的方法发散思维，罗列教师可培育或幼儿可发展的核心经验关键词；最后结合《指南》，初步确定主题活动中幼儿发展的核心经验。

2. 立足调研，理论联系实际调整

教师预设的核心经验与发展目标要与幼儿经验紧密结合，以儿童为本、立足儿童需要是核心经验最终确定的依据。教师通过调查问卷、晨间谈话、抽样调查、采访等形式，预设与主题相关的问题、话题，开展调研收集相关信息，在此基础上开展课程审议，对预设的目标进行调整与完善，反映当前与当下幼儿的需要与兴趣。

（1）通过调查收集信息

调查是我们最常用形式，其中切合主题的问卷使用得最广。在设计问卷时，我们注重做好如下几点：① 要清楚通过问卷想了解哪些关键性的信息；② 问卷

内容要回归到当前幼儿的经验、基础、兴趣等;③ 要了解幼儿的前期经验,顺着经验接下来干什么,逐层递进;④ 站在幼儿的角度看问题,采取少量抽样的方法,最后来设定题干。以中班定制主题活动"你好,朋友"的调查问卷为例:

教师通过两次不同的时段分别设置 9 个问题,从不同的维度了解幼儿目前对于"朋友"的认知情况,并了解幼儿与朋友相处的基础经验和发展需求。

主题开展前:
你知道什么是好朋友吗?
你有好朋友吗?
你和好朋友在一起时心情如何?
你和你的好朋友平时会干什么?
你的好朋友有哪些优点?

主题开展一周后:
如果你想和好朋友一起玩,你会怎么办?
如果你和好朋友吵架会怎么办?
你觉得要怎样和好朋友相处?
你还想结识哪些新朋友?打算怎样交朋友?

(2) 通过访谈幼儿获取信息

前审议中,教师需思考"如何获取有价值的信息?如何使用有效的访谈信息,设计班本化课程?"具体包括取得家长支持,让家长提前了解课程,做好铺垫;预设主题,衍生新的话题、符合班级特点或新的主题活动。通过访谈幼儿可以更加高效地获取信息,能够有针对性和层次性地选择访谈对象与兴趣聚焦点;更加聚焦了解幼儿的已有状态、经验、现阶段兴趣以及个性与共性需求等。以大班访谈"筹备我的毕业典礼的故事"为例,教师在访谈中获取幼儿关于节目单的经验,知道在晚会上要有节目单,知道节目单的作用和节目单的文字、符号等信息,有制作节目单的愿望。

属于幼儿自己的毕业典礼在逐步推进,有幼儿提议:"我在看演出时都有节目单。"教师结合《指南》社会领域、艺术领域中幼儿的核心发展目标,选取了发展水平不同的三名幼儿代表开展访谈活动。

教师:"什么是节目单?"
航航:"告诉别人我们要表演的节目。"
教师:"你们见过吗?都在哪见过?"
航航:"我去看电影时,电影票上有。"
小水:"我看晚会时,晚会有节目单。"
大米:"我参加新年钢琴表演会,就有节目单。"
教师:"我们设计的节目单要有什么呢?"

航航:"有节目的名称。"

小水:"我们不会写字,怎么办?"

大米:"我们可以用图画来表示呀。"

……

(3) 通过记录表征获取信息

幼儿表征是幼儿使用绘画、符号、数字等形式记录自己所想、所感,是幼儿最真实的表达。在前审议中教师引导幼儿记录表征自己对有关主题活动的经验、需求,通过分析幼儿的记录表征获得语言无法表达的信息,从而完善获取的幼儿前期经验、兴趣等的信息。此种方法较为客观,幼儿受同伴和成人的影响较低。以大班"好玩的皮影戏"为例,见图5.2.1至图5.2.5:

幼儿表征记录:皮影

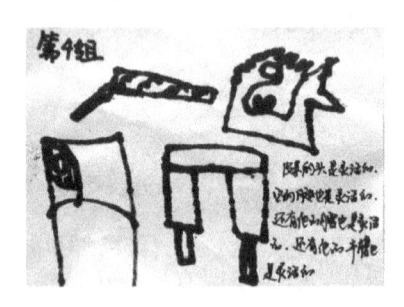

图5.2.1　第4组设计　　图5.2.2　第7、8组设计　　图5.2.3　第6组设计

图5.2.4　第5组设计　　图5.2.5　第2组设计

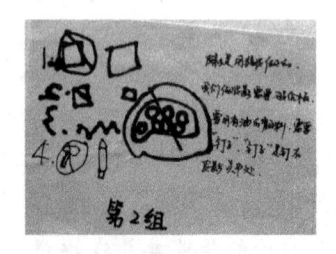

通过分析,教师获得了幼儿在皮影制作工具、原理、流程以及皮影特点等方面的经验,并了解到幼儿感兴趣的聚焦点是皮影制作与皮影表演。

(4) 通过现场观察获取信息

幼儿活动现场蕴含着丰富的信息,教师要做善于观察与分析的研究者。教师通过现场观察、分析,了解幼儿经验、兴趣。在现场观察过程中,教师借助相关观察记录表,快速有效地进行观察记录,然后通过后期分析、收集与幼儿发展相关的数据。在大班定制主题活动"幼儿园里的桂花"中,教师将幼儿带到现场,并观察记录、统计幼儿的行为。

毛豆:"老师,这个香味就是小池塘边的那几棵树上飘来的!"

小米:"哇!好多金黄的小花,这是什么花?"

一诺认识很多字,他发现树上有吊牌,大声喊了出来:"是桂花树!"

小朋友们知道了原来是桂花树,桂花树开了金黄色的桂花。

教师将幼儿的关注点统计数据如下(见图5.2.6),由此发现幼儿能够关注到桂花的香味、外形、树叶、颜色、花瓣等特征,尤其关注外形特征、香味,但对桂花生活的环境,如小池塘、周围的树关注较少。

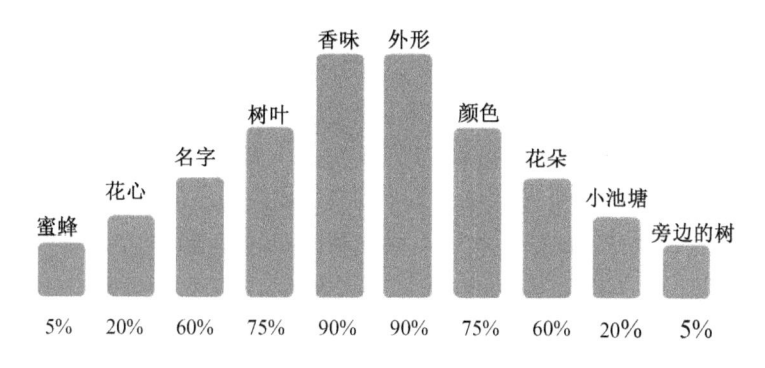

蜜蜂	花心	名字	树叶	香味	外形	颜色	花朵	小池塘	旁边的树
5%	20%	60%	75%	90%	90%	75%	60%	20%	5%

图5.2.6 桂花统计表

(二)做好五类对接,合理选取适宜资源

定制主题活动中审议,更多是完善课程实施,结合班级实际,进行个性化的课程实践。通过中审议,不断优化主题活动,更好地促进幼儿发展。

1. 对接调查结果,增加多数幼儿感兴趣且有教育意义的主要内容。

在小班定制主题活动"我爱我家"中,围绕幼儿对家庭、家人的了解与情感展开调查。从分析结果可以看出,幼儿与家人在一起的情感大多是正面的,他们有心地观察到平时家人是如何照顾自己的;55%的幼儿关注到生活方面,如洗澡、洗衣服等;86%的幼儿表示家人经常陪伴他们看书、玩玩具等。幼儿也表达了自己对家人的关心和照顾,做一些力所能及的事情;75%的幼儿表达了对爸爸妈妈的爱;8%的幼儿表示理解爸爸妈妈的辛苦,帮爸爸妈妈做家务。从数据中可以看出,大部分幼儿都能够感受到和家人在一起时被关爱的幸福,而对于如何关心、如何用语言表达自己的对家人的爱护还比较欠缺,需要通过本主题活动及课程进行引导和支持。对接调查结果,教师通过调查、谈话、情境表演等多种形式确定主题活动内容:让幼儿认识自己的家人及自己与家人的关系;感受家人一起生活的甜美,体验父母对自己的爱;知道爱家人并尊敬他们,学习关心、爱护家人,并能用适当的语言、行为等方式表现出来。

2. 对接《指南》，寻找对应的教育目标，围绕核心价值点确定主题目标。

大班定制主题活动"再见啦，百家湖幼儿园"的核心目标围绕纪念、离别、情感表达、新的征程四个方面进行调整：

（1）理解毕业的意义，能说一说自己对毕业的理解，并向往新的小学生活。

（2）回忆在幼儿园的三年时光，体验成长的快乐，能积极参加毕业系列活动。

（3）感受幼儿园的工作人员对自己的关心和爱护，感恩帮助自己快乐成长的人，愿意为幼儿园做力所能及的事，表达自己对幼儿园的热爱之情。

（4）幼儿分小组讨论，大胆表达自己的想法，共同确定毕业典礼的具体形式；自主商讨，动手制作，布置毕业典礼现场环境。

在整个活动中，增加对"毕业"内涵的探讨与认知；满足幼儿想要属于自己的毕业典礼的需要；满足幼儿想要布置教室、打扮教室的愿望。

3. 对接原有文本，精选能与线索、目标相匹配的优质内容，做好主题活动的增减和优化。

以大班定制主题活动"再见了，百家湖幼儿园"为例，教师通过调查和访谈，了解到幼儿对幼儿园有多种回忆，有在幼儿园进行合影纪念的愿望，想要和自己的好朋友、自己喜爱的老师以及食堂阿姨、门卫叔叔等在幼儿园最喜爱的角落里拍照。因此，我们调整原有文本，删减与幼儿兴趣无关、与毕业关联较少的活动，增添符合幼儿需要的美术活动"幼儿园一角"、社会实践活动"拍照留念"等。见表 5.2.1。

表 5.2.1　定制主题活动内容前后修订对比

原有主题活动	调整后主题活动
1. 诗歌：我长大了 2. 美术：小组全家福 3. 谈话：对弟弟妹妹说说心里话 4. 数学：小小摄影师 5. 音乐：小青蛙（游戏） 6. 健康：打雷啦	1. 语言：甜蜜回忆 2. 诗歌：我长大了 3. 美术：幼儿园一角 4. 实践：拍照留念（集体照、小组照和在喜欢的幼儿园一角拍照） 5. 音乐：《毕业歌》

4. 对接现有各种资源，有针对性地筛选可用资源，为实现主题目标服务。

仍以大班主题活动"再见了，幼儿园"为例，师幼较为合理地对接现有各种资源。在"拍照留念"活动中，幼儿对接幼儿园的滑梯、小车、花园等环境资源和幼儿园中的老师、厨师、保安等人文资源，与喜欢的人在喜欢的地点拍照；在"排练毕业典礼节目"活动中，幼儿之间相互合作、协商、学习，对接伙伴资源；在"感恩卡"活动中，幼儿为食堂阿姨、门卫叔叔、保健老师等设计并赠送感恩卡，对接幼儿园的人与物资源。

拍照留念

教师与幼儿共同讨论和谁拍照？在哪里拍？怎么拍？

教师：你们想和谁拍照？想在哪里拍呢？

天天：我想和我的好朋友一起拍，我们想在滑滑梯，我最喜欢那里！

小米：我要和老师一起拍，我最喜欢老师了！

宸宸：我要跟门卫师傅，每天他都在门口跟我打招呼！

教师：那你们怎么拍？需要什么呢？

幼儿对自己的拍照行动进行了计划，并实施了计划——合影留念。见图5.2.7、图5.2.8。

图 5.2.7　幼儿设计：和保健老师拍照、和好朋友拍照、和老师拍照

图 5.2.8　幼儿和好朋友、老师、门卫叔叔拍照

5. 对接集体、游戏、生活、运动等实施方式，为线索、目标和内容的达成服务。

在大班定制主题活动"幼儿园里的桂花"中，教师从幼儿发现桂花出发，通过集体活动"桂花知多少""桂花雨""我与桂花的故事"、区域活动"桂花书签""泥工桂花""制作桂花蜜"、生活活动"桂花树的变化""我知道的桂花树"、小组探究活动"桂花树的高度""二次开花"等，以幼儿问题为线索，融合多种实施方式，帮助幼儿认识园里的桂花。

（三）对照核心经验，反思成败经验

后审议是反思课程质量的重要路径，通过与教师对话，追随幼儿发展，判断课程

价值走向。定制主题活动后审议中,首先,要明确教师是课程的执行者还是幼儿发展的研究者?课程的执行重要还是幼儿的发展重要?其次,在与幼儿对话中、主题活动课程实践中不断调整对幼儿的认识、对课程的认识,反问自我:课程实施是否达到预期目标与效果?资源运用是否追随幼儿需求,实现幼儿发展?运用哪些策略支持幼儿经验主动建构?如何开展发展评价?主题活动有何不足及如何优化?

后审议的形式有许多,我园借助他人研究经验,主要采用学习故事分享交流、幼儿评价、主题小结的形式进行。主题小结是教师对主题活动目标、过程、教学方法、幼儿发展等进行的小结,旨在完善课程价值;学习故事指向幼儿个性发展,是教师结合日常观察撰写的幼儿学习故事,包括幼儿经验建构过程、解决问题策略,体现课程中的幼儿发展轨迹;幼儿评价是幼儿通过绘画、符号表征主题活动中自己的收获与成长,困惑与疑问。

如,在中班定制主题活动"南京,我的家乡"中幼儿在建构区进行了为期一个月的桥梁搭建活动。在搭建活动结束后,教师对幼儿每次搭建活动的前后经验都进行了对比,幼儿在建构桥梁的过程中主动建构经验。后审议中,教师对幼儿的前后经验进行对比,直观判断幼儿经验的主动建构。见表5.2.2。

表5.2.2 "南京,我的家乡"中幼儿桥梁搭建活动经验前后对比表

幼儿原有经验	幼儿问题与需求	教师支持	获得新经验
1. 知道桥有桥墩、桥面。 2. 呈现基本建构技巧。 3. 同伴合作。 4. 游戏的主动性	1. 桥墩太多,河水没办法流通。 2. 桥面凌乱	1. 与幼儿进行讨论,发现问题,讨论解决办法。 2. 与幼儿共同寻找桥梁图片。 3. 家长假期带幼儿参观桥梁。 4. 继续陪伴、观察幼儿的游戏行为(观察环境支架等)	1. 了解桥梁具体的细节特征(如上述表格)。 2. 问题解决:减少圆柱的数量,找到桥面的承重点搭建相应的桥墩;桥面其他多余的积木去除
第二次尝试幼儿前后经验的变化			
1. 根据第一次讨论,改进桥墩的搭建。 2. 以架空、连接为主要搭建技能。 3. 能够进行分工、合作,在搭建中发现问题、解决问题	搭建桥面较空,与现实桥面有差距,需改进桥面的搭建	1. 与幼儿对话,了解幼儿需求,解决幼儿问题。 2. 在幼儿能够独立解决问题的情况下尽量少干预。 3. 多次组织游戏后分享交流。 4. 提供桥面图片,增添幼儿对桥面的画面建构	1. 新的建构技巧(有规律的间隔搭建,对称搭建)。 2. 问题解决:桥面上增添围栏或拉索、路灯等

(续表)

幼儿原有经验	幼儿问题与需求	教师支持	获得新经验
第三次尝试幼儿前后经验的变化			
1. 能够有目的、有计划地确定搭建主题、制订计划、合理分工。 2. 以平铺、规律排序、架空、模式、组合为主要搭建技能。 3. 能够发现问题并尝试解决问题。	1. 积木不足,无法继续搭建。 2. 足够的材料、空间、时间。	1. 与幼儿对话,了解幼儿需求,解决幼儿问题。 2. 在幼儿能够独立解决问题的情况下尽量少干预。 3. 多次组织游戏后分享交流。 4. 给予借积木的相关支持。	问题解决:积木不够,无法完成搭建,需向伙伴班级借用。

第三节 定制主题活动中幼儿核心经验的主动建构

幼儿是定制主题活动的参与者与实践者,更是直接的受益者。幼儿参与定制主题活动的建构,通过不同方式在一定场域中自主建构核心经验,并在主题活动逐步推进中获得认知、技能、情感等方面发展。

一、核心经验是什么

核心经验这一概念源于舒尔曼的领域(学科)教学知识(简称 PCK),聚焦教师应当理解和掌握的领域(学科)知识,但核心经验又不是纯粹的学科知识概念,核心经验还关注学前儿童能力和素养的发展。其初衷是让幼儿教师在有关"教什么"的内容知识的把握上有一张领域认知地图,不至于在观察儿童与组织教学时糊里糊涂。[1] 这儿的主体在于教师,是给予教师一定的对照标准。而本章节所说的核心经验,其主体在于幼儿。"是幼儿在某一领域的学习与发展中必须掌握的关键知识、能力和学习品质"[2],即在某一个领域或是某一个具体的活动中,幼儿应该或是能够获得的一些经验。这些经验包括认知、情绪情感、学习品质、同伴交往、学习能力等。

(一)核心经验的特性

一种经验或概念之所以被称为核心经验或核心概念,是因为它能满足三个基本标准:聚焦性、连贯性和适应性。[3]

1. 聚焦性

所谓聚焦性,顾名思义就是集中于某一处,这也是核心经验较突出的特性。核心经验聚焦于某一个小点,更具有针对性,针对某一个领域、某一个区域,甚至某一个小活动所能获取的经验。

---

[1] 黄小莲,包丽丽,许丽芬.儿童经验的课程之维[J].教育发展研究,2019,39(24):48-54.
[2] 刘宝根.幼儿学习与发展的核心经验探讨[J].幼儿教育(教育科学),2018,(9):3-6.
[3] 陈杰琦.核心经验与幼儿教师的领域教学知识丛书[M].南京:南京师范大学出版社,2015:序言,18-19.

2. 连贯性

幼儿活动的本身就是一个连贯的过程,不论是对事物的观察还是探索。幼儿在连贯的活动中获得的经验是与活动相符的,也是连贯的。这个连贯性不仅体现在获得的最终经验间有联系,也体现在主题活动建构过程中经验的连续。如,在中班定制主题活动"走,去小龙湾公园"之"风筝"的探究活动中,幼儿在不断地尝试,反思,再尝试,再反思中建构了放风筝的经验。

在第一次放风筝时,幼儿发现无法放飞风筝。经过讨论,他们总结出无法放飞的原因:风筝材质、风筝线、没风、放飞方式等。幼儿根据总结的经验再次放风筝,但仍遇到困难,于是再一次讨论。在回收上来的 37 份记录表中有 20 名幼儿提到了风,显然幼儿发现了影响风筝飞起来的重要因素是"风"。因此,幼儿展开了对风的研究,寻找材料,测量风的大小,并进行了连续观察和记录。在连续几天的观察和记录后,幼儿总结出风的大小可以从飘带的幅度看出来,并发现:在风同样大的时候,不同材质的飘带吹起的幅度不同。最终,幼儿选择了一天风较大的时间再次尝试放风筝。见图 5.3.1、图 5.3.2。

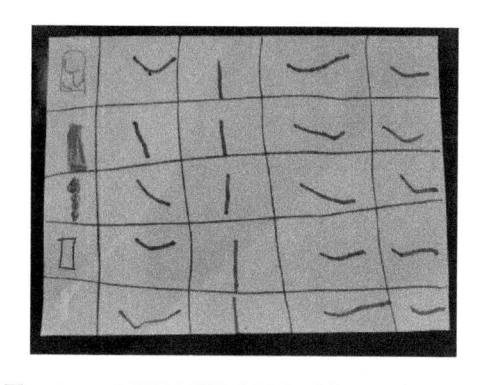

图 5.3.1　风的大小记录　　图 5.3.2　不同材质风大风小时的不同高度记录

在这个案例中,幼儿放风筝是一个连续的过程,包括放飞风筝以及风的测量。在这个连续的过程中,幼儿获得的经验也具有连贯性。具体来说,幼儿从风筝没有风飞不起来到能测量风,知道风越大丝带飘得越高,并选择在风较好时放风筝,这是幼儿在活动中获取的连贯经验。

3. 适应性

无论是某一领域还是某一活动中幼儿所建构的核心经验都要适应幼儿的发展需要。这里的适应,首先要符合幼儿年龄特点,其次要符合各领域目标,再次要与《指南》相适应并能满足幼儿需要。幼儿对某一现象产生探究兴趣,往往意味着幼儿需要建构关于这一方面的经验来满足自己,这时所建构的核心经验便是适应幼儿所需的。

(二) 核心经验与《指南》的关系

《指南》是核心经验的基础,"核心经验的提出,目的之一是为了发展中国幼儿教师的领域教学知识(PCK),从而更有效地推进《指南》的贯彻与实施"[①],要让《指南》在实践工作中落地,让《指南》在教师教育教学行为中生根。因此,不论是活动还是领域,其核心经验都参照《指南》,但又不仅仅局限于《指南》。核心经验除了领域类的目标外,还包括了学习品质、学习能力、学习方式等方面。如,在《指南》语言领域目标的基础上,我们根据本园实际情况对班级语言区核心经验进行了梳理,见表5.3.1。

表 5.3.1 《指南》语言领域目标与园班级语言区核心经验对比

《指南》语言领域目标			园班级语言区核心经验
倾听与表达	认真听并能听懂常用语言; 愿意讲话并能清楚地表达; 具有文明的语言习惯	倾听	能倾听同伴讲述; 能认真、仔细倾听完整内容
^	^	表达	能够同伴间谈话; 能够看图、看物讲述; 能够同伴间相互讲述; 尝试辩论
阅读与书写准备	喜欢听故事,看图书; 具有初步的阅读理解能力; 具有书面表达的愿望和初步技能	阅读	能够阅读儿童文学作品,保持安静; 具有初步的阅读理解能力; 愿意与同伴共同阅读
^	^	前书写	具有书面表达的愿望; 掌握书写的初步技能; 建立书写行为习惯; 学习创意书写表达

二、幼儿如何主动建构自己的核心经验

幼儿是活动的主体,他们在活动中表现出的各种行为其实都是在主动建构着自己的核心经验,讨论、分享、质疑、争吵、操作、探究都是幼儿建构核心经验的方式。

(一) 观察与发现

观察与发现是幼儿核心经验建构的开端。幼儿观察发现了某一想要了解的

---

① 陈杰琦.核心经验与幼儿教师的领域教学知识丛书[M].南京:南京师范大学出版社,2015:序言,18-19.

物或现象,往往会产生兴趣,从而开始建构有关此物或此现象的经验。当然,观察与发现不仅仅只是幼儿建构核心经验的开始,还伴随着幼儿整个活动的过程。幼儿以观察为方法,并再次从观察与发现中建构新的核心经验。如,在大班主题活动"探秘百家湖"中,大六班幼儿发现了百家湖里的芦苇,并对芦苇展开了探究。见图5.3.3至图5.3.5。

清清百家湖,幽幽芦苇香

在百家湖的远足中,幼儿对"百家湖里有什么"进行了观察和记录。记录表中"湖边的植物"一栏,大多幼儿不约而同地画上了"芦苇",词频率达到了68%!由此,教师引导幼儿展开了对芦苇的探究。幼儿在探究中发现了芦苇与粽叶相似,便对芦苇与粽叶进行了比较,得出结论:芦苇并不是粽叶。一天散步时,幼儿发现了幼儿园的天台上也有"芦苇",他们对天台上的"芦苇"与芦苇进行了比较。通过实物对比、查阅资料等,幼儿最终了解到幼儿园天台上的并不是芦苇,而是东方香蒲。幼儿从发现芦苇、认识芦苇,再到发现粽叶、东方香蒲,都源于幼儿的观察。幼儿不仅通过观察发现了芦苇、粽叶、东方香蒲,还比较了粽叶、东方香蒲与芦苇的异同,从而建构了有关芦苇的核心经验。

(案例提供:蒋丹)

图5.3.3 在百家湖发现芦苇　　图5.3.4 把芦苇种在小花园

图5.3.5 在幼儿园天台发现"芦苇"

（二）体验与思考

体验与思考是核心经验建构过程中的重要部分。在探究某一事物或某一现象的过程中，幼儿一直处于思考的状态，且思考伴随着整个过程。思考是幼儿核心经验建构的主要助推器，有思考才有新经验的产生。幼儿处于形象思维阶段，需在亲身体验与思考中主动建构经验。如，在小班定制主题活动"彩色的世界"中生成了光影游戏，幼儿体验光影并进行思考，建构了有关光与影的核心经验。

小班：光

澄澄将红色透明卡片放在眼睛上对老师说："哎，老师变成了红色。"随后他加上了一块蓝色透明卡片，惊讶地对老师说："老师变色啦，变成了紫色的老师。"他又尝试着将绿色透明卡片和黄色透明卡片放在一起，疑惑地说："怎么还是绿色呀？我明明加了黄色呀！"澄澄反复尝试用绿色透明卡片和黄色透明卡片看老师，说："哦，原来加了黄色，绿色就变成淡绿色了呀！"

（三）共处与质疑

共处与质疑主要指向伙伴间的互动。共处包括伙伴间的分享、合作、讨论、协商，是伙伴间意见一致、想法相同时所呈现的状态；质疑是伙伴间出现分歧后相互质疑，甚至因某一问题而争吵。在共处与质疑中，幼儿主动建构着对相关事或物的核心经验。当然，除了伙伴间相互质疑，也会有自我质疑的存在，当某一个活动因遇到困难而无法进行下去时，幼儿会自我质疑，并会主动改变策略最终解决问题。

搭建皮影戏舞台

班上正在开展"皮影戏"活动，幼儿整理班级时意外收获了一块皮影表演幕布。在清洗晾晒后，幼儿准备把这块幕布组装起来。航航快速将四根长短不一的PVC管道插进幕布四周，很快宸宸便发现了存在的问题——四根管道无法连接。宸宸和航航开始了讨论：

航航："我觉得组装没有问题。"

宸宸："好像连接的地方被布挡住了。"

两人开始在布中摸索连接口，果然他们在短管末端发现了一个L型的连接口。

航航："宸宸，你说得对的。"

宸宸："我来试一试。"

摸索了半天，两人发现每次将长管插入连接口后长管就不受控制而掉下来。

航航:"宸宸,你用点劲。"

宸宸:"我很用劲了,但是会掉。"

他俩低下头,仔细思考其中的原因。

航航:"我知道了,你每次用劲时布也被挤到了插口里,我们要把它打开,这样就可以塞紧了。"他俩说干就干,把布掀开,一起用劲,最终完成了拼插。

三、幼儿主动建构核心经验的同伴支持

幼儿通过动手动脑、感知体验、交往合作、探索创造,不断积累经验,逐步地建构自己的认知结构,积累核心经验。伙伴课程一直重视伙伴的作用,在幼儿核心经验的建构中伙伴的支持也尤为重要。在各项活动中,幼儿之间或多或少地进行着互动,在交流、讨论、协商、合作等互动过程中伙伴之间能够相互支持。幼儿可能会给对方出主意而解决一个难题;可能通过分享而提升各自的经验;甚至通过"争吵"来确定下一次探究的方向。

1. 伙伴分享

在伙伴分享中,幼儿相互获取新的认知,从而建构对某一物体、某一现象的新经验。如,在中班定制主题活动"你好,朋友"中,师幼讨论了有关朋友的话题。通过伙伴之间的分享,幼儿建构了自己对于"怎么交好朋友"的认知,相互间习得交好朋友的多种方法。

定制主题活动"你好,朋友"中的伙伴分享

讨论:怎样认识更多的新朋友,你有什么方法?

诗羽:"小朋友要乐于助人,帮助别人,还要学会分享。"

思逸:"我会带朋友去散步,到小池塘去看我们班的小蝌蚪,和小蝌蚪做游戏。"

欣瑶:"我会带朋友一起玩表演区,穿公主的衣服。"

思萌:"我也喜欢公主,我还会带朋友跳公主的舞蹈。"

梦洁:"玩具要大家一起玩,不能抢别人的玩具,别人就会和你做好朋友了。"

2. 伙伴建议

伙伴建议在于语言上的表达,与分享类似,但伙伴建议对于伙伴分享而言更具针对性。分享时大家都表达自己的发现或是观点,而建议更多的是对于某一个人的某一个行为进行针对性建议。伙伴建议往往比成人建议更能有效地帮助幼儿解决问题。

如,种植活动中,老家在龙都(地名)的亮亮成了班级里的种植明星。他会打担子、会插苗,还会给长大的豆苗搭架子,在大家眼中,他是厉害的小老师。一到

种植地,大家有问题都会请教他,亮亮耐心地帮助小伙伴共同搭建黄瓜架,锄草……他还告诉小伙伴自己的老家有大片田地,农民伯伯用稻草人吓走来偷吃的鸟。在听取伙伴建议后,幼儿自身的经验有所改变,能主动建构新的经验。

3. 伙伴合作

伙伴合作是幼儿在活动中与伙伴的一个互动过程,因共同目的而与伙伴协调合作,从而达到共同目标的实现。伙伴合作对幼儿建构经验有着重要的支持作用,幼儿在合作中能建构社会性交往、认知与学习等多方面的经验。如,大班定制主题活动"探秘百家湖"中搭建百家湖商圈活动中,幼儿分工合作,最终完成商圈的搭建,获得了与搭建有关的各种经验。

百家湖商圈搭建中幼儿的分工合作

洵洵把重新做好的房子放在了KT板上,哲哲对他说:"洵洵,你先负责把这个粘在上面,我和其他人再去看看1912还有什么。"

洵洵点点头,去美工区找了一卷海绵胶,然后往KT板上粘。

洵洵看了看俊俊说:"俊俊!你看看这个房子,放在这里可以吗?"

"往这边再来点儿。"俊俊小手不停地往左挥说,"可以了,粘上去吧。"

洵洵听了之后,把纸房子粘在了上面,予予在房子后面左看看又看看,然后跑到哲哲旁边说:"我们的房子粘好了,然后干嘛呢?"

哲哲说:"现在啊,我刚才看了图片,这个房子上面还有门,我们需要把这个纸箱子戳开,弄几个门出来。"

(注:1912指的是幼儿园3公里范围内的一个商业街区,1912为其名称)

第四节　定制主题活动中教师行动指南

定制主题活动以幼儿为本,以幼儿的"有"与"需"(已有经验与发展需求)为起点。教师以一日活动为线索,充分开发和利用可能的伙伴课程资源,引导、支持每一名幼儿主动、全面而富有个性地发展。教师需要建立正确的儿童观——儿童具有与生俱来的完整特质,是自主学习、主动建构、顺应节律成长的完整人;教师需要正确地自我认知——是尊重、信任儿童的精神支持者与合作伙伴;教师需要具有正确的课程观——伙伴主题活动是一日常态下幼儿与伙伴共生共长的活动,教师、幼儿、家长是课程参与与开发的主体,是课程的创造者。定制主题活动不再是课程传递与执行的过程,更是交往、关系建构、创生与开发的过程。

一、以主题活动为基本组织方式

定制主题活动有助于幼儿对伙伴课程的认知更加系统化、理念化、科学化。主题活动也是伙伴课程的重要实施途径,有助于发挥伙伴课程对幼儿个性、社会发展的价值,能不断地促进幼儿社会交往能力、情感表达能力以及解决问题能力的发展。主题活动的结构既要囊括教师对课程的理解——清楚设计意图、幼儿发展规划;又要反映教师教学过程以及幼儿学习过程中的线索、策略以及游戏活动的设计等,还要体现资源可运用性以及班级个性化的发展。幼儿园提供大块面的主题活动框架结构,各个班级在此基础上设计富有班级个性化的主题活动框架。

百家湖幼儿园主题活动方案(　周)

主题名称:　　　　　班级:　　　　时间:　　　　负责人:

一、定制主题活动思路

幼儿基础:幼儿已有经验、能力水平、兴趣爱好、发展需求等。

主题分析:针对幼儿以上情况,尤其是幼儿的发展需求,结合本主题资源,确定本主题可能给幼儿带来的发展。

二、定制主题活动目标

1. 主题核心目标:促进情感、学习品质、习惯能力、知识技能等的发展。

2. 领域发展目标:结合《3—6岁儿童学习与发展指南》《幼儿园教育指导纲要(试行)》等,明确幼儿在五大领域发展目标,对照主题中关键活动,拟定领域发展目标,数量不限。

三、定制主题活动网络

1. 思维脉络清晰,透过网络图可以看到主题的脉络,可以看到课程目标的达成。

2. 尽量少用具体活动的名称,不是具体活动的累加,更多是活动开展的线索。

四、伙伴课程实施路径

活动线索	活动内容	伙伴资源	日常活动	区域游戏
线索一:×××× (实现的主要目标,如:认识幼儿园中的人和物,了解幼儿园)	活动一: 活动二: ……			
线索二:				
备注:活动组织形式可以为集体活动、游戏、生活活动、小组活动、亲子活动等。					

五、定制主题活动具体方案

活动一:集体活动《语言:×××》

活动二:生活活动《×××》

六、定制主题活动过程性资料

1. 能反映主题核心目标达成的重要线索以及相关的主要活动,需要积累过程性资料。

2. 过程性资料包括相关的幼儿成长故事、能反映幼儿成长的主要活动的照片及说明、环境创设的照片及说明等。

3. 存放方式:可以放在本Word文档中,也可以单独打包(在本文档中做好链接)。

七、定制主题活动反思与调整

1. 主题活动实施后,反思调整的主要目的,做好传承准备。

2. 主要反思:主题活动实施是否达到预期目标与效果?如何优化与调整?

3. 主题活动实施效果的追因分析:是否建立在幼儿的基础上?有何优势与不足?并形成调整后的新方案。

二、以完整儿童培养为发展目标

课程需要不断地探究和实践,它是一个动态和发展的过程。教师的课程观、儿童观(课程实施立场)以及课程内容、课程审议、课程评价等环节都关乎着课程质量。伙伴课程以培养"完整的儿童"为基础目标,即所关注的幼儿的发展包括学科知识、社会情感、身体健康等。

定制主题活动目标应符合幼儿的需要,基于幼儿的前期经验,能促进幼儿的发展。目标是教师的行动指南,教师在具体设计主题活动目标时一要科学、严谨;二要贴近幼儿,有利于培养完整儿童。主题活动目标要包括核心目标,即主题活动中幼儿最需要提高的核心能力点,能最大化地满足完整儿童的发展需要。主题活动目标还要包括渗透在生活、游戏等中的隐性发展目标,如,中班定制主题活动"你好,朋友"的目标定位(见本章第五节案例一)。

三、以伙伴关系建构为核心要素

伙伴关系的建构是伙伴课程的价值指向,也是教师在伙伴课程实施中的核心要素。在实践伙伴课程的前期、中期,我们一直围绕以下三个层次思考、理解并不断修正伙伴关系的内涵:

层次一:伙伴是什么?儿童眼中的伙伴是什么(伙伴是什么样子的)?儿童需要什么样的伙伴?

层次二:儿童为什么需要伙伴?为什么要做伙伴课程?课程建构中的伙伴关系包含哪些?

层次三:儿童需要怎样的伙伴课程?伙伴课程实践最终形成什么样的伙伴关系?对幼儿发展价值是什么?

(一)认识到伙伴关系的重要性

幼儿的学习不是独立存在的,幼儿的发展是在多种伙伴关系中不断构建的。教师必须充分认识到伙伴关系在幼儿发展中的重要性,明确伙伴关系的内涵、价值,帮助幼儿不断地实践、总结、观察、反思,使幼儿与教师、与同伴、与家人形成伙伴关系,并不断推动伙伴关系更加深入与优化,从而通过伙伴关系推动个体发展。

(二)将伙伴关系渗透到主题活动中

伙伴关系的建构可以通过定制主题活动来实现,教师要善于渗透伙伴关系。

如,在大班定制主题活动"我是大班哥哥姐姐"中,最有价值的伙伴关系是幼儿对于自我的认知,教师应着重思考如何挖掘幼儿对自身的更高认识,从而促进幼儿自我认知的发展。又如,在小班定制主题活动"我爱我家"中,教师更加注重幼儿与家人之间伙伴关系的建构,并充分挖掘家庭中的伙伴资源运用至班级主题活动中,帮助幼儿在活动中感受亲子关系的融洽与美好,进一步促进亲子关系的发展,从而推动幼儿的自我发展。

(三) 帮助幼儿建构良好的伙伴关系

良好的同伴关系、亲子关系、师生关系有利于幼儿社会性发展以及互相学习。但由于幼儿年龄小,自我中心意识比较强,交往经验与策略缺乏,因而更需要教师帮助幼儿建构良好的伙伴关系。如,在中班定制主题活动"你好,朋友"中,教师在一日生活活动的各个环节,如晨锻、集体活动、区域游戏、一餐两点等中设计合作互动的游戏,营造交往的机会,鼓励幼儿相互交往;并充分利用分享环节,通过墙面、立体形式展示朋友共同完成的任务、作品,提高幼儿分享交往感受与交往策略的机会。

师幼关系是促进幼儿发展的重要因素,教师在主题活动要和幼儿建构良好的师幼关系。如,在大班定制主题活动"再见了,百家湖幼儿园"中,教师充分把握大班幼儿"独立、有主见,可通过朋友合作共同探讨解决问题"的年龄特点,在活动中主动退出,积极充当幼儿的助手。当幼儿在排练中需要音乐、道具时,教师帮助准备材料、剪辑音乐;当幼儿在活动中遇到困难退缩不前时,教师给予鼓励和安慰,新型的师生关系在主题活动逐渐构建。

四、以儿童立场为发展支持

成尚荣先生在《儿童立场:教育从这儿出发》中指出:"教育应站在儿童的立场上"。[①] 所谓儿童立场,就是儿童教育过程要从儿童视角出发,研究儿童心理,遵循儿童认知的发展规律。定制主题活动无论如何调整,都必须站在儿童立场上,促进儿童的发展。这是教师在实践伙伴课程中必须贯穿始终的教育理念,是更好地促进幼儿发展的支持力量。

(一) 让幼儿的经验成为主题活动的基础

幼儿的经验包括间接经验、直接经验、生活经验等,这些经验包含的内容往往较广泛。定制主题活动中谈到的儿童立场首先要基于"儿童的经验",然后根

---

① 成尚荣.儿童立场:教育从这儿出发[J].教育理论与实践,2008.

据"儿童的经验"构建幼儿在幼儿园的一日生活活动。"儿童的经验"来自于儿童自己的生活经历,能引发幼儿真实地参与体验与主动学习。如,在中班定制主题活动"南京,我的家乡"中四通八达的南京交通活动中,幼儿知道如果需要旅行,可以从南京火车站、南京南站、禄口机场出发去很远的地方;如果需要去很近的地方,可以乘地铁、出租车等;幼儿对常见的交通工具比较熟悉,知道并能说出大大小小的交通工具。教师根据幼儿的已有经验,引导幼儿对南京城的交通工具进行探索。

(二)让幼儿的兴趣成为主题活动的起点

伙伴课程建设强调儿童立场,课程的建构、落实、评价均建立在幼儿的兴趣与需要之上,这是教师实施主题活动的基础。教师应尊重幼儿兴趣,让幼儿以"课程卷入者"的身份平等地参与到伙伴课程中来,在伙伴课程构建与实施中与幼儿形成共生、共长螺旋上升的势态,逐步形成"与伙伴同行"的园(所)文化。定制主题活动的构建是一个实现平衡、打破平衡的过程,在这个过程中衡量的点是幼儿的兴趣、需要以及新经验的建构。因此,教师应通过观察幼儿、分析幼儿行为,对课程进行回顾、调整,使幼儿的兴趣在课程中得以延续,同时又在活动中不断丰实自己。如,在大班定制主题活动"探秘百家湖"中,各班幼儿的兴趣点不同,有的想研究白龙桥,有的想探究凤凰台,有的想探秘百家湖,有的想了解百家湖的建筑,因此不同的项目应运而生。

(三)让幼儿间的差异成为主题活动的资源

教师要充分认识到幼儿间的差异,调动幼儿间互相学习的差异资源,创造条件帮助幼儿构建生长的支架,让幼儿以自己喜欢的方式和适合自己的速度成长。如,在大班定制主题活动"再见了,百家湖幼儿园"中,各班级幼儿自发彩排节目,开展以班级为单位的毕业典礼。在武术排练中,靖一和其他三名幼儿存在较大的差异,他在三名幼儿的帮助下逐渐学会了武术。正是这种幼儿间的差异资源,帮助幼儿获得了成长与发展。

武术中的成长

毕业汇报演出在即,靖一小朋友和他的三位好朋友一起报名了武术。但是他的动作生涩、无力,明显比别人慢许多拍。

经过第一天的排练,教师对幼儿的节目有了大致了解,晚上教师在班级群里进行了简单反馈,肯定并鼓励认真准备节目以及排练的小朋友。这时候教师发现靖一妈妈将靖一的姓名从武术节目中删掉,并更改成了个人故事表演。

老师发现后私信靖一妈妈了解情况,靖一妈妈反馈:靖一没有学过武术,回家后向父母反映今天排练时跟不上,有点难过。老师也将今天的排练情况向靖一妈妈说明:靖一今天排练得很认真,另外三个小朋友费尽心思地进行了动作教授,第一次排练遇到困难很正常,但能看出靖一喜欢武术,只要他们认真排练肯定没有问题。今晚可以再和靖一商量商量,定下最后的节目内容。

第二天,武术小组果然没有了靖一的身影,教师惋惜道:"你这么喜欢武术,这时候放弃真可惜!"没想到靖一却哭了起来:"我妈妈说我不适合!"教师轻轻拍了拍他,小声说:"你自己的事情,可以自己决定!"

第三天,重新投入排练的靖一似乎更加卖力了,小伙伴们也更有经验,先让靖一进行一系列热身,熟悉武术的基本招式。接下来他们每天都早早来园,在做好入园准备后便在长廊排练起来。有伙伴为靖一示范动作,有伙伴喊口号,有伙伴为靖一纠正动作。靖一的动作也比之前有力量、规范了许多。四名武术表演者在排练过程中,吸引了不少小观众。观众们表示,他们的口令喊得很有气势,但动作还不到位,于是建议他们求助专业的武术教练。为了能让自己表演得更专业,靖一特别请老师帮忙下载了武术视频,一遍遍地模仿视频中的动作。

真正表演的日子,靖一自信满满上台,动作有力、连贯,口号响亮,俨然就是一名专业的武术运动员。

在案例中,我们看到了幼儿情感发展、技能习得等方面的发展差异,这也正是伙伴共学中处于不同发展水平幼儿成为同伴学习资源的实践。

第五节　定制主题活动案例分享

案例一：中班定制主题活动"你好，朋友"

一、主题活动思路

幼儿基础：朋友是幼儿生活和学习中不可或缺的一部分，每个幼儿都需要朋友，喜欢和朋友在一起。中班是幼儿社会交往能力发展的关键期，在自我意识逐步形成的同时，他们会关注身边的伙伴，愿意和伙伴交往。

主题分析：

1. 问卷调查：你知道什么是好朋友吗？见表 5.5.1。

表 5.5.1

内容	知道	不知道
人数	212	4
占被调查者百分比	98.1%	1.9%

2. 问卷调查：你需要好朋友的帮助吗？什么情况下需要帮助？见图 5.5.1。

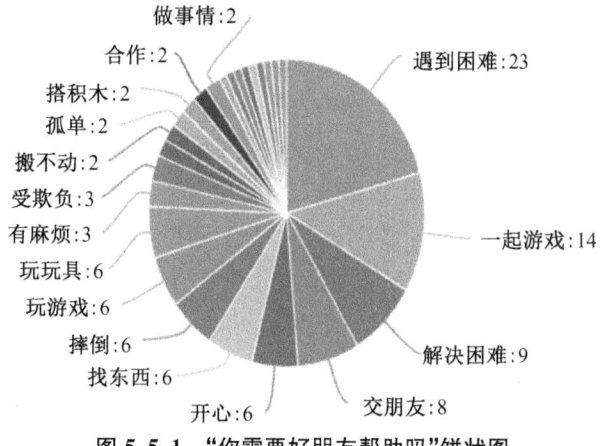

图 5.5.1　"你需要好朋友帮助吗"饼状图

3. 问卷调查：你和好朋友在一起时心情如何？见图5.5.2。

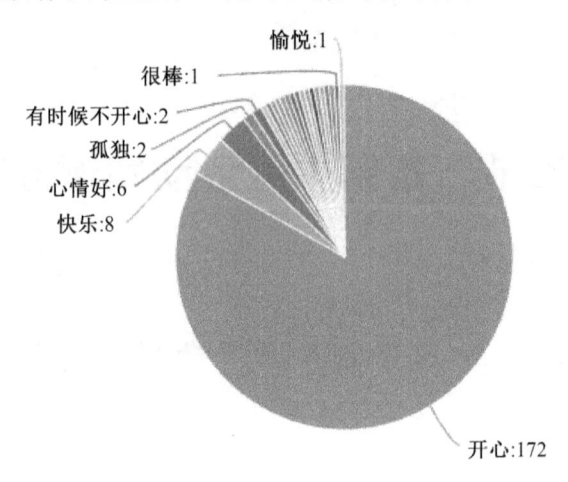

图 5.5.2 "你和好朋友在一起时心情如何"饼状图

愉悦：1
很棒：1
有时候不开心：2
孤独：2
心情好：6
快乐：8
开心：172

4. 调查问卷：你还想结识哪些新朋友？打算通过什么样的方式？见表5.5.2。

表 5.5.2

内容层次	能够说出新朋友的名字	能够表述出方法	两者都能表述	想交新朋友但表达不出	不想再交新朋友	不知道
人数	44	150	30	10	7	13
占被调查者百分比	20.37%	69.44%	13.89%	4.62%	3.24%	6.01%

通过调查了解幼儿对交新朋友的想法与所知的交新朋友的方式。根据调查表，我们可以看出：20.37%的幼儿能够对自己的交友有一定的规划和目标，有明确的交友对象，其他幼儿均范围宽泛如全班幼儿、某班幼儿等；69.44%的幼儿能够表达自己如何进行交友，主要集中于主动邀请、一起游戏、一起玩、多说话；13.89%的幼儿能够说出自己想交的朋友并能够表述相应对策；4.62%的幼儿表达出想交新朋友但不知所措；3.24%的幼儿不想再交朋友，表示自己朋友已经够多了；6.01%的幼儿表示不知道。分析上述数据，我们可以得出：大部分幼儿对交新朋友有着热烈的渴望，但对和谁交、怎么交却存在着不同程度的困难和问题，交往技巧的掌握和能力还比较弱，这都需要伙伴课程的支持、引导。

通过对整个问卷进行分析，我们了解到大部分幼儿知道什么是朋友，愿意和朋友一起玩，和朋友在一起的时候开心……但幼儿的交友经验和能力有限，往往不知道如何交友。我们将通过这一主题活动，阅读关于朋友的绘本，感受朋友之间的深厚感情；给予幼儿支持与帮助，引导幼儿用合适的方法交友；通过同伴之间的分享、互动,建构和谐的伙伴关系;幼儿感受和朋友在一起是一件快乐的事情。

二、主题活动目标

主题核心目标:

1. 知道自己升中班了,有做中班小朋友的光荣感和自豪感,愿意接纳、关心新同伴。
2. 喜欢交朋友,有主动与人交往的意识,尝试运用多种方法,学习与人交往。
3. 感受与好朋友在一起时开心、愉悦的心情,能注意到别人的情绪,并有关心、体贴的表现。
4. 有经常一起玩的小伙伴,能分享喜欢的物品,当与同伴发生冲突时能用协商交换、轮流合作等方式解决问题。

领域发展目标:

1. 会用恰当的语言介绍自己的同伴,能说出同伴的特点,并能用较完整的语言描述自己和同伴的趣事。
2. 会和好朋友一起学习歌曲,能用对唱、齐唱等方式表达对朋友的喜欢。
3. 尝试给朋友画像,学会从五官、发型、穿着等方面表现人物的基本特征。
4. 学习 5 以内的相邻数,在实际操作中理解 5 以内数与数之间的关系。
5. 学做列队操锻炼身体,并能愉快地和同伴合作操节以及队列变换。

三、主题活动网络

图 5.5.3 为"你好,朋友"主题网络图。

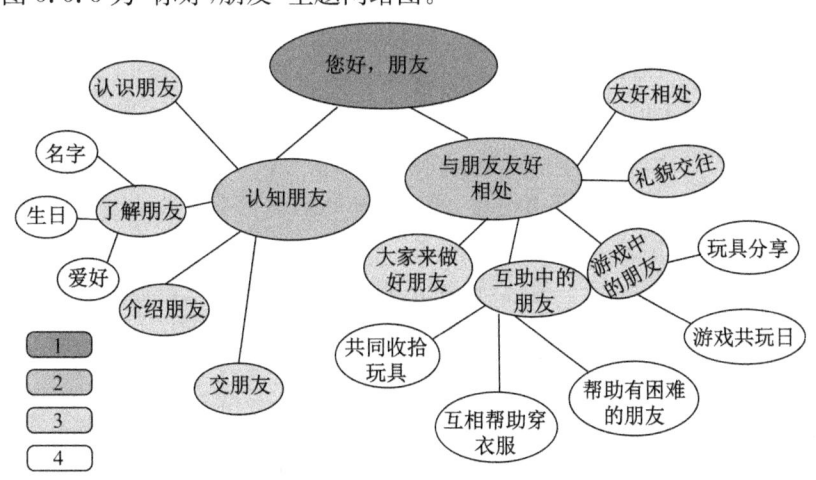

图 5.5.3 "你好,朋友"主题网络图

四、主题活动实施

线索一:我的朋友

活动一:社会活动"朋友哪里来"

活动目标:
1. 理解故事情节,知道故事基本内容。
2. 通过讨论、交流,学习与同伴相处的方法。
3. 愿意在同伴面前,大胆表述自己交朋友的经验。

活动准备:
1. 萤火虫、青蛙、蚂蚁、飞蛾、大树图片各一张。
2. 故事《萤火虫找朋友》PPT。

活动过程:
1. 教师出示青蛙、萤火虫图片,表达自己对青蛙和萤火虫的认识。
2. 教师讲述故事《萤火虫找朋友》。
(1) 教师出示图片讲述故事前半段。
讨论:萤火虫去哪里找朋友了?它见到了谁?它对小青蛙说了什么?小青蛙听了开心吗?它是怎么做的?为什么?
淇玉:"萤火虫去了有灯的地方、小池塘、大树找朋友。"
泽桐:"萤火虫看见了小飞蛾和小青蛙、小蚂蚁。"
一宸:"小青蛙说它要找小弟弟,萤火虫没有帮助它,小青蛙很难过。"
(2) 幼儿尝试换位思考,并说一说自己的感受。
讨论:如果你是那些小动物,你心里会怎么想?有什么办法帮助萤火虫和小动物们成为好朋友吗?
瑾逸:"我如果是小蚂蚁,我会很伤心的,因为萤火虫不帮助我。"
宇绘:"如果我是小青蛙,我也会不开心的,萤火虫不知道帮助别人。"
博文:"萤火虫要先帮助小动物,然后小动物们就会跟它做朋友了。"
3. 师幼交流,分享交朋友的办法。
(1) 教师讲述故事后半段,引导幼儿理解故事内容。
(2) 幼儿在交流中分享、学习交朋友的办法。
讨论1:萤火虫为什么没有交到朋友?
宇绘:"因为萤火虫没有帮助别的小动物,所以小动物不想跟它做朋友。"
嘉怡:"萤火虫只想着自己交朋友,没有考虑其他小朋友。"
讨论2:你有什么好办法可以交朋友?

翼帆:"我可以送给朋友礼物。"
言依:"别人有困难的时候,我就去帮助他。"
曼凌:"还有,我可以邀请他到我家里去玩。"
讨论3:交到新朋友,你感觉怎么样?
希月:"我会很开心!"
泽熙:"我会很高兴,特别满足。"
琳果:"我会感到骄傲,因为我会交朋友!"
4. 教师总结。
通过萤火虫找朋友的故事,我们知道了想要交朋友,要学会帮助别人,与别人友好相处。

活动二:日常活动"初识朋友——交朋友"

核心经验:
1. 会运用介绍自己、交换玩具等简单技巧加入同伴游戏。
2. 学会用完整语句谈论好朋友的特征、兴趣爱好,以及愿意找他做好朋友的原因。

活动准备:
班级较温馨的空间、《找朋友》音乐。

图5.5.4　和好朋友交流

观察与指导:
轻声细语话童年:
昇昇:"我的好朋友张谊浩,你最喜欢干什么?"
谊浩:"我最喜欢吃好吃的,前几天我妈妈带我吃了牛排。"
昇昇:"牛排最好吃,我也喜欢。"

谊浩:"那你最喜欢什么呢?"
昇昇:"嗯,那应该是出去玩吧!"
谊浩:"哦,我也很喜欢出去玩,我去过山东,我奶奶家。"
昇昇:"我暑假去了舟山,那里有大海,我还去过新加坡……"

师幼对话:
教师:"我们可以和好朋友聊天,还可以和朋友干什么呢?"
乐乐:"玩游戏,玩我们喜欢的游戏。"
和和:"放假的时候会和不在幼儿园的好朋友出去玩,妈妈会给我们拍照,还去游乐场。"
刘瑞:"我还参加过我朋友的生日,吃好吃的蛋糕。"
球球:"我还知道我朋友的生日呢,国庆节是他的生日。"
教师:我们在幼儿园也可以和朋友拍照、过生日、了解朋友的秘密哦!

教师反思:
幼儿相互聊聊自己的兴趣爱好,结交与自己兴趣爱好相同的心仪朋友,同时又产生新问题——除了和好朋友聊天,我们还可以做什么事情? 教师正是通过这一问题,引导幼儿之间产生了更多的互动。

活动三:语言活动"介绍好朋友"

活动目标:
1. 学会用完整语句谈论好朋友的服饰、特征以及愿意找他做好朋友的原因。
2. 愿意并认真倾听同伴谈话,具有初步的倾听能力。
3. 知道每个人都有自己的优点,大家要相互学习。

活动准备:
经验准备:幼儿有自己的好朋友,有与朋友共玩的经验,对朋友的特征有所了解。

活动过程:
1. 创设情境,引出谈话话题。
讨论1:谁来说一说,你觉得什么是"好朋友"?
依晨:"好朋友就是我的小鸡,我每天都要抱着它。"
明朗:"我会跟我的好朋友在小区里踢足球,一起玩。"
昱衡:"我会邀请好朋友到我的家里做客,我有好多的变形金刚。"
鑫洋:"好朋友就是会一起做很多事情,一起去吃好吃的,天天在一起。"
讨论2:你的好朋友是谁?
馨怡:"我的好朋友是乐乐,因为她学本领认真。"
俊宇:"我的好朋友是严明朗,我喜欢他和我一起下围棋。"

嘉栋:"我的好朋友是小宝,我喜欢他跑步,他跑步的速度很快。"

2. 引导幼儿围绕话题自由交谈。

讨论:你的好朋友今天是什么模样?

子宸:"他是我的好朋友孙修远,他个子高高的,穿着黑色外套、条纹裤子。"

艺可:"我的好朋友是梦淇,她穿了一条蓝色的公主裙。"

懿轩:"董奕伟是我的好朋友,他嘴巴大大的,耳朵也大大的。"

梓菡:"我的好朋友是妙妙,她个子不高,扎了两条辫子,笑起来有两个酒窝。"

语甜:"我的好朋友豪豪很胖,他穿着迷彩服和防蚊裤。"

教师巡回指导幼儿的谈话,倾听、了解幼儿说话的内容,适时用一些小问题加以引导:你的好朋友是高还是矮?长得胖还是瘦?

3. 引导幼儿拓展谈话范围。

讨论:你的好朋友的优点是什么?

梓睿:"王正旭也属猴子,和我一样,我愿意找他做朋友。"

逸章:"我的好朋友殷若水会下象棋,特别厉害,我想和她学一学。"

玥玥:"大宝、小宝每天骑滑板车上学,太酷了。"

筠欢:"梦淇每天穿的公主裙很漂亮,像公主一样,刘艺可有公主发夹,我想找她们做朋友。"

子宸:"修远知道的事情很多,学本领也认真,我很崇拜他。"

教师总结:每个人都有自己的优点,我们要相互学习。

活动四:区域活动"过生日"

核心经验:

通过拍照、画朋友、了解朋友的秘密等活动,能够深入了解朋友。

活动准备:

寻找幼儿园里幼儿喜欢的角落;提供拍照道具、画纸、笔等。

活动过程:

1. 和朋友选择想进行的活动(拍照、画朋友、了解朋友的秘密)。

2. 和朋友共同参与活动。

观察与指导:

1. 班级创设生日墙,每个幼儿将自己的自画像画下来,贴在墙上,而大蛋糕里面的是本月过生日的小寿星。

2. 和好朋友带上在美工区制作的生日蛋糕,为小寿星共同庆祝生日。

3. 可以和好朋友一起拍照,画一画好朋友。

活动记录:

教师:"我们可以怎样给好朋友过生日呢?你平时是怎么给你的好朋友过生

日的？"

辰辰："我们可以在美工区给好朋友做生日卡片，送给他当生日礼物。"

慕辰："我以前给姐姐过生日，妈妈会买一个大蛋糕，点上蜡烛给姐姐许愿，然后我会对姐姐说一些祝福的话，然后一起吃蛋糕。"

诺诺："我们可以在班上给小朋友唱生日歌，在美工区用油泥做小蛋糕送给小寿星。"

见图5.5.5至图5.5.7。

图5.5.5 好朋友一起玩游戏　　图5.5.6 画画好朋友　　图5.5.7 好朋友的生日

教师反思：

幼儿对于过生日有着相对丰富的生活经验，教师紧抓幼儿的现实发展与兴趣需要，在美工区提供多元化、生动化地制作生日蛋糕、生日礼物的材料，丰富幼儿想象的空间，激发幼儿为朋友庆祝生日的兴趣。

活动五：区域游戏"朋友猜一猜"

核心经验：

喜爱与朋友交往，能用连贯、完整的语言介绍姓名牌上的内容。

活动准备：

朋友照片、幼儿自己绘画的姓名牌。

活动来源：

有些幼儿虽然交了好朋友，但却不清楚好朋友的名字。我们请家长与孩子交流如何认识好朋友的名字。如，和孩子一起用图画表征的方式来表述好朋友的名字，这也是班级一个非常有趣的游戏"猜猜我是谁"，幼儿会讨论这个是谁的名字。见图5.5.8。

过程记录：

乐乐："球球，你猜猜哪个图片是我好朋友岳沐宸的名字。"

球球："是这个吗？上面有个橙子的。"

乐乐："不对不对，橙子前面是个大老虎，他才不是大老虎呢。"

球球:"我知道了,一定是这个,前面有个月亮,中间那个字我认识,是木字,最后一个画了个橙子,合起来就是岳沐宸,我说得对吗?"

乐乐:"是的,你答对了哦,下面让我来猜猜你好朋友的名字在哪里吧。"

图 5.5.8　好朋友玩猜名字的游戏

教师反思:

中班幼儿的语言表达能力、想象能力有了进一步的发展。活动中用熟悉的代替物表示幼儿的名字,并通过一问一答的方式让幼儿进行猜想,使幼儿学会识别、观察、联想,在同伴互动中既促进友好的伙伴关系,又发展幼儿的想象力与表达力。在幼儿猜出朋友名字后教师可以鼓励幼儿用完整清晰的语句表达、描述朋友的外貌特征和优点,让幼儿加深对朋友的印象并发现欣赏朋友的长处,强化榜样力量。

活动六:综合活动"我的新朋友"

活动目标:

1. 知道新朋友的爱好,大胆讲述新朋友的特征和爱好。
2. 掌握结交新朋友的方法,愿意结交新朋友。
3. 体验结交新朋友的乐趣,感受和新朋友一起玩的快乐和幸福。

活动准备:

1. 经验准备:活动前做好对新朋友的爱好调查。
2. 物质准备:歌曲《找朋友》。

活动过程:

1. 谈话导入:介绍自己的新朋友。

讨论:新朋友的特征和优点。

俊宇:"我的新朋友有点胖胖的,他喜欢下棋。"

诗羽:"我的新朋友她头发长长的,喜欢扎一个小辫子。"

昱衡:"我的新朋友今天穿了蓝色的衣服,他特别喜欢画画,而且会帮助别人。"

嘉栋:"我的新朋友她特别温柔。"

2. 找找自己的好朋友。

(1) 随音乐找新朋友

(2) 说一说想对新朋友说的话

讨论1:和新朋友拥抱后的感受?

欣瑶:"我和新朋友拥抱好开心,我们俩都笑了。"

梦洁:"我想对我的新朋友说我好喜欢你哦!"

昱衡:"拥抱之后感觉好有趣,我想对他说,我们一起玩游戏吧!"

讨论2:你想对新朋友说什么?

皓天:"我喜欢你。"

琳果:"到我家里去玩吧。"

一宸:"以后我们一起玩游戏!"

3. 我和好朋友一起玩。

(1) 讨论和新朋友一起玩的地点

讨论:和新朋友去幼儿园的哪里玩?

依晨:"去玩滑滑梯,我们最喜欢了!"

馨怡:"我们想去攀岩墙,看谁爬得高!"

嘉栋:"去骑小车吧,我们可以骑一辆,我带你!"

(2) 和新朋友一起下楼玩

教师:请牵好新朋友的小手,和新朋友一起下楼玩吧!

4. 分享交流。

教师:你和新朋友一起去哪儿玩了?和新朋友在一起玩有什么感觉呢?怎样认识更多的新朋友,你有什么方法?

诗羽:"小朋友要乐于助人,帮助别人,还要学会分享。"

思逸:"我会带他去散步,到小池塘去看我们班的小蝌蚪,和小蝌蚪做游戏。"

欣瑶:"我会带她一起玩表演区,穿公主的衣服。"

思萌:"我也喜欢公主,我还会带朋友跳公主的舞蹈。"

梦洁:"玩具要大家一起玩,不能抢别人的玩具,别人就会和你做好朋友了。"

··············

学习故事:神秘的万花筒

午间小游戏自从增设了"万花筒"后,幼儿纷纷将各式各样的万花筒带到了班级,有女孩喜欢的公主,也有男孩喜欢的……可是,有一个孤单的小身影徘徊在"万花筒大家族"旁。一天,桃子一边摸着手中的小鸡万花筒一边和身旁的甜甜嘟囔着:"这个小鸡是我昨天的万花筒,我今天想要换一个。"说完桃子拿起一个新的万花筒开始观察。此时,小宇站在万花筒玩具柜那里,小手在柜面上画来画去,和正在玩着万花筒的坤坤比画着什么,似乎有些不开心。桃子忽然放下手中的万花筒,"嗖"地一下跑过去问小宇怎么了。小宇皱着眉头说:"我今天又没有带万花筒。"桃子听后连忙拉起小宇的手说:"我今天换了一个新的,我们轮流看吧!"于是,小宇被桃子拉着坐到小椅子上,只见两个好朋友你一下我一下轮流观察着,看得眉飞色舞,连同一旁的我都想看看他们的万花筒里究竟有哪些奥秘。

(案例提供:王莹)

这件发生在朋友间的温馨小事,可以看出桃子是一个愿意主动关心同伴,也愿意将快乐分享给同伴的小朋友。升入中班的幼儿喜欢和同龄朋友的交往,体会同伴间温馨的友谊。教师需要引导幼儿与同伴正确、友好地相处,将这个温暖瞬间分享给其他幼儿,鼓励幼儿寻觅到更多朋友,发挥同伴的榜样力量,增进班级幼儿之间的情感交流。

线索二:大家来做好朋友

活动一:社会活动"采访朋友"

活动目标:
1. 知道采访是了解朋友的好方法,采访过程中能较清楚地提问与回答。
2. 尝试记录朋友的喜好,增进对朋友的了解。
3. 喜欢交朋友,体验与朋友交往的愉悦。

活动准备:
1. 经验准备:幼儿观看记者采访的录像,对采访有初步的了解;有过交朋友的体验;玩过"找朋友"的音乐游戏。
2. 物质准备:采访朋友记录表、水彩笔、幼儿自制的话筒(用纸盒制作、积塑拼插)、活动前在幼儿胸前贴上写有自己名字的"姓名贴"。

活动过程:
1. 谈话:我有好朋友。
2. 游戏"好朋友"引发幼儿采访朋友的兴趣。
(1)教师准备好椅子,和幼儿玩"找朋友"的游戏
(2)教师介绍自己的好朋友,引发幼儿采访朋友的愿望
3. 教师现场采访一位好朋友,帮助幼儿了解采访的方法。
(1)教师采访朋友并用记录表的形式记录采访内容
(2)通过讨论,教师帮助幼儿明确采访的方法
讨论:采访时,我们可以用什么方式记录?
逸章:"把好朋友的姓名贴在采访记录表上。"
语甜:"把好朋友的学号写在上面。"

梓睿:"用画画记录。"
梦淇:"找到蛋糕贴纸贴在上面。"
4. 组织幼儿讨论怎样采访朋友。
讨论 1:什么是采访朋友？人们会怎么采访朋友？
思源:"采访朋友就像记者一样,问一些问题。"
若水:"电视上的叔叔会拿着话筒和摄像机。"
修远:"还需要一本记录本来记录。"
讨论 2:对朋友可以提哪些问题呢？
梓淇:"好朋友喜欢吃什么,玩什么。"
奕伟:"朋友的属相是什么。"
梓菡:"好朋友喜欢的运动是什么,喜欢哪种颜色。"
讨论 3:我们可以使用哪些方法来记录朋友的回答？
翊宸:"我们不会写字,我觉得这是最大的困难。"
懿轩:"没关系,可以用图画来表示文字的意思。"
子宸:"我们可以请老师用手机记录。"
艺可:"对啦！手机录制视频就保存下来了。"
5. 幼儿结伴相互交流、采访。
(1) 教师观察了解幼儿采访情况,对比较内向、胆小的幼儿适当给予帮助。
(2) 以"说说我的朋友"的形式交流采访到的情况,谈谈对自己的朋友有哪些新的了解。

活动二:社会活动"朋友多又多"

活动目标:
1. 正确认识自己与朋友交往中的言行,分享与同伴友好相处的办法。
2. 喜欢交朋友,感受友谊带给人的积极情感体验。

活动准备:
两张大纸,上面贴着每个幼儿的照片;一些不干胶笑脸贴纸;几顶小皇冠;相关视频。

活动过程:
1. 律动《找朋友》,感受找到朋友的快乐。
讨论:和好朋友在一起有什么感觉呢？
筱筱:"好朋友就是想天天见面,在一起很开心。"
一诺:"好朋友就是很想在一起,在一起很快乐。"
2. 游戏"谁的朋友多",体验朋友多的乐趣。
朋友大串联:每个小朋友想好自己的好朋友是谁,然后把自己手里的笑脸贴纸贴在好朋友的头像旁边。

3. 讨论活动:怎样交到好朋友?

(1) 组织幼儿观看视频,讨论怎样与小朋友友好交往。

讨论:我们要怎么与好朋友交往?

俊文:"好朋友在一起要互相关心。"

懿轩:"好朋友要互相体谅,互相帮助。"

修远:"好朋友要学会为对方着想。"

(2) 教师根据幼儿的理由总结出几条可供大家借鉴的好方法。

讨论1:你和好朋友在一起会做什么?

安邦:"我和好朋友在一起会玩游戏。"

筠欢:"我和好朋友在一起会聊天、玩游戏。"

云溪:"好朋友就是在一起开心地玩游戏。"

俊文:"好朋友就是伙伴,可以一起做共同想做的事情。"

讨论2:你愿意跟哪个小朋友做好朋友?为什么?

翊宸:"我喜欢那个愿意分享的好朋友,分享使人快乐。"

修齐:"我和翊宸一样,因为我也是一个爱分享的小朋友。"

若水:"我喜欢和友好的小朋友做好朋友。"

讨论3:怎样交到好朋友?你有什么好办法?

墨可:"好朋友在一起需要相互关心,我们要学习帮助别人。"

译墨:"我们要学习分享。"

译文:"游戏的时候不能和好朋友争抢玩具,要谦让。"

正旭:"不能随便影响别人游戏。"

4. 律动"找朋友",结束活动。

幼儿可以找到自己的好朋友抱一抱、握握手、鞠躬等。

活动三:日常活动"晨锻游戏"

核心经验:

通过多人共玩晨锻器械,探寻团结互助共同完成任务的方法,感受合作解决困难的乐趣。

活动准备:

可以两人以上合作游戏的器械(彩虹伞、两人三足、呼啦圈等)

过程记录:

1. 和幼儿一起认识各种锻炼器械,请幼儿来猜一猜、说一说这些器械怎么玩。

2. 幼儿自由锻炼,教师观察记录。

3. 出示幼儿在游戏中同伴合作较好的照片(图5.5.9、图5.5.10),请幼儿来分享自己的经验和心情。

图5.5.9　好朋友玩"两人三足"

图5.5.10　好朋友玩"彩虹伞"

游戏后幼儿分享:

豆豆:"今天我和我们组的好朋友玩了'两人三足'游戏,以前是两个人的脚绑一根绳子,但今天我和好朋友六个人都绑在了一起,走的时候有点困难,不知道该出哪只脚,总有小朋友摔跤。陈老师帮助我们喊口令,我们才能够一起走。我觉得大家一起按照节奏走,更好玩。"

图图:"今天我玩了'彩虹伞'游戏,我和其他小朋友一起边拉住彩虹伞,边向后退,彩虹伞就变大了,然后把球放在彩虹伞的上面,大家一起用力把球给弹了起来,特别好玩,越弹越高。"

教师反思:

这是幼儿日常的晨锻游戏,他们在游戏中有许多伙伴交往的契机。如,"两人三足"游戏需要同伴之间的相互合作,只有劲往一处使并且节奏一致才能够成功走到对面,而在游戏中幼儿也体悟到了这一点,从而顺利完成了游戏。

活动四:语言活动"搬过来,搬过去"

活动目标:

1. 仔细观察画面,能够说出图中有什么,发生了什么事情。

2. 尝试根据连续画面提供的信息大胆猜测故事情节,建立画面与画面之间的联系,并用自己的语言表达。

3. 体验阅读的乐趣,喜欢参与阅读活动。

活动准备:

1. 知道"生活在一起"是什么意思,如在一个房子里住、在一张桌子上吃饭等;简单了解盖房子的流程。

2. 课件、图片1~4张、绘本《搬过来,搬过去》。

活动过程:

1. 播放课件,出示图片,帮助幼儿熟悉主人公,了解部分故事内容。

讨论：故事中有谁？

2. 观看图片，激发幼儿兴趣。

（1）观看图片，说说在鳄鱼家遇到的困扰

（2）观看图片，说说在长颈鹿家遇到的困扰

3. 提问，幼儿自主回答。

讨论：猜猜鳄鱼的好办法？

俊皓："它们制订了一个伟大的计划。"

芸欣："它们开始挖一个大坑，制作适合它们两个的家。"

4. 线索游戏。

教师：调皮的鳄鱼想考考你们，给出了一些线索，它的办法就在这些线索里，咱们一起看一看。逐一播放图片，引导幼儿仔细观察图片并说出画面内容。

贾然："图片上有鳄鱼和长颈鹿。"

梓瑞："它们分别在适合自己的地方。"

5. 根据连续画面猜测故事情节，并用自己的语言表达。

（1）出示6条线索，请幼儿猜一猜鳄鱼想到的办法

（2）出示连续画面，请幼儿猜测故事情节

（3）播放完整房间图，揭晓"伟大计划"，逐一解决困扰

讨论：你们是怎么猜到的？

睦嘉："鳄鱼的楼梯矮矮的，长颈鹿的楼梯高高的。"

皓然："鳄鱼的床小小的，长颈鹿的床大大的。"

悦航："鳄鱼的游泳池很浅，长颈鹿的游泳池很深。"

青果："鳄鱼的游泳圈很小，长颈鹿的游泳圈很大。"

6. 集体阅读。

教师：他们的新家中还有很多有意思的地方，小朋友们可以自己在书中继续发现。

教师反思：

通过活动中对幼儿行为、语言、动作的观察，教师及时调整策略，在班级阅读区投放了《搬过来，搬过去》的绘本，并增加《小白找朋友》《不挤不抢好朋友》等朋友主题的相关书籍；开展"看图讲述"游戏，引导幼儿说说自己的好朋友的外貌、爱好、性格特点以及和好朋友一起做了哪些事等，学习同伴交往和解决矛盾的方法。

活动五：日常活动"户外分组游戏"

核心经验：

通过共玩户外分组游戏，增加幼儿之间的对话与合作，尝试认同他人观点，

开心游戏。

活动准备：

户外场地、纸、笔。

观察与指导：

1. 和幼儿讨论玩什么游戏，怎么玩？

笑笑："我想玩'丢手绢'，可以绕着圈追来追去。"

小米："不如玩'炒豆豆'，就是两个两个一起玩的。"

琪琪："玩'老狼老狼几点了'，我们小班时可喜欢玩了！"

2. 熟悉游戏规则，共同游戏。

3. 游戏分享：今天和谁玩游戏了？开心吗？你们是怎么一起玩游戏的呢？用笔和纸表征记录，帮助幼儿梳理总结经验。

过程记录：

教师："今天在游戏的过程中，你们玩得开心吗？有没有遇到什么问题？"

朵朵："今天我和我的好朋友玩了'丢手绢'的游戏，我们忘了带手绢，满满把他的汗巾借给了我们当手绢，我们一边唱歌一边玩游戏，我很开心。"

教师："满满很棒哦，能够在小朋友遇到困难时主动将自己的汗巾借给小伙伴。"

七七："手绢丢到我后面时我没看到，好朋友提醒，我才知道了。"

然然："我在追朵朵的时候，旁边的好朋友都在为我加油，我感到很开心。"

沐沐："我喜欢跟大家一起在外面玩游戏，还喜欢把手绢丢给我的好朋友。"

楚怡："在来今廊画画的时候，我的笔盖打不开，是七七过来帮我打开的。"

教师："今天大家玩'丢手绢'游戏真棒，没有手绢的情况下能用汗巾代替，在游戏中能给好朋友加油呐喊，在遇到困难时能互相帮助……好朋友在一起真快乐。"

图 5.5.11—图 5.5.12 为幼儿活动照片。

图 5.5.11～图 5.5.12　好朋友户外分享

活动六：社会活动"送你一个微笑"

活动目标：
1. 感受微笑是帮助朋友的好方法,在我们的身边到处都有微笑。
2. 知道让自己开心的方法,并大胆尝试,能保持好心情。
3. 体验到当把快乐带给别人的同时自己也能得到快乐。

活动准备：
1. 经验准备：有过欣赏"笑脸墙"的经验,谈过自己的感受。
2. 物质准备：微笑卡片,《微笑》故事PPT,表示温暖、甜蜜和幸福含义的图标,《送你一个微笑》操作单(见《主题材料》)。

活动过程：
1. 出示微笑卡片,初步感受微笑的作用。
（1）教师：这张（微笑）卡片上画的表情是什么？
（2）教师：看到微笑卡片你心里觉得怎么样？
明朗："我感觉很开心。"
思逸："我感觉特别棒,很喜欢。"
张术："我感觉很舒服。"
（3）师生相互微笑。小结：你对别人微笑了,别人也会对你微笑。
2. 欣赏故事《微笑》,了解微笑是一种帮助朋友的好方法。
（1）教师：这里有一个《微笑》故事,我们一起看故事里谁微笑了,为什么笑了。
（2）教师播放《微笑》故事PPT,幼儿完整欣赏。
（3）教师：故事里的小蜗牛为什么会着急、不开心呢？小蜗牛最后用什么方法帮助了朋友？小蜗牛的心情又变得怎样了？
（4）小结：原来很普通的一个微笑也是一种帮助朋友的好方法。
3. 交流对微笑的理解,体验微笑的力量。
（1）教师：看到小蜗牛的微笑时,你的心里是什么感觉呢？
（2）教师结合幼儿的回答利用图标表示出来。
讨论1：你在什么时候会微笑？
思逸："就是在我感觉到快乐的时候我会微笑。"
诗羽："妈妈给我买玩具的时候,我会想笑,嘿嘿。"
思妍："妈妈表扬我的时候我会微笑。"
馨怡："在家帮妈妈做事的时候,我会微笑。"
讨论2：当你看到别人对你微笑时,你心里有什么感受？
俊宇："我会感觉到心里温暖,暖暖的。"

明朗:"如果我看到别人对我笑了,我就想对他笑,这样有礼貌。"

可彦:"我会和朵朵在一起玩,每次朵朵对我微笑的时候,我都感觉很开心。"

讨论3:那怎样可以给好朋友带去快乐呢?

奕晨:"你可以对别人微笑。"

思逸:"对,你对别人微笑了,别人就觉得很快乐。"

馨怡:"我以后也要对我的好朋友微笑,这样我们都会快乐。"

张术:"你还可以给别人送礼物,别人就会对你笑,好朋友会喜欢你。"

活动七:日常活动"生活互助"

核心经验:

能注意到别人的情绪,并有关心、体贴的表现。

活动准备:

教师观察一日生活中幼儿需要互助的场景。

观察与指导:

捕捉幼儿在园的每个生活片段,在恰当的时机给予相应的支持和引导。

过程记录:

故事一:多多想把自己带来的直升飞机画下来,送给喜欢这架飞机的豆豆,但是在画画过程中遇到了困难——不知道怎么画机翼。他看到身旁的依依画两个好朋友画得非常好。于是,主动将飞机递到依依面前,请依依帮忙画。见图5.5.13。

图5.5.13 好朋友相互帮助画飞机

故事二:班内有一些幼儿缺乏自信,自理能力相对较弱一些。然然在每天午睡起床的时候,穿外套都有困难,老师将问题抛给幼儿。

教师:"我们班有一些小朋友穿衣服有一些困难,你们有什么好办法吗?"

刘瑞:"可以请老师帮忙。"

乐乐:"在家也要自己穿衣服,在家也要练习。"

教师:"乐乐,你是怎么学会穿衣服的呢?"

乐乐:"这样,可以先戴帽子,然后找袖子……"
小瑞:"我觉得乐乐也可以教我们穿衣服。"
球球:"让乐乐当小老师帮助我们吧!"
萌萌:"可以让会的小朋友帮助不会穿的小朋友。"

教师反思:

经过讨论,幼儿形成穿衣互助小团队,自理能力和交往能力强的幼儿会主动帮助穿衣服有困难又不愿意主动同同伴交往的幼儿。在互帮互助的过程当中,幼儿形成同伴合作,帮助同伴养成良好的习惯。在摆放晨锻器械时,同样采取幼儿共同协作摆放器械的方式,不让一个幼儿落单。我们还运用角色游戏引导幼儿进行同伴交往,建立同伴合作意识,提高交往能力。见图 5.5.14 至图 5.5.16。

图 5.5.14～图 5.5.16　好朋友相互帮助穿衣服、搬晨锻器械、玩娃娃家

活动八:美术活动"画一画好朋友"

活动目标:

1. 能仔细观察并说一说好朋友的特征。
2. 尝试绘画出好朋友五官、发型等特别之处,并学习用擦画的方法涂色装饰。
3. 喜欢好朋友,体验为好朋友画像的快乐。

活动准备:

1. 经验准备:幼儿已有画过自画像的经验。
2. 物质准备:背景纸"画一画好朋友"、勾线笔、油画棒;提供一些不同的关于五官的图片。

活动过程:

1. 游戏:猜猜我的好朋友。
(1)导入:你们都有好朋友吗? 你的好朋友是谁? 他长什么样子呢?
(2)游戏:你说我猜(请个别幼儿说说好朋友的主要特征,大家猜是谁)

2. 画画我的好朋友。
(1) 引起幼儿给好朋友画像的兴趣
(2) 师幼共同探索如何给好朋友画像
讨论:如果你给好朋友画像,先画什么?怎么画?
梦淇:"我会先画他的脸,圆圆的,画一个圆圈。"
梓淇:"我会先给她画上漂亮的衣服和身体,画一个梯形的裙子。"
梓菡:"我也会先画头,再画一个漂亮的发型。"

教师指导:
1. 观察1~2名有明显外貌特征的幼儿,并探索画法。
(1) 引导幼儿重点表现出好朋友的面部特别之处(脸型、发型、五官等)。
(2) 介绍擦画涂色法,感受画面的特殊效果。
教师介绍新画法,引导幼儿发现方法。
(3) 两个好朋友面对面,相互给对方画半身像。
2. 展示、欣赏作品《我的好朋友》。
(1) 将两个好朋友的画像展示在一起,引导幼儿欣赏。
讨论:你喜欢谁的画像?为什么?
宓果:"我最喜欢艺形的画,她画的是她的好朋友若水,因为她画了若水的卷发。"
心宜:"我最喜欢恒睿的画,他画了他的好朋友帅气的样子,我猜他画的是他的好朋友俊文,因为俊文很爱笑,画上的表情和俊文很像。"
世文:"我喜欢安邦的画,因为他画的就是我,他把我画得很帅,哈哈哈!"
(2) 两个好朋友站在画像前与作品合影,感受创作的快乐。

学习故事:画一画好朋友

在开展"大家来做好朋友"的活动之后,幼儿社交热情浓郁了许多。很多幼儿有意识地去观察同伴的外貌,白白嫩嫩的甜甜一下子成为了小伙伴中间的"红人"。小辰来到美工区说:"今天我想做一个好朋友相框。"教师点头微笑。小辰拿起白纸、记号笔,边画边说:"今天我要画甜甜,她是我的好朋友。"淇淇马上抢着说:"我也要画甜甜。""那我们石头、剪刀、布吧!"小辰说。两人公平对决,小辰赢啦!淇淇也不生气,笑呵呵地说:"那我就画阿恒,他也是我的好朋友。"说完,便画了一个脑袋,椭圆形的身体,两条胳膊两条腿。

小辰用同样的方法在旁边又画了一个,画完之后,他在纸的下方画上了一条弯弯曲曲的线。接着,小辰分别用粉色和黄色的蜡笔给两个朋友上色。小辰说:"这个粉色的是甜甜,黄色的是我。"图片画完后,小辰拿了超轻黏土,问淇淇:我能用这个装饰相框吗?淇淇说:"当然可以啊。"于是他选择了蓝色、白色、紫色等颜色的超轻黏土来装饰。他用蓝色的超轻黏土搓了两条细细长长的线,用白色搓了几朵小雏菊,又用多种颜色搓了一个弯弯的彩虹。"哇,你的相框真是太漂亮啦!"淇淇赞美道,其他幼儿也聚过来欣赏,小辰一笑,把自己的作品放到了展示台上。

教师反思:

通过对美工区游戏的观察,教师发现幼儿对制作"朋友相框"十分感兴趣。于是,教师提供纸板、蜡笔、颜料、贴纸、轻黏土等多种材料,支持幼儿的创作。在设计相框前,教师引导幼儿讨论、分享自己想要选择哪位朋友、用哪些材料进行装饰与设计。在制作过程中,幼儿主动选择了纸板、超轻黏土等材料,大胆地运用了线条、圆形等多种图案进行装饰活动,表现自己跟好朋友之间的情谊。幼儿还能主动地介绍自己的想法,乐于分享,有较强的表现、表达的欲望。教师鼓励幼儿在同伴面前分享自己的作品,给两个好朋友合影留念,并用幼儿设计的相框装饰主题墙,创设更加浓郁的主题氛围。

线索三:朋友越多越快乐

活动一:音乐活动"朋友越多越快乐"

活动目标:

1. 初步学会演唱歌曲,并尝试用歌声表现歌曲轻松、愉快的情绪。
2. 理解歌词含义,进一步体验与朋友在一起的快乐。

活动准备:

1. 经验准备:会唱练声曲《小鸡小鸡在哪里》。在日常活动中播放歌曲,让幼儿初步熟悉歌曲旋律。
2. 物质准备:配套磁带或光盘;绘制符合歌曲内容的图片三幅;小鸟、小鸭、小羊的头饰。

活动过程:

1. 唱练声曲《小鸡小鸡在哪里》。
2. 出示小鸟、小鸭、小羊的图片,谈话引出歌曲的主题。

(1) 教师:你有好朋友吗?和好朋友在一起有哪些快乐的事情?

(2) 出示小鸟、小鸭、小羊的图片。

(3) 欣赏歌曲,熟悉旋律,初步了解、记忆歌词。

(4) 教师范唱歌曲,幼儿聆听歌曲,进一步熟悉歌曲的旋律。

(5) 提问:你听到歌曲里唱了些什么?帮助幼儿了解、记忆歌词。

(6) 引导幼儿在旋律伴奏下有节奏地念歌词,并重点利用图片帮助幼儿记忆三段歌词,如:小鸟树上落,小鸭下了河,小羊在山坡等。

3. 幼儿学唱歌曲,进一步理解歌词含义。

(1) 教师与幼儿一起唱,唱准旋律和歌词2~3遍。

关键提问：我们应该用什么样的心情去演唱呢？

若茜："它们的心里很快乐。"

浩铭："要用开心的声音唱。"

嘉佑："它们都有好朋友，应该用欢快的声音唱。"

（2）引导幼儿用快乐的歌声表现歌曲轻松、愉快的情绪。

（3）再次欣赏磁带中的歌曲演唱，鼓励幼儿边唱边做动作。

4. 教师提供头饰，幼儿自由选择角色并想象小动物快乐的样子，用轻松、愉快的歌声演唱。

活动二：区域活动"合作游戏真快乐"

核心经验：

愿意并主动参加游戏，通过多人共玩区域游戏，加强幼儿同伴之间的互动，在游戏中促进幼儿社会性交往。

活动准备：

各种需要两人或多人合作的区域游戏材料。

观察与指导：

1. 教师向幼儿介绍班级新增的各种玩具，只告诉幼儿玩具在班级的具体位置，而不告诉幼儿具体玩法。

2. 幼儿自由探索玩具的玩法，教师观察记录。

3. 出示幼儿在游戏中与同伴合作较好的照片（图 5.5.17、图 5.5.18），请幼儿分享与同伴共同游戏的经验。

图 5.5.17　一起玩游戏　　　　图 5.5.18　一起玩跳跳蛙

过程记录：

轩轩："我和朵朵玩的是'小红帽与大灰狼'的游戏，帮助小红帽找到前往奶奶家的路,不被大灰狼发现。我们根据图片指示,将小红帽和大灰狼放在固定的位置上,我和朵朵一起研究去外婆家最近的路,而且还不能被大灰狼发现。我们沿着围墙边摆了一条直直的路,然后朵朵又摆了一个弯一点的路,这样大灰狼就不容易找到我们了,我们成功地躲开大灰狼到达了奶奶家。"

橙子:"今天我和七七玩了'小青蛙吃豆豆'的游戏,刚开始所有的豆子都在青蛙的肚子里,我和七七一起将青蛙肚子里的豆豆放在圆盘里,开始了吃豆豆的比赛,我用的是黄色的青蛙,七七是红色的青蛙,我们一起吃了好多豆子。"

教师反思:

区域活动中幼儿从家中带来了许多想要跟同伴分享的游戏,这些游戏也都适合与同伴共同玩。幼儿在游戏过程中产生了许多互动,如讨论、商议、合作等。这与之前幼儿单独游戏或者争抢游戏相比有了许多的进步与提升,幼儿的交往更加和谐、友好了。

活动三:语言活动"团结友爱亲又亲"

活动目标:

1. 感受儿歌的韵律,会用表情和动作表现对儿歌的理解。
2. 懂得和朋友在一起要团结友爱,理解叠词"冷清清""孤零零""喜盈盈"。
3. 体验和朋友在一起的快乐和幸福。

活动准备:

经验准备:喜爱朋友,知道和朋友一起很快乐。

物质准备:儿歌内容相应的图片。

活动过程:

1. 分享交流和朋友在一起的感受。

讨论1:一个人游戏与同伴一起游戏的不同感受。

萌萌:"我觉得有些难过,我喜欢和好朋友一起玩。"

朵朵:"我不喜欢一个人玩游戏,因为这样没有意思,和朋友一起玩会很开心。"

若瑜:"有人陪我我觉得很温暖,如果我一个人的话就不想玩了。"

讨论2:夜晚,一颗星星孤零零地挂在天空,你觉得它在想什么呢?

阳阳:"我一个人在空中很孤单,谁来陪陪我呀!"

新新:"要是有火箭把我的朋友送到太空陪我就好了。"

泽宇:"我想和月亮做朋友。"

2. 分段欣赏儿歌,理解儿歌内容。

(1)教师有感情地朗诵儿歌一遍。

讨论:儿歌叫什么名字?你听到儿歌里说了些什么?

(2) 教师朗诵儿歌的前半段一遍。

讨论：一颗星感觉怎么样？它会想什么？两颗星呢？又来了几颗星？

(3) 教师朗诵儿歌的后半段一遍。

讨论：一个人感觉怎么样？两个人一起呢？什么是团结友爱？

阳阳："孤零零就是孤单的意思，他需要朋友，如果有朋友陪他玩，他就会喜盈盈。"

萌萌："喜盈盈就是很开心，很快乐，是一件值得高兴的事情。"

俊熙："团结友爱就是和好朋友不打架，帮助好朋友。"

乐乐："团结友爱就是大家合作，一起完成任务。"

3. 学念儿歌，用动作和表情表现儿歌的内容。

4. 教师总结：有朋友真好！我们和朋友在一起，团结友爱亲又亲！我们还可以通过问答的方式来说一说这首好听的儿歌哦！

活动四：美术活动"好朋友手拉手"

活动目标：

1. 在画直立人的基础上学习绘画小朋友手拉手的动态，表现与好朋友的亲密关系。

2. 尝试从五官、服饰等方面绘画出人物的主要特征，并用喜欢的方法涂色。

3. 喜欢画朋友，感受有朋友的快乐。

活动准备：

1. 经验准备：幼儿已有给朋友画过像并绘画人物全身像的经验；已会唱歌曲《朋友越多越开心》。

2. 物质准备：画纸《好朋友多又多》，水彩笔，油画棒。

活动过程：

1. 观察好朋友，发现和好朋友手拉手时的身体动态。

谈话导入：我们都有自己的好朋友，你想告诉好朋友你很喜欢他时会做什么动作呢？

2. 引导幼儿观察比较手拉手站立的两个人与一人站立有什么不一样。

(1) 邀请两名幼儿上来演示手拉手站立的动作。

讨论：他俩手拉手和一个人站着时有什么不同呢？

(2) 重点观察手臂的姿势及两人各有一只手拉在一起的动态。

讨论：两个朋友手拉手有什么特点？

(3) 引导幼儿对两个手拉手的幼儿进行观察与比较。

3. 探索绘画和好朋友手拉手的情境，体验和朋友一起的快乐。

教师：请每名幼儿选一个或两个好朋友手拉手，一起走走，然后选一个座位坐在一起。(启发幼儿想一想和好朋友手拉手在哪里玩,并添画相应的表情和背景)。

教师:你们手拉手在一起快乐吗?就让我们把这快乐的样子画下来吧!要把你和好朋友不同的地方画出来哦!

4. 幼儿绘画,教师巡回指导。

(1)介绍绘画材料,鼓励幼儿大胆构图,选择自己喜欢的方式涂色。

教师:你可以选择用擦画的方法涂色,也可以用水彩笔装饰人物,最后添画上你喜欢的背景。

(2)教师注意关注个别绘画技能弱的幼儿,通过引导其再观察,给予鼓励与指导。

萌萌拿起黑色的画笔画出一个圆形说:"这是大萌的头,圆圆的,等会儿我要给她画上漂亮的蝴蝶结。"大萌坐在她的旁边说:"这么巧啊,我画的也是你,我们俩手拉手在旋转跳舞呢!"萌萌接着画大萌的身体和手臂,最后画出短裤、腿和鞋子。画完大萌后,萌萌紧接着在圆形的下方画了第二个圆形说:"我比你矮一点,所以我要画低一点,但我的脖子比你长,所以我俩的手正好可以拉起来。"大萌看了一眼萌萌说:"你为什么把我们俩的手画成白馒头,我们是在打拳吗?"萌萌解释说:"手拉手看起来就是两个拳头啊,你看!"随即拉起了大萌的手。萌萌画完人的身体后便开始用彩色笔涂色,只见大萌穿着粉色上衣、蓝色裤子、黄色凉鞋,小萌则穿着黄色波点连衣裙和红色高跟鞋,两人手拉手,另一只手举高呈转圈状。

5. 说说我的好朋友。

(1)展示幼儿作品,引导幼儿相互介绍自己的画面内容。

(2)启发幼儿说一句最想说的话,并在教师的帮助下将它们记录在图画背面。

昕昕:"我画的是乐乐和我一起散步,我们俩在锻炼身体,我很喜欢她。"

萌萌:"我画的是我最好的朋友大萌,我俩一起上舞蹈班,一起学芭蕾舞,我俩笑得很开心。"

梓沐:"我画的是二班的大壮,我俩一起戴着眼镜去看3D动画片。"

满满:"我画的是和郭郭手拉手一起去踢足球,我们俩都很喜欢运动。"

6. 大家手拉手唱《朋友越多越开心》,体验和朋友一起的快乐。

活动五:日常活动"玩具分享日"

核心经验:

1. 对大家都喜欢的东西能轮流分享。
2. 与同伴发生冲突时,能在他人帮助下和平解决。
3. 活动时愿意接受同伴的意见和建议。

活动准备:

幼儿每人从家里带来自己最喜欢的玩具。

观察与指导:

活动前期开展谈话与讨论:为什么要分享?怎么分享?你准备分享哪些玩具?遇到困难怎么办?

过程记录:

豆豆:"我们都把玩具拿出来,放在这里一起玩。"

教师:"那如果有的玩具小朋友很喜欢,有的玩具没有小朋友玩怎么办呢?"

乐乐:"我们可以和朋友交换玩具玩,他玩我的,我玩他的。"

教师:"球球带来了好多小朋友喜欢的玩具,自发互相帮忙拼装。"

豆豆:"球球我和你一起拼吧?"

多多、和和:"我们也会拼。"

豆豆:"先给我玩一会儿。"

乐乐:"我也要玩,我是球球好朋友。"

球球:"一个一个来玩,都能玩到,我们不要抢。"

于是小伙伴们一个个坐在桌旁,都玩到了球球带来的玩具。见图5.5.19至5.5.21。

图5.5.19 一起拆玩具　　图5.5.20 分享玩具　　图5.5.21 分享的幼儿表征

学习故事:玩具分享

这一天,幼儿都从家里带来了自己最喜欢的玩具,果果带了芭比娃娃,天天带了小飞机,浩铭带来了挖土机,蜜桃带来了电动玩具车……他们都情不自禁地跟伙伴分享玩具的功能。果果说:"我的芭比娃娃眼睛大大的,她的这一身衣服都是我自己做的。"女孩子们对果果的玩具赞不绝口,纷纷说道:"果果,你的玩具真好看。""果果的娃娃好大,像个真娃娃一样,好可爱呀。"

到了交换玩具的时候,女孩子们都想要和果果交换玩她的芭比娃娃,大家争先恐后地想和她交换,可是果果只有一个芭比娃娃。这时候,果果说:"那我先和小粉换,待会再和悦悦换,一个接一个地来可以吗?"大家觉得这个办法很好,于是都点头同意。

这时候，教师发现待在一角的阿奇忘记带玩具了，他独自一人有点沮丧，因为不仅没有玩具玩，还不能和别人交换玩具。教师提醒道："阿奇今天忘记带玩具了呢？他没有玩具宝宝做好朋友，谁有好办法帮帮他呢？"浩铭走过来把自己手中的挖土机送到阿奇手中，说道："让挖土机跟你做好朋友吧。"阿奇脸上笑开了花。天天带来的小飞机有一点点小，是个迷你小飞机，大家都不太想和她交换，天天交换无门有点无奈。这时教师假装对飞机很感兴趣的样子，走过去，让飞机快速地跑起来，还呼唤着："孩子们，这个飞机飞起来好快呀，真有趣，谁愿意跟我交换呢？"不少幼儿闻声赶来，一时间，飞机也受到了大家的欢迎。通过玩具分享，幼儿都玩到了自己想玩的玩具，而且玩了很多种呢！

（案例提供：张艳）

幼儿用表征的方式介绍了为什么要分享玩具，并讨论了自己会带来哪些玩具。有了前期的讨论和表征，在玩具分享日当天幼儿带来了不同的玩具，进行了互相交换。在没有人和自己交换玩具的时候，幼儿学会了介绍自己的玩具，吸引同伴和自己交换玩具。有的幼儿没有带玩具，那怎么办呢？幼儿也学会了解决问题，拿自己的玩具和他人轮流玩。在活动中幼儿学会了分享自己最喜欢的东西，还学会了互助、轮流等的良好学习品质。

五、主题活动反思

通过本主题的实施，幼儿在交往发展最佳阶段越来越喜欢交朋友，产生了主动与人交往的意识，并尝试运用多种方法与同伴友好交往。幼儿感受与好朋友在一起时开心、愉悦的心情，能注意到别人的情绪，当同伴遇到困难时会关心、体贴同伴。在活动中一起玩的小伙伴能分享物品，当与同伴发生冲突时会用交换、轮流合作等方式解决问题。如，在"两人三足"游戏中，不仅是传统的两个朋友一起玩，幼儿还自创三个或者多个幼儿一起游戏的玩法，同伴之间的感情明显增强；在自理能力方面，幼儿能和同伴互助抽汗巾，帮助穿衣有困难的同伴互助穿衣，同伴交往行为明显增多。

本主题在开学后第一周进行，融入了幼儿与幼儿园的环境、人、物等伙伴关系，幼儿知道自己是中班小朋友，能发现升入中班后的变化，有做中班小朋友的光荣感和自豪感，愿意接纳、关心身边新老师和小班的弟弟妹妹。对于班级一些交往有困难的幼儿，我们深化了课程，将课程实施班本化，通过"玩具分享日""伙伴交往日""游戏共玩日"等一系列的活动提升幼儿的交往能力，也将课程进行了深入推进，活动效果好。

在整个主题活动行进过程中，我们提供了一个较为开放的、自由的、民主的空间，允许幼儿之间共玩互助，建立伙伴关系，形成利他的行为。我们真切感受到了伙伴课程的力量，充分挖掘身边的人与物的资源，从幼儿的需要提供相应的策略和材料，支持幼儿学习的过程和发展。教师也由最基本的模块化实施文本转变为走近幼儿、走进幼儿，观察记录幼儿的语言，发现和支持幼儿的需求，从而促进幼儿的成长与发展。

案例二：大班主题活动"探秘百家湖"

一、主题活动思路

幼儿基础： 随着年龄的增长，大班幼儿的视野逐渐开阔，会积极主动地搜寻周围新鲜有趣的事物，渴望认识和了解周围的一切，包括他们所生活的地方。其次，随着城市发展，许多孩子随父母迁往南京江宁，成为"新"江宁人。他们对于"新"家乡充满好奇，对家乡的了解零散、浅表，尤其是对百家湖的历史文化知之甚少又迫切想要探究。

主题分析：

为了了解幼儿关于百家湖历史文化的前期经验，我们对大班 267 名幼儿进行了问卷调查。其中，喜欢百家湖的有 257 人（96.3%），去过白龙广场的有 244 人（91.4%），郊游、放风筝的有 241 人（90.3%），有信心徒步去白龙广场的有 263 人（98.5%），不知道百家湖名称由来的有 264 人（98.9%），提到凤凰台的有 145 人（54.3%）、白龙桥的有 90 人（33.7%），等等。见图 5.5.22。

调查显示，幼儿对"百家湖"的地理位置、环境、设施相对熟悉，对"百家湖"蕴含的历史、人文内涵知之甚少。这就需要借助主题活动，支持幼儿探索，了解"百家湖"的历史人文，走进百家湖文化，使幼儿爱上百家湖，从而增强幼儿爱家乡的情感。

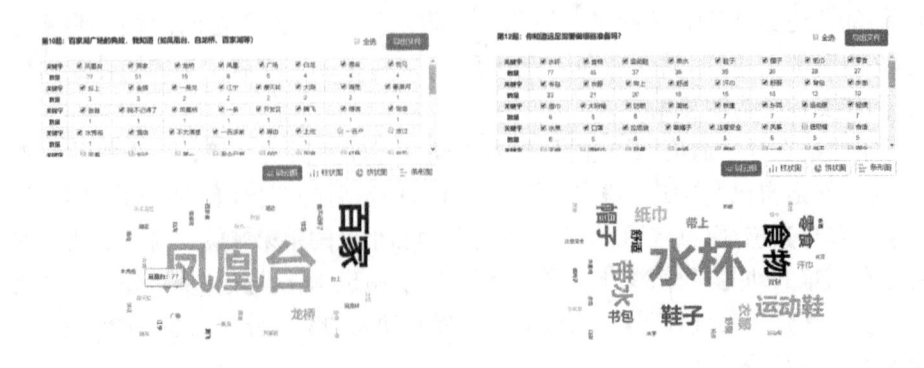

图 5.5.22

二、主题活动目标

主题核心目标：

1. 知道百家湖周边的风景名胜，商业街区，了解百家湖人文历史以及发展历程。

2. 能说出百家湖周边的标志建筑。

3. 围绕百家湖开展主动探究，不怕困难，能通过伙伴讨论、伙伴互助解决问题。

4. 感受百家湖内涵，理解并初步感受包容百家的百家文化与情怀。

5. 感受家乡文化以及变化，萌发热爱家乡，建设更美好家乡的情感。

领域发展目标：

1. 会共同制定活动计划，能积极参加远足、调查、种植等活动，能用多种材料、方式制作百家湖周边地图。

2. 会用讲述、续编、创编、绘画等多种形式充分表达自己对百家湖的经验、经历和情感，提高讲述、绘画、表演等能力。

3. 能以积极的态度参加远足、野营等活动，有一定的独立性，学会管理好自己的物品，能遵守公共秩序、与同伴互助合作。

4. 会运用写生画、连环画、组画等方法表现自己对远足百家湖的感受，画面能较合理地布局。

5. 能根据气温和运动量的变化调节活动内容、增减衣物；在户外活动时能注意安全，保护好自己；能连续走 30～40 分钟。

6. 能在连续观察和记录中感知春天里动植物的生长变化，发现季节的变换与动植物及人们的关系，会用多种工具进行自然物测量。

三、主题活动网络

图 5.5.23 为"百家湖"主题网络图。

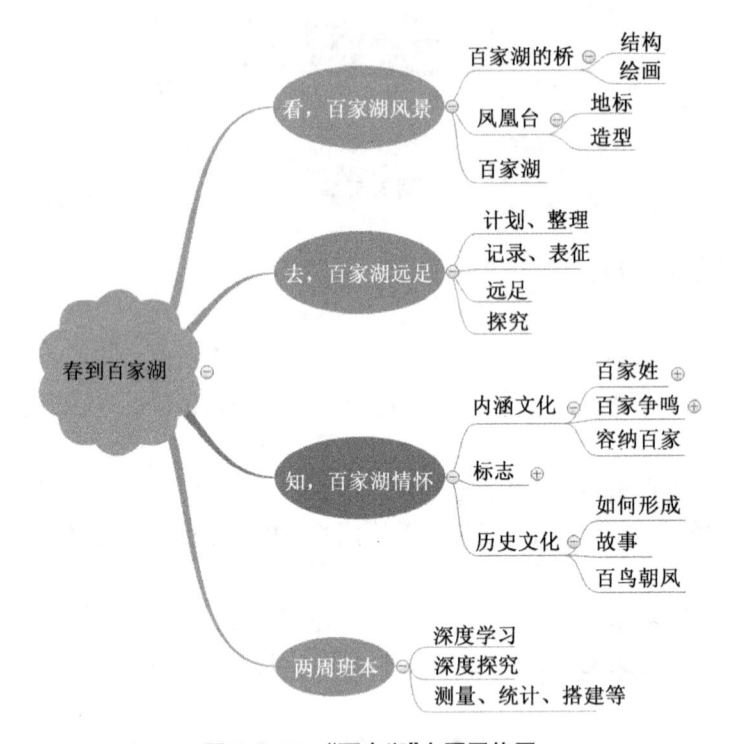

```
春到百家湖
├─ 看,百家湖风景
│   ├─ 百家湖的桥 ── 结构 / 绘画
│   ├─ 凤凰台 ── 地标 / 造型
│   └─ 百家湖
├─ 去,百家湖远足
│   ├─ 计划、整理
│   ├─ 记录、表征
│   ├─ 远足
│   └─ 探究
├─ 知,百家湖情怀
│   ├─ 内涵文化 ── 百家姓 / 百家争鸣 / 容纳百家
│   ├─ 标志
│   └─ 历史文化 ── 如何形成 / 故事 / 百鸟朝凤
└─ 两周班本
    ├─ 深度学习
    ├─ 深度探究
    └─ 测量、统计、搭建等
```

图 5.5.23 "百家湖"主题网络图

四、主题活动实施

线索一:看,百家湖风光

活动一:美术活动"百家湖上的桥"

活动目标:

1. 欣赏百家湖上的桥,了解桥的结构、特征及用途,大胆表现桥的细节,设计百家湖上的桥。

2. 通过实地观察、图片观察,感受桥的设计美。

3. 在绘画的过程中体验小小桥梁设计师的乐趣。

活动准备:

1. 经验准备:幼儿日常生活中关注过百家湖上的桥,父母带领幼儿去百家湖上找桥并完成《百家湖上的桥记录单》。

2. 物质准备:百家湖上的桥的图片;《百家湖上的桥记录单》;纸、水彩笔;背景音乐。

活动过程:

1. 猜谜语,引出主题,激发幼儿对桥产生浓厚的兴趣。

2. 欣赏观察百家湖上的桥。

(1) 说说百家湖上的桥。

讨论:百家湖上有几座桥?

航航:"我知道有白龙桥,它是百家湖上最长的一座桥。"

西西:"还有白龙桥旁边的岚湾桥。"

嘉麒:"我知道还有爱情桥。"

睿航:"还有东菱桥和翠仙桥,一共五座桥。"

(2) 出示百家湖上的桥记录单。

教师:周末爸爸妈妈带领小朋友们去百家湖上找了桥,并完成《百家湖上的桥记录单》,请小朋友们把记录单拿出来给同伴分享。

小结:从桥洞、路灯、图案、标志等方面比较白龙桥、岚湾桥、翠仙桥、东菱桥、爱情桥的结构特征。

(3) 出示图片观察比较百家湖上桥的结构。

讨论:百家湖上的桥有什么特点?

教师:请小朋友们周末和爸爸妈妈带着《百家湖上的桥记录单》一起去百家湖,从桥洞、路灯、图案、标志等方面比较白龙桥、岚湾桥、翠仙桥、东菱桥、爱情桥的结构特征。

妍西:"白龙桥上有21个桥洞,护栏上有海浪、二龙戏珠等图案,护栏上的立柱有祥云和龙头,桥头还有一朵大的紫荆花。"

妙妙:"岚湾桥上有23个桥洞,护栏里有一个U型。"

辰辰:"翠仙桥有7个桥洞,护栏里有11个一样大的椭圆。"

芝雅:"东菱桥有1个桥洞;爱情桥有3个桥洞。"

茉茉:"白龙桥、岚湾桥、翠仙桥、东菱桥这4座桥都是红色梯形的路灯。"

教师:"百家湖上的5座桥各不相同哦,每座桥都有自己与众不同的特点。只有仔细观察百家湖上各座桥的特点,我们才能更准确细致地绘画出百家湖上的桥。"

3. 小小桥梁设计师绘制桥梁设计图。

(1) 幼儿作画。

幼儿开始作画(播放背景音乐,注意提醒幼儿良好的绘画习惯和正确的作画姿势)。

(2) 相互欣赏作品,感受成功体验(背景音乐声音稍微低些)。

师幼共同欣赏作品,相互分享,提升经验。

活动二：综合活动"长长的白龙桥"

活动目标：

1. 了解白龙桥的来历，知道白龙桥上的花纹有龙、波浪、圆形、环状以及其排列特点。

2. 合理构图，按照一定的规律排列表现出白龙桥龙的花纹、波浪花纹、圆形花纹、环状花纹。

3. 感受白龙桥的花纹美，为家乡的白龙桥感到骄傲。

活动准备：

1. 经验准备：幼儿参观过白龙桥。

2. 物质准备：白龙桥图片、视频。

活动过程：

1. 出示图片，激发兴趣。

2. 初步了解白龙桥，知道它的来历。

（1）初步了解白龙桥。

讨论1：你觉得白龙桥看起来像什么？

小源："白龙桥看起来很长很长，像一条长长的河。"

熙熙："白龙桥前面有龙头，就像故事里头的龙一样。"

睿睿："白龙桥像一条白龙，所以它叫白龙桥。"

教师："白龙桥全长有1 000米，桥下有拱形的洞洞，这叫拱圈，所以它属于拱形桥，有21个拱洞。"

讨论2：看到白龙桥你有什么感觉？

乐言："我觉得白龙桥好有气势，又长又直。"

芯芯："我觉得白龙桥很漂亮，它有花纹。"

歆仪："白龙桥长长的、直直的，都看不到头的，像隧道一样。"

（2）介绍白龙桥的由来。

教师：百家湖以前叫牧马湖，很久很久以前，有一位男孩很喜欢这个地方，经常来这里玩耍。有一年，天很干，可是牧马湖这里却没有干，龙王觉得很神奇，就想把牧马湖的水吸干。那位男孩不给龙王吸湖里的水，他变成了一条白龙，与龙王斗争。周围的人们也不给龙王吸水，他们最后赢了龙王。人们很感谢他，于是男孩留在了这里，他所在的地方就叫做白龙桥。

3. 观察白龙桥细节图，感知白龙桥的花纹美。

（1）讨论：白龙桥上有哪些花纹？

妙妙："白龙桥上有龙的图案花纹。"

芯芯："还有波浪形的花纹，像祥云一样。"

(2) 讨论：这些花纹是怎么排列的？看到白龙桥上的花纹你有什么感受？

秉一："白龙桥上的花纹有水滴形的，有波浪形的，我觉得很漂亮。"

珑月："白龙桥的圆形花纹很好看。"

4. 延伸活动：幼儿创作绘画白龙桥。

幼儿创作，教师观察指导，肯定幼儿的观察与创作，引导幼儿分享作品。

活动三：区域活动"桥梁设计图"

核心经验：

能够选择合适的美画工具绘画桥梁设计图，能够画出桥梁的基本结构。

活动准备：

各种桥梁的模型、图片、绘画工具。

过程记录：

教师："除了要带建造桥梁的材料之外还要做哪些准备工作？"

幼儿A（妈妈是桥梁建筑师）："要画图，设计图！"

幼儿B："就是把它的样子画下来吧！"

教师出示桥梁设计图供幼儿欣赏。

幼儿D："他们画得好直，叉叉是什么意思？"

幼儿E："画得真像！"

教师："叉叉代表土壤层，画得直我们可以寻找什么工具？"

幼儿C："尺子！"

幼儿在小组讨论之后，每个小组决定设计自己想要建造的桥梁。见图5.5.24、图5.5.25。

图 5.5.24 师幼分享设计图   图 5.5.25 幼儿设计图稿

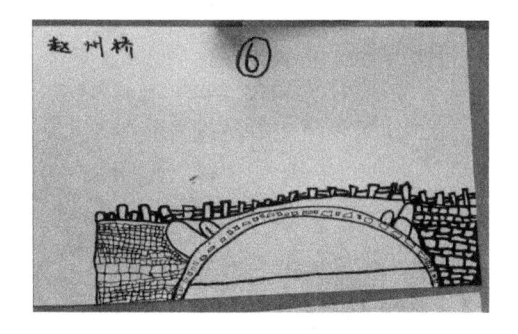

教师反思：

在实地考察桥和欣赏的模型的基础上，幼儿明确桥的基本结构，能够完整地设计出属于自己的桥梁。在这一过程中他们初步学会用尺子画直线；掌握了与同伴合作绘画的技能——同伴之间互相分工,画出自己擅长的桥梁结构部分,最后组成一幅完整的桥梁设计图。

活动四:日常活动"百家湖上的桥"

核心经验:

通过猜想、实地观察、记录等发现百家湖上有几座桥,其花纹结构等分别有什么特点,并愿意用连贯的语言与同伴交流自己的发现。

活动准备:

家长运用下班时间带幼儿观察百家湖上的桥,教师与幼儿提前商量并设计好观察记录表。

活动过程:

1. 幼儿在梳理出想要探索的问题之后,带着记录表去观察百家湖上的桥。

亦薪:"昨天放学我去了百家湖,找到了百家湖上的东菱桥、翠仙桥,可是我没有找到爱情桥。"

子赫:"昨天我也去了,我看到东菱桥和翠仙桥是连接在一起的,远处看像两只手牵在一起。"

嘉麒:"我找到了,爱情桥就在那两座桥的边上,是白色的。"

芊茜:"是的,我也看到了,我妈妈说因为好多人在那里拍婚纱照所以叫爱情桥。"

睿航:"我还找到了一样的标志呢,可是我不知道它是什么意思,跟白龙桥不一样的标志。"

梓茉:"我数了伸缩缝,每座桥上的伸缩缝都是不一样的。"

幼儿把自己想去看的内容呈现在记录表上,有目的地进行了探索活动(图5.5.26、图 5.5.27),他们得到了许多答案,系统地得出了一些数据,一眼就看出了几座桥之间的异同。

2. 幼儿自主交流自己的新发现。

3. 分享表征较好的幼儿记录表,提升幼儿的记录能力。

图 5.5.26　幼儿观察桥梁　　　　图 5.5.27　幼儿进行记录

活动后幼儿分享(图 5.5.28、图 5.5.29):

图 5.5.28　幼儿观察记录(1)　　　　图 5.5.29　幼儿观察记录(2)

辰辰:每一座桥的桥洞数量都不一样,岚湾桥最多,白龙桥最少;白龙桥的路灯最多,东菱桥的路灯最少。

西西:我看到桥上的路灯都一样,东菱桥和翠仙桥的护栏一样,最短的桥是东菱桥。

活动五:建构活动"小组分工建桥梁"

活动目标:

1. 了解桥的建造过程。

2. 能够使用合适的材料,采用围合、漏空、叠附等方式共同合作搭建桥的不同部位。

3. 分工合作,同伴合作建造桥梁,体验桥梁设计师的乐趣。

活动准备:

经验准备:小组分过工,知道建桥的过程。

物质准备:每组收集的工具箱。

活动过程:

1. 每组拿着各自的桥梁设计图进行桥梁建造。

2. 讨论建造桥梁出现的问题。

集体讨论:建桥过程中出现的问题如何解决。

3. 分组操作建桥。

白龙桥的雏形已经出来,但幼儿还是发现有许多问题。

泰然:"白龙桥太长,中间还需要桥墩来支撑!"

涵涵:"这个路灯总是倒,胶根本就粘不住!"

茉茉:"这个桥的桥洞怎么没有?"

教师:"你们需要怎样做,才能把桥建得更好?"

泰然:"看分工图!"

幼儿又一次拿出了分工图,进行了详细的任务布置。

第三天,幼儿继续完善他们的白龙桥。

涵涵:"我昨天又去白龙桥了,我看那个桥灯就像插进桥面里面一样,可以在桥面上打个洞,把吸管插进去吗?"

教师帮她打洞,发现吸管插进去还是会倒,但是再加上一圈胶水固定就不会了。

辰基又带了两个桥墩过来,发现不一样高。他用对比做记号的方法在教师的帮助下裁剪出了一样高的桥墩。

教师反思:

在建构活动中,幼儿首先了解桥梁的基本结构,如,桥墩、桥面、桥洞等,并想办法用相近材料将其特征呈现。其次,幼儿能够运用前期经验帮助同伴解决问题,通过总结、反思,自主梳理好方法,将好的经验分享给同伴,伙伴互学。再次,幼儿能通过仔细观察、共同探索、大胆尝试等途径找到解决问题的办法,有解决不了的困难主动寻求教师的帮助。

活动六:社会活动"江宁地标——凤凰台"

活动目标:

1. 知道凤凰台是江宁的地标,并理解地标的意义。
2. 能够在江宁地图上找到凤凰台的大概位置,并与同伴交流分享凤凰台的秘密。
3. 感受凤凰台的造型美,萌发热爱家乡的情感。

活动准备:

1. 经验准备:幼儿有去凤凰台游玩的经历。
2. 物质准备:凤凰台图片、相关视频、江宁地图。

活动过程:

1. 了解地标的含义,知道凤凰台是江宁的地标。

讨论1:你知道什么是地标吗?

然然:"我知道就是代表一个地方的标志。"

芮芮:"我知道故宫是北京的地标。"

阳阳:"地标可以让别人一看到就知道是什么地方。"

教师:地标是指某地方具有独特地理特色的建筑物或者自然物,游客或其他一般人可以看图就认出自己身在何方,如紫峰大厦、江苏电视塔、鸡鸣寺等。

讨论2:那你知道江宁的地标是什么吗?

小鹿:"景枫金鹰是江宁的地标建筑。"

蔡蔡:"我知道凤凰台是江宁的地标,妈妈说凤凰台还有个传说呢。"

2. 在江宁地图上找到凤凰台的大概位置,并与同伴交流分享凤凰台的秘密。

(1) 在江宁地图上找到凤凰台的大概位置。

(2) 与同伴交流分享凤凰台的秘密。

讨论1:观看凤凰台图片,你了解凤凰台吗?

红色三只凤凰,有三层(8人)。

三只凤凰抱着红珠子(4人)。

有很多台阶和栏板(6人)。

有很多一模一样像螺旋形一样的图案(有规则的回字形图案3人)。

绿绿的草地,栏杆有的直、有的斜(1人)。

讨论2:你知道关于凤凰台的秘密吗?为什么要在江宁建凤凰台?

洋洋:"是因为凤凰飞过这里吧!"

小米:"就是建造的一种雕塑。"

教师:"凤凰"是我国民间传说中的吉祥鸟,代表了百折不挠、奋发图强、顽强拼搏的精神,是吉祥、繁荣、完美的象征。将其定位为江宁经济技术开发区的吉祥标志,意义深远。

3. 凤凰台的拓展认知。

讨论:关于凤凰台,还想了解什么?

橙子:"我想知道为什么要在白龙广场上建一个凤凰台。"

观观:"为什么凤凰台上的凤凰是三只?"

皓皓:"凤凰台为什么每块凤凰地砖都不一样?"

活动七:语言活动"凤凰台的传说"

活动目标:

1. 知道百家湖凤凰台与古诗《登金陵凤凰台》的联系,理解古诗前四句的内容。

2. 感受七言律诗的句式与格律特点,大胆尝试用自己的语言仿编七字句式并朗诵。

3. 在创编中感受家乡的美好,体验文字的优美。

活动准备:

1. 经验准备:幼儿有去凤凰台游玩的经历,知道凤凰台的样子;学习过古诗,知道古诗的简单特点。

2. 物质准备:凤凰台图片、《登金陵凤凰台》相关视频。

活动过程:

1. 图片观察导入,激发幼儿已有经验。

讨论:为什么叫凤凰台?

西西:"我知道,传说南朝时有许多凤凰在这座山上,就建了一个台子,取名凤凰台和凤凰山。"

教师:凤凰是一种吉祥的象征,有一首古诗《登金陵凤凰台》就是描绘凤凰台的。

2. 欣赏古诗,理解内容。

(1) 完整欣赏,教师配乐朗诵。

(2) 重点(前四句)诗句讨论,理解古诗内容。

讨论:古诗中的凤凰台是一个什么样的地方?

丫丫:"是一个很美的地方。"

小希:"古诗里的凤凰台真的有凤凰。"

谷谷:"可是后来就不好了,没有人去了。"

这首诗描绘的是这样一个场景及寓意:凤凰台上曾经有凤凰飞来,凤凰飞走了,凤凰台空了,只有江水依旧在流。

(3) 再次完整欣赏诗歌,知道七言律诗的句式特点,感受语言的美。

教师小结:这首诗是七言律诗,七言律诗是每首都有八句,每句七个字,一共五十六个字。《登金陵凤凰台》这首古诗是按"凤凰台上~|凤|凰|游,凤去台空~|江|自|流"这样的韵律去朗诵的。

(4) 幼儿尝试仿编七字句式,模仿表达。

(5) 讨论:仿编《登金陵凤凰台》

妍妍:百家湖上小鸭游。

萱萱:白龙桥上汽车走。

花花:爱情桥上牵手走。

然然:凤凰台边溜轮滑。

(6) 欣赏:教师请幼儿配合音乐,朗诵自己创编的七律,感受节奏、韵律、文字之美。

3. 活动延伸。

教师:凤凰台在我们大家的心中这么美,那我们回去把它画下来,去和我们周围的人一起分享。

附:　　　　　　　**登金陵凤凰台**

凤凰台上凤凰游,凤去台空江自流。

吴宫花草埋幽径,晋代衣冠成古丘。

三山半落青天外,二水中分白鹭洲。

总为浮云能蔽日,长安不见使人愁。

活动八：美术活动"凤凰台"

活动目标：
1. 细致观察凤凰台，了解凤凰台的造型结构、图案以及花纹特点等。
2. 理解凤凰台的特殊寓意，感受中国建筑的美好。
3. 大胆表达自己的感受和体验，萌发对艺术欣赏活动的兴趣。

活动准备：
1. 经验准备：幼儿去过凤凰台或观看过凤凰台的图片。
2. 物质准备：凤凰台图片。

活动过程：
1. 诗歌《登金陵凤凰台》导入，激发幼儿兴趣。
2. 感知欣赏金陵凤凰台的造型结构。
（1）欣赏凤凰台主造型。
讨论：凤凰台是什么样的？
笑笑："凤凰台上面有个凤凰，是红色的。"
小米："凤凰台一共有三层高。"
肉肉："每一层都是一个圆形，有很多台阶。"
（2）欣赏凤凰台地砖图案。
讨论：凤凰台的地砖有什么特点？
从孝："凤凰台的地砖有好几种图案，都不一样。"
敏敏："方形地砖里有个圆，圆里有着向上看、向左看、向右看的凤凰图案。"
威威："砖上的凤凰都很好看，动作不一样。"
（3）欣赏凤凰台护栏的回形图案。
讨论：登上台阶眺望远方，你观察过凤凰台上的护栏有什么特点吗？
铭铭："凤凰台护栏上有很多回形图案，一圈一圈的。"
琪琪："护栏的间隔是一样的，都是两个长方形一个柱子。"
天天："一个护栏上有四个回形图案。"
小小："柱子上也有图案，我觉得是凤凰的尾巴很尖。"
3. 欣赏、模仿凤凰台，理解凤凰台的寓意，感受中国建筑的美。
（1）观看凤凰台的背景视频，理解凤凰台的寓意。
（2）同伴合作用身体形态模拟凤凰台外形。

活动九：区域活动"我设计的百家湖"

核心经验：
1. 知道凤凰台是百家湖的标志性建筑，了解凤凰台的造型结构特点。

2. 大胆发挥想象,尝试设计不同特点、不同造型的百家湖。

活动准备:

彩笔、绘画纸。

观察与指导:

1. 幼儿有近期观察过百家湖的经验,并深入地了解了百家湖的特点。
2. 鼓励幼儿大胆想象,表达百家湖标志性建筑的显著特征。
3. 教师仔细观察幼儿,引导幼儿绘画时应围绕百家湖的主题。

过程记录:

丰阳:"我设计的百家湖是凤凰台在最中间的,没有马路。因为凤凰台很大,本来有三只凤凰,但是站在正对面时看不到后面的那一只凤凰,所以你只能看到两只,旁边都是高楼大厦。"(图5.5.30)

沛锦:"我设计的百家湖和果果不一样,我的凤凰台也是两只凤凰,下面就是白龙桥,在白龙桥上还有几辆汽车。凤凰台的旁边就有摩天轮,小朋友可以很快走过去坐摩天轮欣赏百家湖的全景。"(图5.5.31)

图 5.5.30　幼儿设计的百家湖(1)　　图 5.5.31　幼儿设计的百家湖(2)

教师反思:

在一系列了解百家湖的活动后,幼儿对百家湖的标志性建筑有了清楚的认知,如凤凰台、白龙桥等。所以幼儿在绘画设计中明显突出了百家湖的特征,在表达特征的基础上增加了自己对百家湖的另一种向往。不难看出,幼儿的设计都来自于幼儿的生活经验。

线索二:去,百家湖远足

活动一:社会活动"准备去远足"

活动目标:

1. 能主动了解远足活动,完成白龙广场远足计划表。
2. 能与同伴交流自己关于远足活动的想法和问题,并在集体中大胆表达。
3. 能积极地为远足做准备,对去白龙广场远足产生期待感。

活动准备：

1. 人手一张白龙广场远足计划表。
2. 远足必备物品。

活动过程：

1. 师幼讨论：什么是远足？

讨论：你知道什么是远足吗？

浩浩："远足是不是就是走很远很远。"

航航："就是去远的地方。"

依依："就是用脚走过去。"

教师：远足不同于我们平常饭后的散步，是带着一个目的在某一个地方进行较长距离的走路活动。

2. 告诉幼儿远足计划，引导幼儿思考远足前的准备。

讨论1：你想在去白龙广场远足的时候看什么呢？

程程："我想去白龙桥上。"

源源："我想去看凤凰台，然后爬上去，看中间红色的凤凰。"

果果："我想坐在草地上看看风景。"

讨论2：我们需要准备哪些东西？

帆帆："准备一个包，包里面装水，可以口渴了喝一喝。"

玥玥："要带一些纸和笔，这样我们看到有趣的事物就可以画下来。"

木木："还要带一些面纸，擦鼻涕。"

教师："首先要穿舒服的衣服和鞋子，因为要去远足半天，需要走较长的路；其次带一个水杯，路上渴了有水喝；再次要带上笔和纸，可以画一画自己的发现。"

3. 幼儿绘画白龙广场远足计划表

（1）幼儿绘画计划表。

（2）分享计划表。

4. 师幼共同讨论远足中的安全问题。

讨论：远足途中要注意什么呢？

依依："要注意安全，不能乱跑。"

形形："要跟紧队伍，安全过马路，不能追逐打闹。"

果果："还有，到了广场我们不能乱摘乱踩植物，要保护它们。"

教师："我们在去的路上要跟紧老师，排好队，不能掉队、走丢；路上有很多春天的植物，要用眼睛看，不能乱摘草、踩草坪。"

活动二：日常活动"出行计划"

核心经验：
1. 能根据自己项目小组的实际情况，制定合理的选物计划。
2. 能根据计划挑选自己的物品，并分类记录物品。

活动准备：
参与过郊游等活动，具有研究项目的经验。准备，纸、笔若干。

观察与指导：
幼儿讨论出行计划，在恰当时机给予相应的支持和引导。

过程记录：
幼儿关于凤凰台的问题：凤凰台有多高？凤凰台一共有多少台阶？凤凰台上有什么图案？

教师：各小组要根据自己研究的问题，商量去凤凰台需要准备哪些物品，并将自己要带的物品分类记录。见图5.5.32。

珠珠："我是写生组，我的书包里肯定要带画笔、铅笔、橡皮，我还要带水杯、太阳伞、口罩、纸巾、垃圾袋和一些吃的。"

宥宥："我要拍摄凤凰台的图案，但是我爸爸明天手机可能要用，我要带绘画本和画笔记录图案。"

皓皓："我要统计凤凰台的楼梯的数量，我要带笔和纸记录。"

然然："我和芮芮、悦悦、萱萱一组，我们决定带尺子、相机、铅笔、记录单、口罩和气球。"

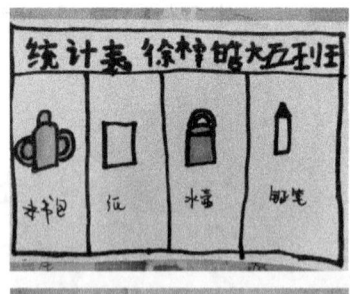

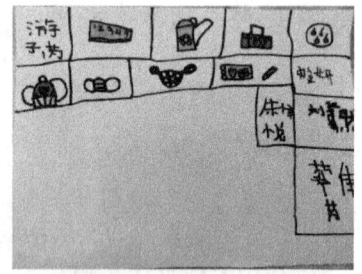

图 5.5.32　幼儿的出行计划

教师反思：

去凤凰台之前做计划不是一件简单的事情，幼儿既要考虑周到，又要学会选择。幼儿需要清楚什么是研究问题需要的，带什么最合适，并按计划整理自己的小书包。这既是对幼儿计划能力的一个挑战，又是提高幼儿计划能力的良好契机。

活动三：数学活动"去凤凰台的线路"

活动目标：

1. 理解上、下、左、右箭头的含义，能根据箭头指示的路径找到对应的物体。
2. 能用语言准确地描述物体间的相互位置关系（前后、左右、上下）。
3. 能耐心、细致地完成操作单。

活动准备：

经验准备：幼儿已经认识了上下、左右的方位。

物质准备：范例图，上下、左右方向箭头各一个。

活动过程：

1. 以去凤凰台的情境导入活动。

讨论1：你是怎么去凤凰台的，路线是什么样的？

小源："我从家出发，爸爸一直往前开车，有个红绿灯右转，然后直走，就到了。"

小泽："我和妈妈走过去的，一直走，经过两个红绿灯，右转就到了。"

小芹："我是先右拐，然后直走，再左拐，过一个红绿灯，再直走就到了。"

2. 分析认识线路图。

（1）认识线路图，理解箭头的含义。

讨论：这幅图是什么？用来干什么的？

小喆："我觉得他是路线图，因为上面有很多地点，还有方向箭头。"

小雨："这幅图是告诉我们怎么走的，按照箭头方向走就可以了。"

子芃："这幅图上有地点标志，我看到了地铁站、红绿灯、商场，还有白龙广场，每个地点上还有箭头，有往左边的，有往右边的，还有往前面的，还有往后面的，这是去凤凰台的地图。"

（2）分析红红和蓝蓝对应的线路图。

讨论：这里有两张路线图，哪张是红红的？哪张是蓝蓝的？为什么呢？

哲哲："2号图是红红的。"

小米："我也觉得，因为2号图那个向下的那边，蓝蓝已经走不起来了。"

（3）寻找玩具。

讨论：你们是怎么找到的？

源源："我根据那个数字，先看数字是几，然后再看箭头怎么走。"

丫丫："我是先看箭头方向，然后再数数字。"

3. 幼儿分组玩操作游戏"绕障碍"。
(1) 介绍操作要求:幼儿行走路线不能碰到图上的障碍物。
层次一:绕一个障碍走。
层次二:绕两个障碍走。
(2) 幼儿操作,教师指导(提醒幼儿仔细观察路线图,设计行走路线;可走一步在旁边的步骤图里记一步;完成后自己先仔细核对线路图和步骤图是否一致)。
4. 展示交流。

活动四:健康活动"远足百家湖"

活动目标:
1. 能连续走30—40分钟到百家湖凤凰广场,具有一定的耐力。
2. 能和同伴按小组和集体计划的内容进行各项有趣的活动。
3. 感受百家湖春天的美,在活动中克服困难,体验远足的乐趣。

活动准备:
经验准备:已制定好远足计划表。
物质准备:请家长协助幼儿做好远足准备,如准备合适的服装、运动鞋、包和少量的食物。

活动过程:
1. 明确远足要求,做好出发前的准备。
(1) 交代远足要求。
讨论:在去百家湖凤凰广场的路上应该注意什么?
小瑞:"要排好队,跟紧队伍,不能发呆。"
涵涵:"走的时候眼睛要看着前面和脚底下,不能往后看。"
思思:"要听从老师的指挥,保管好自己的物品,注意安全。"
(2) 出发前组织幼儿如厕、检查、整理幼儿的服装、鞋带,带齐所需物品。
讨论:远足活动前我们要准备什么呢?
小喆:"肯定要带画画的本子和笔,记录我在远足中的发现。"
小郑:"要带一个水杯吧,渴的时候可以喝水。"
小沫:"还要穿舒服的鞋子,走路不累。"
小琪:"带上我们的问题,我们已经是大班哥哥姐姐了,要有目的地去远足。"
2. 幼儿排队出发,步行前往百家湖凤凰广场。
(1) 教师在途中不断鼓励幼儿坚持走到目的地。
(2) 随机开展安全教育。
3. 欣赏百家湖凤凰广场的美景。
(1) 观察凤凰广场的自然景色,感受凤凰广场的美。

讨论:凤凰台里有哪些景色?
阳阳:"我看到了凤凰台里有好多柳树,还有红色的凤凰。"
张书:"凤凰台里有很多桥,还有亭子。"
辰辰:"我看到凤凰台有许多建筑物,特别气派。"
(2)幼儿以小组形式观察凤凰广场,教师分组指导。
(3)幼儿交流自己的发现。
讨论:远足中你们发现了什么?
森森:"凤凰广场附近有两条桥,一条是白龙桥,一条是岚湾桥。"
一诺:"凤凰台可真高,我站在上面可以俯瞰周围的景色,还能看见1912的摩天轮。"
丽丽:"春天里的百家湖真美,有风吹过,有很多树木生长,我很喜欢这里。"
4. 组织幼儿步行回幼儿园。

活动五:日常活动"我的统计图"

核心经验:

幼儿在远足中积累了对白龙广场建筑物的相关经验,能用简单的记录表、统计图等表示简单的数量关系,并能使用标记及正确的统计方法。

活动准备:

自己的绘画本、笔。

活动过程:

1. 与幼儿共同观看图片,回忆白龙广场远足经历。
2. 幼儿回忆在白龙广场的建筑物。
3. 用自己的方式对白龙广场的建筑物进行统计。
4. 小组分享自己的统计图(图 5.5.33、图 5.5.34)。
5. 伙伴学习、查漏补缺。

图 5.5.33　幼儿的统计图(1)　　图 5.5.34　幼儿的统计图(2)

幼儿分享:

小喆:"今天我自己做了一个统计表,把我在白龙广场远足时看到的建筑物都画出来啦,有六个呢!"

约瑟:"我不仅画出了建筑物,还用数字标记了出来,这样就不会漏掉啦。"

筱沫:"我画的都是缩小版的建筑物,你们看,这是凤凰台,那是摩天轮。"

教师反思:

幼儿通过数数、打"√"、画"正"字等方式进行统计,并尝试制作简单的统计表,数学能力进一步提升。幼儿统计的建筑物主要集中在凤凰台、1912摩天轮、白龙桥、百家湖等,这就为幼儿下一步绘制地图做好了铺垫,有助于幼儿高效制作百家湖地图。

活动六:写生活动"美丽的白龙广场"

活动目标:

1. 用整体和细节的方法观察景物,自主选择远景或近景的取景方式。
2. 尝试用粗细不同的线条进行写生活动,大胆表达对百家湖广场的感受。
3. 体验在自然写生的快乐,喜欢白龙广场的写生活动。

活动准备:

经验准备:幼儿有绘画经验或者写生经验。

物质准备:写生板、素描纸、粗细勾线笔、近景远景对比画。

活动过程:

1. 漫步白龙广场,整体感知广场风景。

(1) 组织幼儿漫步广场,观察其中的风景。

(2) 交流自己的发现。

讨论:你在刚才看到广场的哪一角,里面有什么漂亮的景物,有什么特点?

然然:"我看到了凤凰台,高高的,有三层台阶,最上面还有红色的像凤凰一样的建筑。"

欣欣:"我喜欢那片湖,奶奶说那叫百家湖,它很大,湖水也很清澈,周边还有很多芦苇。"

浚浚:"我看到有老爷爷老奶奶在那边舞剑,我感觉很好看,我想把他们画下来。"

2. 学习用整体和局部的方法观察。

(1) 通过欣赏作品,用对比的方式,理解整体和细节。

讨论:看一看这两幅画,它们有什么不同?

西西:"这一幅画里的东西多,另一幅画里就一朵花。"

小敏:"这幅画里面有树木、房子、草地,很丰富。"

绘绘:"这一幅画的花像真的一样。"

教师:"这两幅作品一个比较全面,另一幅只有一朵花,但是花朵很大很清楚、很生动,许多细节都表达了出来,等一会你也可以用绘画一个主体绘画主体细节的方法试一试。"

(2) 通过欣赏,感知粗细线条的搭配。

3. 幼儿尝试写生,教师巡回指导。

(1) 交代写生要求,幼儿自主取景写生。

(2) 幼儿自主取景,教师巡回指导。

注:如果幼儿完成不了,可请教师用手机拍下建筑的照片发到群里或者单独发给家长,帮助幼儿记录下他喜欢的一角,回幼儿园或者回家继续作画。

4. 展示作品,互相欣赏。

讨论:你最喜欢哪一幅画?喜欢它哪里?你看得出来他画的是哪个地方吗?

琪琪:"我喜欢马铮涵画的,最喜欢他画的两个红色的凤凰,画得很像,我一眼就看出来是凤凰台了。"

星月:"我喜欢渺渺画的,画的是广场上红色的门,我都画不出来,她能画出来,很厉害。"

皓皓:"我喜欢哲哲画的白龙桥,他画的桥在百家湖的上面,画得很细致。"

活动反思:

相比较传统的美术课堂,写生活动是一次沉浸式的美育活动,幼儿在情感上是充满期待与渴望的,每一位参加写生的孩子都表现出了极大的耐心与专注,这是大自然的魅力(见图 5.5.35 至图 5.5.39)。但幼儿开展写生次数少,经验缺少。在本活动中,"理解事物的前后、远近关系"后进行绘画表达存在一定困难。写生这样有意义,又能促进幼儿进一步发展的活动,可以多开展。

图 5.5.35~图 5.5.37 幼儿写生

图 5.5.38~图 5.5.39 幼儿写生作品——凤凰台

活动七:语言活动"百家湖的秘密"

活动目标:
1. 能有感情地朗诵诗歌,进一步熟悉百家湖春天的自然景象。
2. 能大胆清楚地表达对百家湖的感受,尝试用"春天在……"的句型描述百家湖的特征。
3. 感受诗歌中优美的意境,感受百家湖春天的美。

活动准备:
经验准备:有去百家湖游玩的经验。
物质准备:与诗歌内容相关的图片、PPT。

活动过程:
1. 创设情境,激趣引入。
讨论:春天的百家湖美吗? 美在哪?
朝瑞:"百家湖的湖水特别清澈。"
蕴涵:"那里还有沙滩,我经常在那里玩,特别美。"
七七:"还有好多小朋友在放风筝。"
思淼:"百家湖里有个小火车,我特别喜欢坐。"
2. 播放 PPT,幼儿欣赏诗歌,感受春天优美的自然景象。
(1) 教师有感情地朗诵诗歌,幼儿第一次完整欣赏。
讨论:百家湖春天的秘密都是谁告诉你的?
睿阳:"柳树姑娘告诉我的。"
书恺:"还有摩天轮告诉我的。"
逸辰:"它还藏在燕子的翅膀里。"
(2) 第二次完整欣赏,并根据诗歌内容进行提问。
讨论:垂柳、摩天轮、燕子等是怎样告诉我们春天的秘密?
子航:"柳条变成了绿色的,在微风中轻轻地飘荡。"
雨欣:"摩天轮睁着大眼睛告诉我。"
国祥:"还有小燕子扇动着翅膀,叽叽喳喳地叫着。"
嘉汇:"它们偷偷地告诉我们,春天已经来了。"
(3) 根据幼儿回答逐步出示图片,进一步理解诗歌内容。
3. 有感情地朗诵诗歌,表现诗歌中百家湖优美的景色。
(1) 幼儿集体有感情地朗诵诗歌1~2遍。
(2) 师生一起朗诵诗歌,幼儿念每一段的开头部分:春天到百家湖来啦,春天到百家湖来啦,春天在哪里呢? 教师念后半部分1~2遍。
(3) 教师和幼儿交换内容,再次朗诵诗歌1~2遍。

(4) 分组或分男生、女生两队朗诵1~2遍。

4. 活动延伸。

在语言区里继续创编诗歌,找出百家湖更多的秘密并记录下来。

幼儿与教师共同创作《春到百家湖》：

春天到百家湖来啦,春天到百家湖来啦。春天在哪里呢?

它在百家湖的湖水里。湖里的冰融化了,湖水淅沥淅沥地流着,小声地说："春天在这儿！春天在这儿！"

春天到百家湖来啦,春天到百家湖来啦。春天在哪里呢?

它在百家湖边的柳树上。柳条换上嫩绿的春装,在微风中轻轻地飘荡,轻轻地说："春天在这儿！春天在这儿！"

春天到百家湖来啦,春天到百家湖来啦。春天在哪里呢?

它在湖边摩天轮的眼睛里。摩天轮睁大眼睛,看着湖面开心地说："春天在这儿！春天在这儿！"

春天到百家湖来啦,春天到百家湖来啦。春天在哪里呢?

它在湖上燕子的翅膀里。燕子扇动着翅膀,叽叽喳喳地叫着："春天在这儿！春天在这儿！"

春天到百家湖来啦,春天到百家湖来啦。春天在哪里呢?

它在放风筝孩子的笑容里。孩子们开心地奔跑着、歌唱着："春天在这儿！春天在这儿！"

哈哈！春天真的来了！

课程故事：

测量凤凰台

测量第一层：

金妍在第一层台上,佳芮在台下,两人一起拉绳子。金妍用小红旗示意佳芮"可以了！"鸷然拿皮尺从第一层拉杆垂直扔下,金妍松手,梓悦拉绳子。金妍、佳芮走到鸷然旁说："我们用两种方法,看看结果一样吗?"这时佳芮站在台下说："下面被草挡住了,我看不到皮尺有没有着地啊。"鸷然喊家长志愿者帮忙看一下,皮尺落地时,他们看了看皮尺上的数字50,鸷然大喊："是50！"教师问："一共就50吗?"他把皮尺放到地上拉直,10个10个地数了起来,数到最后说："250！"子芮在记录单上写下了"①250"。

测量第二层：

佳芮拿红旗站在第一层的草地平台上,子芮和梓悦在两层之间的楼梯上观望,金妍、鸷然在第二层栏杆处往下放皮尺,佳芮挥旗喊道："好了！"这时金妍和鸷然两人从二层下来,金妍嘴里说着："直接交接了！"鸷然蹲在地上,看着皮尺数:"10!"金妍立刻说:"你到上面数啊!"梓悦和子芮跑过来说:"上面的数字是50多一点点。"接着鹜然把皮尺放在地上拉直,子芮蹲在旁边,鹜然直接数了起来:"10、20、30……410。"鹜然满脸疑惑。教师问:"你们要不要重新测量一次,验证410是不是对的?"他们异口同声地说:"要。"这次教师和金妍在二层上面向下放皮尺,其他人在下面拉皮尺。金妍把皮尺拉直放地上,教师用脚踩着皮尺测量的终点,鹜然蹲着数:"10、20、30……250!"子芮迅速在记录本上写下了"②250"。鹜然说:"不是410,和第一层一样是250。"

测量第三层:

来到了第三层,金妍、佳芮在下面的平台上,梓悦和鹜然在上面放皮尺,子芮拿着记录本来回走动。鹜然一边放皮尺一边说:"可以吗!"金妍说:"太多了,往上去一点。"鹜然跑到下面看了皮尺,对着上面的喊道:"梓悦,再往上面拉一丢丢。"接着又跑上去拉着皮尺放到地上,佳芮用脚压住0刻度线,鹜然压着终点,其他三人一起数了起来:"10、20、30……250!"这时,子芮开心地对教师说:"每一层都是250!"

从活动中可以了解到幼儿有各自的分工,团队合作中有领导者角色——鹜然、金妍。金妍在组织小组讨论、测量层高时起着主导作用,鹜然数学计算能力强,子芮负责记录,其他两名幼儿则跟着出点子。幼儿具有测量材料、测量工具的选择以及初步的测量方法和记录过程与结果的能力,幼儿现有经验在于测量垂直高度,对于测量结果能猜想并想办法验证,分成两个层次:第一,通过实物操作、接数的方法统计3个250的和为750;第二,通过分解十位数10、个位数5,进行统计得出答案。幼儿能分清斜高和垂直高度的不同,当遇到草丛无法放皮尺的困难时,能主动向成人寻求帮助。因此教师引导幼儿梳理他们的测量过程,并合作记录,利用过渡环节,让幼儿分享他们的测量故事。教师开展认识尺子的活动,引导幼儿观察零刻度线、刻度、数字等的意义,提高测量结果的准确度。教师还利用生活活动、区域活动、过渡环节等和幼儿进行户外测量,学习思考测量工具的选择、测量记录以及测量结果的统计方法。

(案例提供:谭翠)

线索三:感,百家湖情怀

活动一:集体活动"百家湖,我知道"

活动目标:

1. 了解百家湖名字的由来,感知百家湖周边的商业综合体、交通路线、开发区建设、名校聚集等发展现状。

2. 积极和同伴讨论自己了解的百家湖,能在集体中大胆表达。

3. 喜欢百家湖,产生居住在百家湖的幸福感。

活动准备:

经验准备:有周末和家长去百家湖附近游玩的生活经验,对百家湖的建筑、交通、景色等有一定的了解。

物质准备:教学PPT。

活动过程:

1. 图片导入。

播放PPT第一页,教师提问,幼儿自由表达。

2. 了解百家湖名字的由来。

幼儿自由表达自己的猜测,教师进行小结。

3. 了解百家湖附近的学校、商圈、交通。

(1)以小组为单位,伙伴讨论自己眼中的百家湖,并派1~2名幼儿代表发言。

讨论:百家湖附近有什么呢?

依依:"这里有非常多的学校,我们的百家湖幼儿园,还有百家湖小学、中学。"

小周:"我们的交通特别便利,有地铁1号线呢。"

盼兮:"我们这里还有非常多的商场,景枫、金鹰、太阳城。"

(2)根据幼儿的回答,教师进行总结、归纳并补充。

(3)感受百家湖变化,为居住在这里感到自豪。

附:百家湖小知识

商业综合体:现在百家湖已经聚集了江宁金鹰国际购物中心、景枫KINGMO、21世纪太阳城、百家湖1912五大商场。不仅如此,还有江宁万达广场、金轮新都汇、同曦商业街等城市综合体,百家湖目前所拥有的众多商场啊,都快追上南京市中心新街口咯!

开发区:众多国际有名的企业都来到百家湖了,以百家湖为核心,依次向外层进行江宁的经济开发。

便利的交通:百家湖承接南京南北交通,地铁线四通八达。地铁1号线,经过百家湖、南京南站、夫子庙、新街口等重要地区。除了现在便利的1号线,未来还将增加5号线和12号线。

教育方面:百家湖附近还有百家湖幼儿园、百家湖小学、百家湖中学等多所非常有名气的学校。

活动二:社会活动"百家湖的前世今生"

活动目标:

1. 初步了解百家湖从过去到现在的发展演变历史。

2. 能够通过多种方式了解百家湖的前世今生,并乐于与同伴交流、讲述。
3. 感受百家湖的发展变化并为此感到骄傲,产生爱家乡的情感。

活动准备:

经验准备:前期了解百家湖相关知识。

物质准备:幼儿调查问卷、活动PPT、百家湖变化视频。

活动过程:

1. 了解百家湖最初的样貌。

(1) 了解百家湖整治前的样子。

讨论:百家湖在很久以前是什么样的?

小宇:"爷爷告诉我在很久以前百家湖都没有这么多高楼,全是那种很矮的房子。"

佳佳:"我们现在看到的白龙广场还有凤凰台都是后来才建的,之前都没有。"

小博:"传说百家湖以前全是一个个的小湖,后来被工人叔叔挖通成了一个湖。"

(2) 了解百家湖的发展历史。

2. 说一说你眼中百家湖的变化。

(1) 交流、讲述百家湖近年的发展变化。

讨论:百家湖和以前比有哪些变化?

小雨:"周围盖了很多的高楼,还有商场,我和妈妈经常去逛商场。"

阳阳:"百家湖晚上很热闹,白龙广场上有很多人,我散步的时候会看到有人跳广场舞。"

俊俊:"百家湖的周围种了很多树还有花草,比以前更美丽。"

教师:百家湖板块内有地铁1号线经过,未来还将增设5号线和12号线。今天的百家湖上有五座桥,白龙桥横跨湖心,桥面灯柱竖立,到了晚上华灯初上,格外绚丽。凤凰广场就正对着白龙桥,也是周边居民最常去的户外活动地。周边汇集了景枫、金鹰、21世纪太阳城等大型综合商业体,以及百家湖1912街区。

(2) 交流、讲述百家湖的变化给人们生活带来的变化。

讨论:百家湖的这些变化给你的生活带来了哪些影响呢?

小小:"让我们生活更好了,我经常可以去那里逛街、吃好吃的。"

花花:"交通也更方便了,妈妈总是带我在那边坐地铁。"

小易:"1912街区里面有沙滩、旋转木马,我特别喜欢。"

(3) 交流、讲述你对百家湖发展变化的感受。

小结:百家湖的发展,印证了我们的家乡发展蒸蒸日上,我们应该为此感到自豪。

附：百家湖历史

追溯历史，相传明朝初都应天府（南京）挖了一片湖，因当时周边有人家百户，于是取名百家湖，至今也有 600 多年历史了。

1992 年，当时的中共江宁县委、江宁县政府对百家湖进行了全面整治，完成了清淤、护坡、修环湖路、建桥等基础开发工程。百家湖由以前的杂草丛生、碎石挡道的破水库变成了风景秀丽的美丽湖泊。

同时，众多知名企业来到百家湖畔，为这片美丽的土地增添了更多魅力。以百家湖为核心，依次向外层拓展的江宁经济技术开发区，是南京第一家由区县自发开发的国家级开发区。

如今的百家湖，除了成熟的商业配套外，还有远山近水景观、网红桥小龙湾桥，便利的地铁交通。

活动三：日常活动"百家湖的前世今生"（谈话）

核心经验：

通过师幼、幼幼之间的谈话、讨论，知道百家湖的发展历程，感叹百家湖的飞速发展，为家乡越变越好而自豪。

活动准备：

百家湖建设前的照片、建设中的照片以及百家湖近期的照片。

观察与指导：

1. 提问：你们知道百家湖以前是什么样子的吗？

果果："我小时候不住在百家湖，所以我不知道这里以前什么样的。"

智恒："我妈妈告诉我她小时候这里很破的，还有很多水塘。"

小雨："我奶奶说以前百家湖有很多田，还能种稻子呢！"

2. 欣赏百家湖 20 年前的照片，谈谈交流感想，教师记录。

淼淼："以前的百家湖真的好破啊，连楼房都没有。"

妙妙："对呀，连凤凰台都没有啊！"

果果："凤凰台是后来才建造的，过去的时候只有农田。"

辰辰："现在的百家湖比以前的百家湖美一百倍啊！"

3. 看了百家湖过去与现在的照片，你们有什么感想？

教师："今天欣赏了百家湖 20 多年前的照片，大家都觉得现在的百家湖变美了。你觉得为什么百家湖变化这么大呢？"

阳阳："因为百家湖发展很快，有钱了，就能盖好多高楼大厦了。"

老师："说得很好！百家湖以前那么穷而现在为什么会有钱了呢？"

七七："因为这里来了好多好多的大工厂和公司，然后有很多人去工作挣钱，然后就越来越有钱了。"

心怡:"对呀,大家都有钱了,所以百家湖也更有钱了,就能造出凤凰台和白龙桥了,还有那么多的大商场。"

教师:"大家说得非常棒!因为百家湖吸引了很多的公司在这里投资建厂,从而使百家湖的发展越来越迅速,这是百家湖人用自己的勤劳和汗水换来的。"

活动四:语言活动"百家湖,百家姓"

活动目标:
1. 了解姓氏的由来,知道《百家姓》的内容和意义。
2. 能写画自己的姓氏,制作班级《百家姓》。
3. 感受中国的姓氏文化,喜欢《百家姓》。

活动准备:
经验准备:幼儿对姓氏有一定的了解。
物质准备:教学视频、《百家姓》图纸一张。

活动过程:
1. 谈话导入。
(1) 教师:小朋友们,你们还记得百家湖这个名字的由来吗?
(2) 小结:当时这片有百多条小河,这附近还居住了百多户人家,于是最后起名为百家湖。你们知道当时这百多户人家都姓什么吗?
2. 观看视频,了解姓氏和《百家姓》。

讨论:什么是姓氏呢?

小桂:"姓就是我名字的第一个字。"

小毛:"有的人前面的姓是两个字!"

小喆:"我爷爷和我爸爸还有我,都是一个姓,将来我儿子也姓王。"

讨论:什么是《百家姓》呢?

汇汇:"应该有一百个姓吧。"

西西:"我知道,好像是一本书。"

小雨:"我们国家有这么多姓吗?"

小邬:"这么多姓应该有一定的排序规律吧!"

教师:《百家姓》是一本关于姓氏的书,书里把中国的姓氏进行了一个排列,对中国姓氏文化的传承有着巨大的作用,这本书一直流传到现在。那你们知道什么是姓吗?

讨论:通过刚才的讨论,补充关于姓氏的新理解。

妙妙:"我姓李。"

一诺:"我姓郑,我跟爸爸一样。"

小小:"我姓高,和老师一样呢。"

教师播放视频,引导幼儿了解"姓氏"的由来。幼儿了解新的百家姓。

百家姓不是一成不变的,现在有一些人又重新对中国姓氏进行了调查,然后按照姓氏的人口数量从大到小进行排序,得到了新的百家姓。

3. 写画自己的姓氏,制作班级《百家姓》。

活动五:日常活动"说说我知道的姓氏"

核心经验:

能用完整清晰的连贯语言,向同伴介绍自己家人的姓氏以及自己知道的其他姓氏。

活动准备:

纸、笔、泥工板。

观察与指导:

1. 教师提供材料,幼儿将自己的想法用画画的方式进行表征。
2. 教师耐心倾听幼儿讲述,引导幼儿学会耐心聆听。

过程记录(图 5.5.40、图 5.5.41):

教师:"我们知道了自己和好朋友的姓氏,那你们知道自己家人的姓氏吗?"

熙熙:"我妈姓孙,我爸姓毛,奶奶姓王,爷爷姓毛,外婆姓刘,外公姓孙。"

教师:"怎样能让别人清楚地知道自己家人的姓氏?"

小悦:"我把家人画出来,然后在下面写上姓氏。"

萱萱:"我把自己的姓写中间,然后在旁边把家人画出来,再写上姓。"

小羽:"中间的是我,左边的我爸爸,我爸姓郑,旁边的是妈妈,妈妈姓吴,右边的是爷爷,爷爷姓郑,旁边是奶奶,奶奶姓李。"

教师:"除了这些姓,你们还知道哪些不一样的姓呢?"

君豪:"我知道有个姓是两个字的,是端木。我爷爷的朋友就是这个姓。"

图 5.5.40　幼儿表征姓氏　　　　图 5.5.41　分享交流

教师反思：

在开展了"百家姓"活动后，幼儿对姓氏充满好奇，一有时间就会讨论有关姓氏的话题。在这个过程中，幼儿不仅与同伴互动更加密切，而且增加了对于字形的感知，发现了有关姓氏的许多秘密——班级一共有哪些姓氏、哪个姓氏人最多、家里的其他人是什么姓氏、为什么有的跟妈妈姓而有的跟爸爸姓……激发了幼儿探究的欲望。

活动六：区域活动"我的姓氏在哪里"

核心经验：

知道自己的姓氏在第几行第几列，能根据第几行第几列正确找出姓氏，能用第几行第几列的表述方式来描述姓氏。

活动准备：

《百家姓》打印稿、笔。

观察与指导：

1. 教师提供材料，幼儿可自主进行游戏。

2. 幼儿总结游戏玩法：可以单人玩，也可以双人玩；可以根据操作卡寻找相应的姓氏，也可以自己出题让同伴寻找相应的姓氏。

过程记录（图 5.5.42、图 5.5.43）：

焦："有本书叫做《百家姓》，我的姓氏在书里就是第128个。"

萱萱："那我的姓氏是王，你知道在哪里吗？"

焦："你得去找书看看，数数。"

图 5.5.42　寻找自己的姓氏　　　　图 5.5.43　找到了自己的姓氏

小艺："我看到我的姓了，我的就在这里。"

萱萱:"你的姓在第 8 个。"
一一:"怎样让别人清晰地知道你的姓氏在哪里呢?"
豆包:"上学期我们说过行和列的,你应该把第几行第几列说出来。"
乐言:"你可以从第一个开始数,数到你的姓,然后你就知道你是第几个了。"
焦:"行就是横着的一排一排的,列就是竖着的。"
一一:"大家可以先找一找自己的姓氏,再用第几行第几列来描述自己的姓氏。"
萱萱:"我来找找我的姓氏,从上往下数,再从左往右数,我找到了,在第七排第五列。"
小沅:"我手上拿的是第九排第四列,我来找找,我找到了,就是这个,我不认识这个字,我用笔圈出来。"
一一:"我来考考你们,你们找找第八排第九列是什么姓,看谁找得快。"

教师反思:
游戏中幼儿不仅对姓氏有明确的认知,而且渗透到了数学领域。在找姓氏看似简单的游戏中,幼儿不仅知道序数以及行与列,而且能通过第几行第几列第几个找到自己的姓氏,并能清楚地进行表达。

活动七:美术活动"未来的百家湖"

活动目标:
1. 能与同伴分享、交流自己喜欢的百家湖周围的景象和美感体验。
2. 能根据已有经验设计未来的百家湖,并与同伴分享表达自己的想法。
3. 积极参与艺术活动,大胆想象未来的百家湖并用艺术形式表现出来。

活动准备:
经验准备:去过百家湖,看过百家湖周围的景象。
物质准备:未来的百家湖 PPT、素描纸(A4、A4 一半)若干张、水彩笔。

活动过程:
1. 谈谈"我眼中的百家湖"。
(1) 幼儿大胆地运用已有经验描述"我眼中的百家湖",并说一说自己的感受。(可以引导幼儿选取百家湖一处景象来说)
(2) 教师简单小结幼儿眼中的百家湖。
小结(结合幼儿说的总结,也可请幼儿结合欣赏的图片说一说):春天的百家湖有清澈的湖水、随风飘荡的柳树条、游来游去的野鸭、美丽的凤凰台、长长的白龙桥……
2. 畅想"未来的百家湖"。
(1) 教师:你们眼中的百家湖风景非常的优美,具有历史底蕴的同时还有现代的气息。那么未来的百家湖又会是什么样的呢? 我们一起来畅想吧。幼儿自由发言。

（2）欣赏《未来的世界》的绘画作品（重点引导幼儿欣赏《未来的世界》具有科技感的变化），幼儿说一说感受，结合欣赏畅想"未来的百家湖"可能会有哪些改变。

小结（结合幼儿的畅想内容）：未来的百家湖可能会充满科技感，如，湖上会有无人驾驶的飞机载着乘客在飞行，人们会在湖底生活，湖面上会有可以伸缩的桥……

（3）幼儿绘画（图5.5.44—图5.5.47），教师巡回指导。

教师出示绘画工具，提出绘画要求。

教师：今天我们使用素描纸和水彩笔进行绘画，可以选择小的素描纸单人绘画，也可以选择大的素描纸双人合作绘画。绘画时注意画面上物体的布局，让画面尽量丰富，色彩搭配和谐。

3. 幼儿作品分享，自评、互评。

（1）教师：每个人眼中未来的百家湖都不一样，你喜欢谁的作品？说一说你的理由。（引导幼儿从创意想象、色彩搭配、整体布局等方面来说）

小结（结合幼儿的评价）：小朋友画笔下未来的百家湖很特别、很精彩，深蓝色的主题色彩让未来的百家湖充满了科技感。

（2）幼儿用自己的作品布置班级环境。

活动反思：

本节美术活动是在现实基础上关于"未来"的大胆创想。因此不仅需要幼儿具有一定的艺术素养，同时也需要幼儿创想未来的世界。因此在本节活动中，除了欣赏百家湖的图片外，还与幼儿共同欣赏了许多未来世界的图片，激发幼儿的创造力，启发幼儿创想更多"未来"元素。

在操作环节，幼儿用水彩笔进行绘画。从幼儿的作品中可以看出，幼儿创想大部分是围绕湖底的城市来的，而对于未来的科技景观，未来百家湖周边的城市变化等创想较少，这和幼儿的前期经验有关。幼儿在创作时会观察坐在周边位置的其他幼儿画作，并进行模仿。因此在绘画风格上，幼儿的作品趋于雷同，这也与幼儿对未来百家湖的创想感受不深刻有关。在平时的各类活动中，教师可以适当增加拓展创造力、增强想象力的活动，以提高幼儿的创作水平。

图 5.5.44-图 5.5.47　幼儿美术作品:未来的百家湖

课程故事:

1. 统计班级幼儿姓氏

第一次统计:收集姓氏──→姓氏分类(一一对应)──→点数总量──→制表记录

豆包将班级所有的姓氏收集好,一张纸写一个姓氏,随后小仪找出不同的姓氏,把不同的姓氏一一放到桌子上,其他组员将剩下的姓氏一一对应分类(相同放一起)放好。小禹将张姓拿起来数了数说张姓有6个,并递给禾禾。禾禾在"张"下面写上数字6。接下来的记录依此类推。

幼儿把记录好的表拿到我面前说:"老师,你看,我们班一共有31个姓氏,而且姓张的人最多。"小仪说:"这个方法需要很多人,不简单,有没有简单的方法呢?"

问题一:还有没有更简单的统计方法?

第二次统计:收集姓氏──→合并同姓──→点数总量──→制表记录

幼儿在一张大纸上写上了自己的姓氏,写完后豆包说:"一排一排有序观察,把一样的姓氏圈出来,再数一下有多少个,在姓的旁边写上数字就可以了。"徐没有一样的就在"徐"旁边写1,余也是只有一个,陈第六排第七排有一样的,写上数字3。

汐汐说:"这个比上个方法简单,还有其他的方法吗?"

问题二:还有不一样的方法吗?

第三次统计:报姓氏,点数人数

小源说:"我觉得我们把小朋友的名字报一遍,记下来,这样更简单。"

小苋说:"我们可以把老师的点名册拿来,然后一个一个地点,比如姓张的小朋友,然后他们站起来走到前面排队,一个一个数就可以了。"于是,两个人开始合作一个点姓、一个数人数。

幼儿在自发活动中不断获得语言、数学、社会性等发展,在这个活动中幼儿会写班级同伴的姓氏,语言前书写能力得到发展;幼儿能够自主成立统计小组,同伴间分工合作进行统计,发展社会性。教师是幼儿最有力的支持者与合作者,教师提供了各种支持──环境支持(宽松、自主的环境);材料支持(记录、统计所需要的材料);机会支持(提供条件,帮助幼儿实践自己的想法);情感支持(陪伴、鼓励、共情)。

(案例提供:张艳)

2. 解湖名之惑

百家湖远足回来的路上,小锦问我:"老师,百家湖为啥叫百家湖?"

教师脱口而出:"小朋友们,谁能回答小锦的问题呢?"不出教师所料,孩子们都摇摇头说:"不知道。"

"那你们觉得谁能帮助你们解答这个问题?"教师顺势问道。

"我回去问问我爸爸,他肯定知道!"小马叫起来。

"我回家问我爷爷,他应该也知道!"小雅也叫起来。

教师说:"正好!今天你们回去当一次小记者,采访一下家里的大人,为什么百家湖的名字叫'百家湖'呢?"

"耶!"孩子们都开心地欢呼起来。

教师再次提问:"除了想知道百家湖的湖名外,你们对百家湖还有哪些疑惑?"孩子们一个个争先恐后地举起了手,教师赶紧将他们的问题以表格的形式汇总记录下来。(见下表)

百家湖名称的由来	
有关百家湖的传说	
百家湖的水从哪来	
百家湖的作用有哪些	
我还想知道……	

第二天,幼儿就兴奋地交来了自己的调查表(图5.5.48至图5.5.50),并和小伙伴讲述自己从各个渠道获取的百家湖小知识。

图5.5.48~图5.5.50 主题调查问卷

幼儿的问题"百家湖为啥叫百家湖?"引起了教师的注意,随即与幼儿进行了讨论。在大家都表示不知道后,教师抓住契机,引导幼儿运用调查表进行调查。教师对调查结果进行分析,并由此开展了一节综合活动"百家湖,我知道"。在活动中幼儿有关百家湖的问题与困惑得以解决,从而提升了幼儿关于百家湖的知识经验。

(案例提供:蒋丹)

五、主题活动反思与调整

主题开展前,教师通过问卷调查,了解到幼儿对凤凰广场的兴趣较高,对百家湖的周边样貌有初步认知,但是对文化背景了解较少。因此本主题从"看,百家湖风景""去,百家湖远足""感,百家湖情怀"三个线索出发,帮助幼儿建构对百家湖的经验。主题共历时五周,从感受春天的百家湖风景,到走进百家湖,最后感知百家湖文化的底蕴,逐步地深入,通过欣赏视频图片、讲故事等形式引导幼儿感家乡、知家乡、爱家乡,从而为家乡自豪,为自己是百家湖人而骄傲。

本主题的开展始终以幼儿的需要和发展为出发点。教师在"线索一:看,百家湖风景"中用图片、视频等引导幼儿回忆;"线索二:去,百家湖远足"中以游玩、绘画表征、歌唱、肢体表演等方式鼓励幼儿表达;"线索三:感,百家湖情怀"中以听故事、学古诗等途径让幼儿感受百家湖容纳百家的情怀以及对家乡发展的期望。此外,各班抓住本班幼儿的兴趣点开展了不同的活动,如大一班"百家湖地图"、大二班"百家姓"、大三班"百家湖的桥"、大四班"搭建百家湖商圈"、大五班"美丽的凤凰台"、大六班"青青百家湖,幽幽芦苇香"等,引导本班幼儿建构有关百家湖的新经验。幼儿在百家湖搭建中能够围绕一个目标进行合作与分工,社会性交往能力显著增强;在百家姓的探索中能一遍一遍地尝试统计姓氏,寻找最合适的方法;在百家湖行走地图的制作中,能够对百家湖周边环境进行细致观察,感知方位,习得地图的特征,在制作、反思、再制作、再反思中获得成长;在远足活动中,能够积极主动讨论远足的需要,制定计划,按照计划实施。在这一系列的活动中,幼儿不仅获得了成长,而且升华了爱家乡的情感。

教师作为主题活动的支持者、引导者,首先要关注幼儿的已有经验以及兴趣点,抓住契机,推动幼儿主动建构经验;其次,要为幼儿提供探究所需的空间、时间,提供相应的材料、场地等,给予幼儿足够的时间进行探究与学习;再次,要关注幼儿的情感,幼儿探究前、中、后引导幼儿分享、记录,让幼儿表达自己在活动中的感受与感想;最后,要关注本主题的核心经验是爱家乡的情感,随着幼儿对于百家湖的深入认知,幼儿的爱家乡情感也得以升华,为自己是百家湖人而深感骄傲。教师时刻观察、记录幼儿的行为表现,支持幼儿所需、关注幼儿成长,同时也是在促进教师自身的成长,与幼儿是师长亦是伙伴。